模拟导游

主 编/王 雁

中国海洋大学出版社

·青岛·

前　言

随着旅游业的发展，旅游教育也蒸蒸日上。为了应对旅游市场的需求，旅游院校开设了一系列相关的旅游课程。其中“模拟导游”是旅游管理专业的专业核心课程之一，是导游工作所需基本技能的必修课程。

本书坚持学以致用的原则，以培养具有一定理论知识和较强岗位技能水平，能从事旅游行业相关岗位的高素质技能型人才为目标，突出实用性和可操作性的特点，从导游员的具体操作入手，按照项目课程建设的改革要求，依据岗位能力与工作流程，合理设置授课项目，重视学生参与、师生互动，并兼顾全国导游人员资格考试的要求，提高学习者的带团能力和服务水平，力求满足各种层次学习者的需要。

本书突出“做中学、学中做”的职业教育实践教学理念，将导游职业能力准备、导游服务流程演练、导游讲解技巧示范、导游讲解技巧模拟、导游应变技能演练等内容分解成一系列实训任务，围绕任务目标，通过案例导入、任务描述、任务分析、任务实施、任务拓展等环节，使学习者掌握导游的基本程序、方法和技巧，熟悉导游过程的所有环节，为将来的实地导游奠定基础。

本书由山东省职业教育王雁名师工作室成员倾力完成。工作室主持人、青岛旅游学校王雁担任主编；青岛市教育科学研究院李珊，青岛旅游学校刘鑫、张淑珍、胡倚林参与编写。本书既可供中等职业学校旅游管理专业学生使用，也可作为社会人员培训使用。

在本书编写过程中，我们参阅了大量的相关书籍与资料，在此向相关人员及作者致以衷心的感谢。

因水平所限，书中如有不足之处，敬请专家及读者批评指正。

编　者

2019 年 6 月 1 日

目录

模块1　导游职业能力准备

模块 2　导游服务流程模拟

模块 3　导游讲解技巧示范

模块 4　景点导游技巧模拟

模块 5　导游应变技能演练

Module 1

模块 1

导游职业能力准备

【模块导读】

导游被誉为游客的良师益友。进入 21 世纪，不少有识之士提出了“文化导游”这一概念。2013 年 10 月 1 日施行的《中华人民共和国旅游法》，对导游工作提出了新的要求。导游员必须从个人的综合素质和自身形象上下大力气，提高自身的业务水平，做一名高素质的导游。

【教学建议】

（1）教师运用案例引导学生认识导游职业能力的重要性。

（2）通过信息化手段创设情境，帮助学生理解导游职业能力。

【关键词】

导游职业能力

项目 1　导游形象

【项目导读】

完美的导游职业形象，是对游客的尊重；完美的导游职业形象，还是赢得游客的第一步。导游角色要求导游员的内在素质和外观形象要符合角色的规定。所谓内在素质是指导游员胜任导游工作所应具备的基本要求，包括思想素质、业务素质、心理素质等；所谓外观形象是指导游员在角色实践活动中表现出来的从业形象，如仪容仪表、行为举止等。导游服务是一种高智能、高技能的服务，所以导游员也只有在游客的“角色期望”中，不断进行“角色学习”，才能适应角色，成功地实现导游角色。

【案例导入】

导游小张是位爱美的姑娘，盛夏季节小张带着一个 VIP 团去泰山旅游，为给客人留下一个美好的印象，小张刻意打扮一番，她准备了两套漂亮的连衣裙，每天都精心地画眼线、描眼眉、打粉底，使自己以最美形象出现在客人面前。虽然小张工作尽心尽责，热情服务，但是许多客人对她好像都敬而远之，不冷不热，这让小张感到很纳闷。

任务一　导游形象塑造的重要性

【任务目标】

通过本次任务的学习，学生应明确导游角色定位的重要性，理解导游的形象定位，并能将这一理论运用于导游服务过程。

【任务描述】

旅行社导游部经理李莉分别跟了几位新导游的团，旨在检查、督促、改进工作。李经理对其中的导游小王提出批评："小王，你在接团后，带着游客从出站口到停车场的过程中一直扛着导游旗，在游客上车清点人数时，又用手指指着游客数，嘴里还念念有词的，这可是非常不礼貌的行为。"小王听完李经理的批评低下了头。

你认为作为一名导游，应如何进行角色定位和形象定位?

【任务分析】

扛着导游旗，点着兰花指，数着一二三，这种情况是导游最初带团比较容易犯的错误。这种形象给游客的第一印象是精神萎靡、没有热情、没有礼貌。导游工作在第一线，导游的形象不仅代表个人，还代表一个旅行社、一个城市甚至一个国家的形象。

【任务实施】

一、导游的角色定位

导游是旅行社的重要力量，是一个旅游团中的指导者，其导游工作的质量直接影响着游客的旅游质量。因此，导游应当在旅游活动中做好以下六种角色定位：

1. 旅游目的地的“形象代言人”

导游工作对旅游业的发展非常重要，所以世界各国旅游界对导游都以极为美好的语句去加以形容。日本人称导游为“无名大使”，英国伦敦称导游为“伦敦大使”，美国人称翻译导游是“祖国的一面镜子”。从某种意义上来说，导游是一个国家形象的体现，也是了解一个国家的窗口。

作为旅游目的地的“形象代言人”，导游应当做好以下工作：第一，加强自身形象塑造。导游应加强自身素质的修养，通过细致周到的服务和精彩的讲解把旅游目的地的良好形象展示给游客。第二，参与旅游目的地的形象建设。导游参与旅游目的地形象建设最重要的形式就是解说。通过导游讲解，“静景”就变成“活景”，也因此调动游客的想象力，对旅游目的地的认识更加深刻全面。第三，承担旅游目的地形象推广与传播的义务。导游形象也是对旅游目的地形象宣传的窗户。优秀的导游不仅能给游客留下好感，而且能通过游客这个有着巨大潜力的宣传员发挥广告效应。

2. 旅游活动的“组织策划者”

作为旅游活动的一线工作者，导游最了解游客的需求特点和感受。因此，导游应该参与旅游线路的前期策划设计，并代表旅行社组织执行旅游计划的实施，为游客安排落实食、住、行、游、购、娱等各项服务。同时，在旅游活动过程中根据情况变化适时调整旅游活动计划，并在今后的旅游活动中不断完善旅游活动计划。有人把导游称为“参观游览活动的导演”，旅游活动能否顺利完成并使游客获得满意，“导演”起着非常关键的作用。

作为旅游活动的“组织策划者”，导游可以做好以下工作：第一，积极搜集游客需求的信息，在旅游线路的组织设计与旅游活动安排时，尽可能反应游客的需求特点；第二，在旅游活动过程中，及时掌握游客的需求变化与旅游活动计划实施过程中的问题，并寻找其原因和解决的办法，适时调整计划安排；第三，注意总结旅游活动中存在的不足，以便今后进一步改进与完善旅游活动的计划与组织。

3. 旅游接待服务中的“协调员”

为了满足游客多方面的需求，导游在旅游接待服务中需要加强横向联系，与旅游活动有关部门密切合作、协调行动。否则，无论哪一环节出现问题，都会影响到旅游服务质量和旅游活动的顺利完成。导游处于接待服务的前线，在为游客提供旅行服务、生活服务、讲解服务、参观游览服务，以及办理各种手续、接洽各种事务时，要与其他部分配合形成一个协作链。这个协作链的中心一环就是导游，导游在这一过程中起着“协调员”的作用。同时，导游肩负着维护游客合法权益的责任，他代表游客与各有关部门进行交涉，提出合理要求，对违反合同的行为进行干预，为游客争取应该享受的正当权益。

4. 游客旅游审美的“指导员”

旅游活动是集自然美、艺术美和社会美的综合性审美实践活动。山水风光或文物古迹的欣赏价值，并不是孤立存在的，它总是与一定的自然、地理、历史、艺术等条件和特点相联系。游客通常要在有限的时间内游览和观赏更多的景物，了解各地的风土人情与文化，因此他们在“人地两生”的情况下要达到上述目的，对导游的依赖程度较大。导游有责任帮助游客在旅游活动中去发现美、欣赏美、鉴别美、感受美，完成审美过程。导游可以通过把握观赏距离、观赏时机、观赏角度、观赏节奏，同时运用多种导游方法，使游客在感悟过程中得到最大限度的审美享受。

5. 游客旅途中的“服务员”

导游作为游览过程中的“向导”，为游客引路、带路，为游客代办各种旅行证件、代购交通票据、安排旅游住宿、旅途就餐等与旅行游览有关的各种服务。导游服务质量是衡量旅行社整体服务质量的重要标志。在现代旅游活动中，导游已成为整个旅游服务工作运转的焦点和轴心，导游服务已成为旅游服务的关键环节。一次旅游活动的成功或失败在很大程度上取决于导游的服务质量。

6. 旅游知识的“传播者”

人们在外出旅游中，对知识的渴求越来越强烈，而导游是科学知识、文化知识和历史知识的传播者。导游进行导游活动时，要适时地向游客讲解旅游目的地的人文和自然情况，介绍风土人情，让游客在游玩的同时，能够真正了解和体会当地的特色与地方文化、历史。作为旅游知识的“传播者”，导游应注意几个问题：第一，寓教于游、寓教于乐，导游应该正确引游客在游览过程中通过亲自参与、感知、思考等方式获得知识、了解文化；第二，向游客学习，不断提高自身的知识储备。

二、导游的形象定位

树立良好形象是指导游在游客心目中确定可信赖、可以帮助他们和有能力带领他们安全、顺利地在旅游目的地进行旅游活动的形象。导游在游客心目中树立良好的导游形象，主要还是靠自己的主观努力和实际行动。

1. 重视“第一印象”

在人际知觉中，给人留下的第一个印象是至关重要的。如果一个人在初次见面时给人留下了良好的形象，就会影响人们对他以后一系列行为的评判和解释，反之也是一样。

导游在仪表仪容上应着重注意以下几个方面：第一，导游的着装。着装时要符合导游身份，并追求风格的和谐统一。切忌穿着奇装异服，或一味追求高档名牌服装，哗众取宠。必须将导游胸卡和工作牌佩戴在胸前，以表明导游的身份。第二，导游的修饰。服装整洁、大方自然，佩戴首饰要适度，不浓妆艳抹、花枝招展，发型要符合身体特征和工作特点，体现高尚的情趣。既不能太注重修饰自己，又不能衣冠不整、不修边幅。第三，导游的个人卫生。应保持面部整洁，注意皮肤的护理和修饰，保持头发的清洁，指甲要常修常剪。

导游的仪态谈吐应注意以下几方面：第一，精神饱满，乐观自信，自尊而不狂傲，热情而不谄媚，活泼而不轻佻。第二，站、行、走有度，但不矫揉造作。第三，语言要文明礼貌，表达对游客的关心和尊重，内容要有趣，词汇生动，不失高雅脱俗，语速快慢相宜，亲切自然，音量适中、悦耳。

2. 维护良好的形象

良好的第一印象只是体现在导游接团这一环节，而维护形象则贯穿在导游服务的全过程之中，因此，维护形象比树立形象往往更艰巨、更重要。有些导游只注意接团时的形象，而忽视在服务工作中保持和维护良好的形象，与游客接触的时间稍长一些，就放松了对自己的要求，例如不修边幅、说话不注意、承诺不兑现、经常迟到等，于是在游客中的威信逐渐降低，工作自然不好开展。导游必须明白良好的第一印象不能“一劳永逸”，需要在以后的服务工作中注意维护和保持，因为形象塑造是一个长期的、动态的过程，贯穿于导游服务的全过程之中。导游在游客面前要始终表现出豁达自信、坦诚乐观、沉着果断、办事利落、知识渊博、技能娴熟等特质，用使游客满意的行为来加深、巩固良好的形象。

3. 留下美好的最终印象

心理学中有一种“近因效应”，它是指在人际知觉中，最后给人留下的印象对人有强烈的影响。美国一些旅游专家有这样的共识：旅游业最关心的是其最终的产品——游客的美好回忆。若导游留给游客的最终印象不好，就可能导致前功尽弃的不良后果。一个游程下来，尽管导游已感到很疲惫，但从外表上依然要保持精神饱满而且热情不减，这一点常令游客对整个游程抱肯定和欣赏的态度。同时导游要针对游客此时开始想家的心理特点，提供周到的服务，不厌其烦地帮助他们，如选购商品、捆扎行李等。致欢送辞时，要对服务中的不足之处诚恳道歉，广泛征求意见和改进建议，代表旅行社祝他们一路平安，真诚地请他们代为问候亲人。导游此时以诚相待是博取游客好感的最佳策略。在仪表方面要与迎客时一样穿着正装，送别时要行注目礼或挥手示意，一定要等飞机起飞、火车启动、轮船驶离后方可离开。美好的最终印象能使游客对即将离开的旅游目的地和导游产生较强烈的恋恋不舍的心情，从而激起再次旅游的动机。游客回到家乡后，通过现身说法还可起到良好的宣传作用。

【任务评价】

导游形象塑造技能评价表（一）

第____组　组长：__________			
内容	分值 / 分	自我评价	小组评价
角色定位	50		
形象定位	50		
总评（星级）			
建议			

（续表）

导游角色塑造基本要求： 1. 导游在旅游活动中的六种角色定位。 2. 导游要重视第一印象，维护良好的形象，并留下美好的最终印象。 星级评价： ★（59 分及以下） ★★（60～69 分） ★★★（70～79 分） ★★★★（80～89 分）★★★★★（90 分及以上）

【任务拓展】

导游小李带领游客到崂山太清宫游览，车子到达景点门口，她就手脚麻利地招呼游客进入景点，在稍做讲解后就让游客自由活动，拍照留念。之后在清点人数时，发现少了 2 名游客。

请分析：小李在服务中有哪些不妥之处？正确的做法是什么？

任务二　导游仪容仪表要求

【任务目标】

通过本次任务的学习，学生应明确导游仪容仪表的重要性，掌握导游仪容仪表礼仪、仪态礼仪的正确做法，从而更好地展现导游风采。

【任务描述】

导游员小苏，青春妙龄，长得亭亭玉立，本人好打扮，所穿服饰总是处在时代的前列。一次，小苏接待一个境外的旅游团，旅游团成员多为 30 岁左右的女士，当小苏以良好的形象出现在游客面前时，使这些女士黯然失色。再加上游览期间，小苏名牌“行头”不断变换，更使旅游团的那些女士成了她的反衬者。在游览过程中，小苏虽然讲解生动，服务周到，但不知为什么，那些年轻的女性游客总不愿与她在一起，小苏有一种被冷落的感觉。

【任务分析】

旅游专家帕特里克・克伦教授说：“穿着得体比浓妆艳抹更能表现出趣味的高雅和风度的含蓄。”

作为服务行业的导游员，如果在上团时，装束与众不同，刻意修饰外表，显得很刺眼，则一定不被游客所接受，其服务效果也一定适得其反。作为导游人员，应该怎样规范自己的仪容仪表?

【任务实施】

导游人员着装是否规范、得体，日常生活中是否养成讲卫生、爱清洁的习惯，不仅是导游员个人文明的表现，也是导游职业礼仪的基本要求。上岗时，导游员更应保持良好的仪容修饰。

一、服饰礼仪

服饰是一种文化、一种语言，在给游客留下第一印象方面起着重要作用，因此对于导游员着装方面也有着一定的要求。导游员要根据自己的职业特点，以合适的着装、得体的修饰、良好的精神面貌为游客提供服务。正如旅游专家帕特里克·克伦教授所说的："穿着得体比浓妆艳抹更能表现出趣味的风雅和风度的含蓄。"

1. 导游员服装基本要求

（1）穿着整洁。导游员为游客服务时，着装要整洁大方。夏天，男性导游员不宜穿背心、短裤；女导游员不能暴露过多，不穿吊带装、露脐装、短裙，不袒胸露背，不穿拖鞋上岗。夏季衣服最好一天一换，保持清洁。

（2）着装要与身份、年龄、职业相符。导游员的服饰应适合自己的身份，导游员应明白自己是服务人员，是为游客提供服务的，所以服饰不应喧宾夺主。同时导游员的着装应符合自己的职业特点，导游服务工作主要在户外和旅游车上进行，导游应选择适合这类活动的服饰。另外，导游的着装应符合自身的年龄特点，突出自己的风韵和气质。年轻的导游员要彰显青春气息，年长的导游则要穿出成熟的魅力。

（3）注意衣着与场合的协调。导游员的着装要与场合协调，如去机场送站时着正装，表示对游客的尊重；带队游览时则应该穿休闲装，方便工作。如果要陪同游客参加宴会或出入高级场所，应该穿相应的礼服或正装。

2. 服装的选择

我国目前还没有严格的礼服、便服之分，但可根据正式场合和非正式场合穿相应的服装。一般正式场合，男士可着西装、中山装，女士可穿西装、旗袍、单色套裙等。

（1）制服。制服是标志一个人从事何种职业的服装，是树立组织形象的手段。导游员穿上醒目的制服不仅是对游客的尊重，而且便于游客辨认，同时也使穿着者有一种职业自豪感、责任感和可信度，是敬业、乐业在服饰上的具体表现。

（2）西装。西装是目前在全世界最流行的服装。西装穿着时要注意干净、平整，裤子要熨出裤线。男士穿西装要系领带，若西装里穿羊毛背心可穿 V 形领，并将领带放在背心里。

正式场合穿西装必须系领带，而且不宜松开领带；假日休闲则不必打领带。应根据个人的情况选择合适的领带，领带的长度以到皮带扣为宜。系领带时，衬衫的第一个纽扣要扣好。领带夹要选质地好的，西装上衣扣上后，以看不见为宜。

西装配西装裙穿时上衣可稍短些，以充分体现腰部、臀部的曲线美；如配裤子，上衣就应长些。不论是配裙子还是配裤子，布料一般应统一，可根据自己的年龄、体形、肤色、气质、职业特点等选择。

3. 配色原则

一般搭配：上浅下深，上深下浅。

安全色：黑、白、灰。

颜色选择要适合自己的具体情况。

4. 饰物佩戴

导游员在工作期间一般不宜佩戴饰物；如佩戴，不可在游客面前炫耀自己，使游客感到压力。如在社交场合，可依据“TPO”原则（即时间“Time”、地点“Place”、场合“Occasion”）选择大方得体、不过分夸张、简洁又恰到好处的饰物，佩戴与自己角色及环境相适应的饰物。

二、仪容仪表

1. 发型

女士发型：美观、整洁、大方、实用，与脸型、体形、年龄相称。

男士发型：与脸型、体形、服装相配，鬓发不过耳，头发不触后衣领，不烫不染。

2. 面部化妆

化妆是一门综合艺术，涉及美学、心理学、造型艺术等学科。因此导游员修饰仪容时应遵循一定的化妆原则。

（1）化妆的原则。①审美的整体性、和谐性和自然性原则。必须根据自己的脸型、五官特点、服饰、年龄、性格等来确定化妆风格，讲究和谐得体，给人以美的享受。②科学性原则。根据化妆品的类别有针对性、科学地使用，以达到理想的美容效果。③规范性原则。总体上说，应略施脂粉，轻描淡画。

（2）化妆注意事项。①女士一般不在男士面前化妆，不在公共场合化妆。需要补妆应到房间或洗手间去。②化妆的浓淡要视时间、场合而定。白天化淡妆，登山及耗体运动时不宜化浓妆。③不要议论他人的化妆，不要同游客切磋化妆术。④不要借别人的化妆品，这样既不卫生也不礼貌。⑤发型设计应符合中国人的传统道德观念，切忌怪诞发型及不和谐色彩的染发。

3. 个人卫生

特别要注意口腔、鼻腔、手指甲、头发的卫生。

【任务评价】

导游形象塑造技能评价表（二）

第 ______ 组　组长：______			
内容	分值 / 分	自我评价	小组评价
着装	40		
仪容仪表	30		
个人卫生	30		
总评（星级）			
建议			

（续表）

导游角色塑造基本要求： 1. 导游着装符合工作需要。 2. 导游仪容仪表规范。 3. 注意个人卫生。 星级评价： ★（59 分及以下） ★★（60～69 分） ★★★（70～79 分） ★★★★（80～89 分） ★★★★★（90 分及以上）

【任务拓展】

对照导游仪容仪表要求，检查个人仪容仪表，找出问题。

任务三　导游的性格定位与自我调节

【任务目标】

通过本次任务的学习，学生应正确分析自身形象特点，明确导游的性格定位及情绪自我调节方法，并能准确应用在导游服务过程中。

【任务描述】

导游小赵接团后，突然接到旅行社计调的电话，说明因一些原因订不到火车卧铺票，需要游客改乘轮船前往目的地，此时游客十分不满，纷纷要求赔偿。导游小赵不慌不忙，面带微笑，一方面向游客道歉，并向大家解释“由于旅游旺季火车的紧张状况导致了计划的临时改变，请大家谅解”；另一方面，也耐心开导游客，乘轮船虽然速度慢些，但提前一天上船，并未影响整个游程，并且在船上能够欣赏到两岸的风光，相当于增加了一个旅游项目。

你认为小赵做得好吗？为什么？

【任务分析】

导游要明确自身性格定位，在服务中针对游客的性格特点做好服务工作。在遇到突发事件时，善于调节自身的情绪，成功解决问题。

【任务实施】

一、导游的性格定位

导游的性格定位包括：第一，保持理智。当出现差错或游客抱怨时，导游要保持耐心和理解，平静地处理出现的问题。这需要导游在与不同层次的游客打交道时能熟练而灵活地运用公关知识，随机应变处理问题，搞好各方面关系。第二，保持轻松的风格。一名能使游客愉快、有幽默感和智慧的导游比一名认真却没有笑容的导游更具吸引力。第三，保持热情的个性。第四，行使“领导权”。导游在接待初期就要树立“领导者”的权威，明确要做什么和怎样去做，出了问题能全面控制局面，这样游客就会对其能力表示信任，并感到轻松自在。

导游还要有良好的心理素质。在意志方面，使自己尽可能具有自觉性、果断性、自制力和坚韧性等积极品质，尽可能克服盲目性、冲动性、脆弱性、顽固性等消极品质。在情绪方面，导游一定要善于自我控制情绪，善于冷静地进行思考，保持自信、沉着以及心态持久的平衡，目的是为了在各种情况下都能做出积极、恰当的情绪反应，避免消极、不恰当的反应，更要避免在导游过程中有烦躁、不耐烦、敷衍了事等消极表现。

二、导游的自我调节

1. 导游初次带团的自我调节

导游初次带团易出现的问题：精神高度紧张，心理压力过大，碰到问题不知如何解决，害怕与游客交流，不知如何与全陪、领队及司机沟通合作。导游可以从以下几方面进行调节：

（1）克服害羞症，敢于“暴露自己”。害羞症是指人与人之间初次交往时因过多地注意约束自己的言行，导致言行拘谨，甚至使自己的言行“畸形”——言不由衷或言行不一致。人际交往的成败很大程度上取决于各自的“自我暴露”。所以，作为导游，尤其是初次带团的导游应尽可能做到坦白自我。

（2）增强自信心，克服自卑感。初次带团的导游自卑心理来自两个方面：一是认为导游与游客是不平等的关系；二是认为新导游无经验，达不到老导游水平。其实，导游与游客在角色上是不平等的，但人格上是平等的；新导游虽然在经验和技能上比不过老导游，但是新导游也有自己的长处和特色。因此，新导游应该克服自卑心理，增强自信心。

（3）认真准备，虚心请教。作为初次上团的导游，在上团前一定要认真做好准备工作，尽可能把工作做在前面。在准备过程中，碰到不懂的问题，可向有经验的老导游请教。在导游服务过程中，虚心地向司机、其他导游请教。

◎同步案例

心理暗示出的错

春节将近，旅游旺季也到了，某旅行社通过公开招聘，培训了一批新导游。为了保证新导游的接待质量，旅行社安排大家跟随老导游实习一个月。小李经过一系列培训合格后，终于拿着心爱的导游旗上团了。当她把游客引导上旅游车，介绍自己与司机后，就开始按旅游车经过的路线，详细地介绍起沿途的景观来。可是，渐渐地，她的言语就不那么流畅，变得结结巴巴起来，到最后，竟然语无伦次。当旅游团抵达酒店以后，领队马上把电话打给了地接旅行社经理，要求换人。为了旅行社的声誉，经理把小李换了下来。回到旅行社，经理问小李："你是怎么搞的？培训时的成绩最高，跟团实习的时候，表现也不错，怎么自己刚上团，就让领队给投诉了？"小李哭着说："主要是我越讲越害怕，说话也就结巴了。""害怕？这就奇怪了！当导游都要有第一次独立带团的经历，如果人人害怕，游客上哪儿找导游啊！关键是你怕什么？"小李回答："一开始时，应该说一切正常。后来我发现，游客的眼睛都怪怪地看着我。他们不是直愣愣地看着，而是在我身上扫来扫去。当时我想，是我的化妆有问题，还是衣服穿得不争气，趁游客朝车窗外面看的时候，我偷偷地打量了一下自己，也没发现有什么问题。但是，游客还是那样用眼睛在我身上扫过来扫过去。我想，肯定是我什么地方出了差错被游客发现了，出于礼貌，他们没有嘲笑我。但是他们肯定觉得很奇怪，所以就用眼睛在我身上扫来扫去……我越想心里越乱，越想越害怕，就不知道嘴里在说些什么了。"听了小李说的这些情况，经理无可奈何地说："这是你心理暗示出的错。问题在你身上，就是太不自信了。游客用眼睛看着你，是对导游讲解内容的渴望，也是对你的一种尊重。看来，你还得实习一段时间，才能独立上团。"

分析点评：作为刚刚上团的新导游，小李有一种急迫的心理，就是希望自己的初次讲解能够获得游客的认可。一般来说，如果游客不愿意听导游的讲解，常常表现为眼睛直愣愣地看着导游而心里却在想别的事，或者东张西望，或者看着窗外，或者叽叽喳喳地说个不停，或者提一些与讲解毫不相干的问题，或者干脆闭上眼睛睡觉。本案例中小李之所以自己吓自己，是因为小李对人的视觉感知活动缺乏了解。可见，小李的心理暗示是错误的，致使第一次带团没有完成任务。

2. 导游情绪状态自我调节的方法

导游在导游过程中经常会出现一些不顺畅的事情。这时候，导游特别要注意控制自己的情绪。这一点十分关键，否则，自己出现不良情绪反应是小事，控制不住游客的情绪、使事态扩大、给导游工作造成不良影响才是大事。在【任务描述】中，由于客观原因，导致旅游团需要改乘轮船前往下一目的地，面对游客的不满，导游小李控制好自己的情绪，从游客的角度去解释改乘轮船的好处，用诚恳的态度赢得游客的谅解，从而妥善解决了问题。

◎温馨小贴士

消除游客消极情绪的方法主要有转移注意法、补偿法和分析法。转移注意法是指导游有意识地去调动游客的注意力，促使他们的注意力从一个对象转移到另一个对象；补偿法是指从物质或精神上给予补偿，从而消除或弱化游客的不满情绪；分析法是指将游客消极情绪的原委讲清楚，一分为二地分析事物的两面性及其与游客的得失关系。

导游常见的情绪状态自我调节的方法有：想象控制法、想象演习法、联想矫正法、姿态矫正法、全神贯注法、矛盾取向法、延缓反应法、自我强化法、补偿调节法、宣泄调节法、深层分析法、自我暗示法、放松训练法、简易入静法等等。

【任务评价】

导游角色塑造技能评价表（三）

第 ______ 组　　组长：______			
内容	分值 / 分	自我评价	小组评价
性格定位	50		

（续表）

自我调节	50		
总评（星级）			
建议			
导游角色塑造基本要求： 1. 导游要有良好的心理素质。 2. 导游情绪的自我调节。 星级评价： ★（59分及以下） ★★（60～69分） ★★★（70～79分） ★★★★（80～89分） ★★★★★（90分及以上）			

【任务拓展】

导游小刘带团在上海结束了华东五市的旅游，抵达机场准备乘飞机返回青岛时，被告知因天气原因飞机要延误；过了三个小时，又被告知航班取消。这时，游客十分气愤，有人发牢骚，有人骂街，有人冲着小刘大喊大叫，有人与机场工作人员争吵起来，这时，假如你是小刘应该怎么办？

项目2 导游礼仪

【项目导读】

中国素以“礼仪之邦”闻名于世。讲究服务礼仪也是导游员的基本功和基本素质之一，它体现了导游人员自身的人格与风度。一名有魅力、有风度、有气质的导游不是天生的，而是后天培养出来的。规范、系统的导游礼仪，不仅可以树立导游人员和企业良好的形象，更可以塑造受客户欢迎的服务规范和服务技巧，在工作中赢得游客的理解、好感和信任。

【案例导入】

某旅行社接待来华的意大利游客，要求为每人准备一件小礼品。考虑到中国丝织品闻名于世，工作人员特意订购了一批纯真丝手帕，每个手帕上绣着花草图案，十分美观大方。

导游员带着盒装的纯丝手帕，到机场迎接来自意大利的游客。在车上导游代表旅行社赠送给每位游客两盒包装甚好的手帕，作为礼品。

没想到车上一片哗然，议论纷纷，游客显出很不高兴的样子。特别是一位夫人，大声叫喊，表现极为气愤，还有些伤感。导游心慌了，好心好意送人家礼物，不但得不到感谢，还出现这般景象。中国人总以为送礼人不怪，这些外国人为什么怪起来了?

任务一　礼仪概述

【任务目标】

通过本次任务的学习，学生应充分认识导游服务礼仪的重要性，掌握导游服务礼仪要求，并能准确应用在导游服务过程中。

【任务描述】

1995 年 3 月在丹麦哥本哈根召开联合国社会发展世界首脑会议，出席会议的有近百位国家元首和政府首脑。3 月 11 日，与会的各国元首与政府首脑合影。照常规，应该按礼宾次序名单安排好每位元首、政府首脑所站的位置。首先，这个名单怎么排，究竟根据什么原则排列？哪位元首、政府首脑排在最前？哪位元首、政府首脑排在最后？这项工作实际上很难做。丹麦和联合国的礼宾官员只好把丹麦首脑（东道国主人）、联合国秘书长、法国总统、中国总理、德国总理等安排在第一排，而对其他国家领导人，就任其自便了。好事者事后向联合国礼宾官员“请教”，答道：“这是丹麦礼宾官员安排的。”向丹麦礼宾官员核对，回答说：“根据丹麦、联合国双方协议，该项活动由联合国礼宾官员负责。”

【任务分析】

导游服务礼仪是指导游在接待游客服务工作中应遵守的礼节、礼貌、仪容、仪表等行为规范，具体是指导游在从接团开始至送团结束的一次完整的礼仪服务过程中的各环节。它包括从准备迎接游客，将客人迎接至饭店，到带领游客游览景点，为游客进行讲解，与游客进行沟通，为特殊游客提供服务等都有一定的行为规范。

服务礼仪是导游服务工作中不可或缺的重要组成部分，导游人员只有掌握了导游服务礼仪，才能为游客提供优质、完美的服务。

【任务实施】

一、礼仪概述

1. 礼仪的内涵

所谓礼仪，是指人们在交往活动中约定俗成的各种行为规范及其实施程序准则。具体表现为礼节、礼貌、仪表、仪式、礼俗等。

礼仪是人类文明的表征，是社会进步的尺度。“人而无仪，不死何为”，在人类社会发展过程中不断形成的礼仪，规范着人们的行为举止，从而使人类脱离了纯粹的自然状态。礼仪修养是人类与动物的重要区别之一，是每一个社会成员在人生旅途中的一门必修课。

礼仪看似简单，其实是一门很深的学问。在我们的生活中，礼仪无处不在。礼仪的自觉运用，涉及人的性格特征、知识程度、价值观念、心理因素等要素，它体现了一个人的文化修养和个人形象。稍有疏忽，就会处于交际困境。因此，了解并很好地应用它，不仅有利于组织和个人建立广泛的人脉关系，更能使你在社交活动中游刃有余。

2. 礼仪的相关概念

礼貌——是指人们在相互交往过程中表示敬重和友好的规范行为。

礼节——是指人们在交际过程中表示致意、问候、祝愿等惯用形式。

仪表——是指人的外表，包括容貌、姿态、风度、服饰和个人卫生等，是礼仪重要的组成部分。

仪式——为表示敬意或隆重，而在一定场合举行的、具有专门程序的规范化的活动。

显然，礼貌、礼节、仪表、仪式等是相互联系的，礼仪在层次上高于礼貌、礼节、仪式等。礼貌，是表示尊重的言行规范；礼节，是礼貌的惯用形式；仪式，是为表示敬意而举行的隆重仪式和程序。因此，现代礼仪，是指现代人们在社会交往中共同遵守的行为准则和规范。它既可以单指为表示敬意而隆重举行的某种仪式，又可泛指人们交往的礼节、礼貌。

二、国际礼宾通则

在人际交往时，必须注意施礼原则。概括来说，目前世界流行的接待通则主要有以下十条：

1. 维护形象

在交往活动中，每一名相关人员的一言一行，往往都代表着一个国家、一个民族、一个地区、一个城市的形象。若对自我形象毫不修饰，则是对交往对象的不尊重，属于失礼行为。所以我们在日常交往中，应时时刻刻注重个人的言谈举止、服饰仪容，不可蓬头垢面、不修边幅。

2. 不卑不亢

这是事关国格、人格的大问题，不卑与不亢同等重要，不可偏废。既不畏惧自卑、低三下四，又不自大狂傲、放肆嚣张，而是堂堂正正、坦诚乐观、豁达开朗、从容不迫、落落大方。

3. 求同存异

求同就是遵守国际惯例，取得共识，便于沟通，避免周折；存异就是注意“个性”，了解具体交往对象的礼仪习俗禁忌，并予以尊重。

4. 入乡随俗

当自己身为东道主时，通常讲究 “主随客便”；当自己充当游客时，则又讲究“客随主便”。接待人员必须充分了解交往对象的风俗习惯并加以尊重，不可少见多怪、妄加非议。

5. 遵守约定

在一切公务接待活动中，都必须认真而严格地遵守自己的所有承诺，说话务必算数，许诺一定要兑现，约会必须准时。万一由于难以抗拒的因素而失约，必须尽早向有关各方通报，如实解释，郑重致歉，主动承担损失。

6. 不必过谦

在交往活动中涉及自我评价时，虽然不应该自吹自擂、自我标榜、一味地抬高自己，但也不要妄自菲薄、自我贬低、自轻自贱、过度谦虚客套。

7. 不宜先为

在交往活动中，面对自己一时难以应付、举棋不定或者不知道到底怎样做才好的事情时，如有可能，最明智的做法是尽量不要急于采取行动，尤其不要急于冒昧行事。

8. 尊重隐私

凡涉及游客收入支出、年龄大小、恋爱婚姻、身体健康、家庭地址、个人经历、信仰政见、所忙何事等，皆属个人隐私，与对方交谈时要避免涉及这些“隐私”。

9. 女士优先

在一切社交场合，每一名成年男子，都要主动自觉地以自己的实际行动去尊重、照顾、体谅、关心、保护女性，并且为女性排忧解难。

10. 以右为尊

在各种类型的对外交往中，大到政治磋商、商务往来、文化交流，小到私人接触、社交应酬，但凡有必要确定并排列主次尊卑时，“以右为尊”都是普遍适用的。

【任务拓展】

某年春天，上海的导游顾先生接待了一个 30 人的英国旅游团。在接待过程中，他发现那些客人十分讲究礼貌，总是请女士先上车，吃饭、斟酒时也总是女士优先，但是每天在饭店集合出发的时候却总有人晚到片刻。请根据国际礼宾通则，谈谈如何接待英国客人？

任务二　导游服务礼仪规范

【任务目标】

通过本次任务的学习，学生应掌握服务礼仪的基本要求和主要内容，在导游服务过程中规范得体地进行导游服务。

【任务描述】

在一个秋高气爽的日子里，迎宾员小贺，着一身剪裁得体的新衣，第一次独立地走上了迎宾员的岗位。一辆白色高级轿车向饭店驶来，司机熟练而准确地将车停靠在饭店豪华大转门的雨棚下。小贺看到后排坐着两位男士、前排副驾驶座上坐着一位身材较高的外国女宾。小贺一步上前，以优雅的姿态和职业性动作，先为后排客人打开车门，做好护顶、关好车门后，小贺迅速走向前门，准备以同样的礼仪迎接那位女宾下车，但那位女宾满脸不悦，使小贺茫然不知所措。通常后排座为上座，一般凡有身份者皆在此就座。优先为重要客人提供服务是饭店服务程序的常规，这位女宾为什么不悦？小贺错在哪里？

【任务分析】

俗话说：女士优先。在社交场合或公共场所，男子应经常为女士着想，照顾、帮助女士。诸如：人们在上车时，总要让妇女先行；下车时，则要为妇女先打开车门，进出车门时，主动帮助她们开门、关门等。迎宾员小贺未能按照国际上通行的做法先打开女宾的车门，致使那位外国女宾不悦。

【任务实施】

一、服务礼仪基本要求

1. 保持清新整洁的仪容

面部化妆不宜太浓，发型不宜太新潮、古怪。不要戴着墨镜面对游客讲解，仪容要注意讲究分寸，注意适度。女导游员可以以淡妆来美化自己。外出活动后要记得随时洗脸，经常沐浴，保持个人卫生。导游人员保持个人卫生绝不是导游人员的个人问题，不注意个人卫生的导游员，足以引起游客对其“一票否决”。

2. 着装规范、整洁，适合职业环境

导游人员在导游工作中，应穿比较正式的服装并佩戴导游标志。服装应和随身佩戴的导游标志相适应，导游证（胸卡）、旅行社的徽章佩戴在服装左胸的正上方或端正挂于胸前。服装要与手持的导游旗和谐一致，要使本团的游客和周围的人群鲜明地感受到导游员的职业形象。

3. 仪态举止端庄大方、稳重、充满活力

导游员应给游客以亲切感和信任感，而不能给人傲慢或轻浮之感。要求站有站姿，坐有坐相。走路脚步要轻，坐下时不要跷二郎腿，走路时不要大幅度摆动等。导游时可适当做些手势，但动作不宜过大。特别注意不能当着游客打哈欠、伸懒腰、掏鼻孔、挖耳朵、脱鞋纳凉等。咳嗽和打喷嚏时，应当用手帕捂住口鼻并面向一旁，尽量避免发出很大的声音。

4. 服务严谨，态度和蔼

对游客一定不能表现出妄自尊大、目中无人的样子。对游客的提问，尤其是频繁提问，要有耐心，并给予及时解决。如果不同意游客所说的意见和观点，最好不要和游客争论，而是耐心倾听，温和地表示听懂了他的话。

在具体的导游接待和服务过程中，要尊重游客的宗教信仰和风俗习惯。最好能在带团前就了解到一些人的宗教习惯和禁忌，以便在日后注意安排。对待老人、小孩和女士，要予以尊重、注意和多加照顾。在突发事故中，应先照顾老人、小孩、女士。对待残疾人要进行特殊服务，表现出热情、体贴而不是同情、怜悯。对待重要客人，接待要有分寸，不卑不亢。

对游客在旅游过程中的特殊要求尽量满足，根据有关规定不允许办理的事情应有礼貌地婉言拒绝。对旅游过程中发生的各种差错和事故，如遇到让自己很恼怒的事情，一定要冷静，不能采取鲁莽的态度和过激的行为，应当尽力保持文明、高雅的姿态，以理服人。

5. 交谈时态度诚恳，表情自然

交谈是导游员与游客之间交往的普遍形式，也是导游员与游客进行沟通的重要环节。交谈过程中要遵循“五不问”原则，即一不问年龄（尤其是女性），二不问婚姻，三不问履历，四不问工资收入，五不问家庭地址。交谈时，不要涉及个人隐私；距离不要太近，以相距半米为佳；手势不要太多，更不要唾沫横飞；表情要自然、大方，语言、语调要柔和、轻松。

6. 遵时守约，言而有信

导游人员应有严格的时间观念。爱惜时间、遵守时间是尊重游客的表现，迟到、不守约都表示出对游客的不尊重。无故浪费游客时间，因自己散漫、拖沓的行为而致使游客无故等待自己，是很不道德的行为。

没有准确的时间观念、信用观念，漫不经心，拖拖沓沓，都是导游工作中非常忌讳的行为。所以，导游人员要做到严格遵守时间，守时守信，必须及时地将每日活动的时间安排清楚地告诉每个游客，并且随时提醒。导游必须按照规定的时间提前到达出发地点，按约定的时间与游客会面，最忌出现让游客在机场空等导游的事情发生。如果确因客观原因未能及时赶到，必须耐心地向游客解释、道歉，态度要诚恳，语气要柔和，以取得谅解。

二、导游服务礼仪的主要内容

（一）准备阶段礼仪

1. 注意个人卫生

男女导游都要修饰仪容。头发要梳理整齐；女导游若化妆要淡雅适度，不用味道太浓的香水。男导游应修脸、刮胡子，指甲和鼻毛也要修短。上团前不要吃葱、蒜、韭菜等有强烈气味的食物，必要时可含一点茶叶或漱口，以除臭味。导游人员要经常开口，洁白的牙齿给人以美感，要坚持早晚刷牙、饭后漱口，以保持牙齿洁净。

2. 着装掌握分寸

导游人员讲究着装，主要是讲究一个度，也就是讲究分寸，着装不能过分随便，也不能过分奢华。导游人员的着装要讲究内在舒适，又要讲究外在美观。导游人员的夏装要透气、吸水，不要暴露过多，更不要太“透”。女导游人员勿穿超短裙，可以光脚穿鞋；无论天气多热，都不宜撩裙当扇。男导游勿穿圆领汗衫，勿穿短裤。导游人员的冬装要柔和、保暖，不要过于臃肿，鞋袜更需要讲究，因时间地点而变换。佩戴饰物要适度，有的导游人员喜欢带金戒指、宝石手表，其实这既不便于工作，又容易使游客感到不舒服。

（二）迎接阶段礼仪

1. 接站礼仪

导游人员应提前到达机场、码头、车站等迎宾地点。使用接站牌时，牌子要正规、整洁，字迹要大而清晰。导游应站在明显的位置上，举起接站牌以便与游客联系。看到旅游团时，导游人员要用礼貌文明的语言上前婉转询问，主动认找自己的团队。确定是自己应接的旅行团后，应用简单明了的语言介绍自己，并向游客问候致意。

2. 见面礼仪

（1）交换名片。递名片给他人时，应郑重其事。最好是使用双手或者右手，将名片正面面对对方。切勿以左手递交名片，不要将名片背面面对对方或是颠倒着面对对方。若对方是少数民族或外宾，则最好将名片上印有对方认得的文字的那一面面朝上方。将名片递给他人时，口头应有所表示，可以说“请多多关照”，或是先进行自我介绍。与多人交换名片，应讲究先后次序，或由近而远，或由尊而卑，一定要依次进行，切勿挑三拣四、采用“跳跃式”。当他人表示要递名片给自己或交换名片时，应立即停止手上所做的一切事情，起身站立，面含微笑，目视对方。接受名片时宜双手捧接，或以右手接过，切勿单用左手接过。“接过名片，首先要看”，这一点至为重要。具体而言，就是换过名片后，当即要用半分钟左右的时间，从头至尾将其认真默读一遍。若接过他人名片后看也不看，或手头把玩，或装入衣袋，或交予他人，都算失礼。接受他人名片时，应口头道谢，不可一言不发。

（2）握手。一般在介绍后可相互握手并寒暄致意。握手时行至距握手对象约一米处，双腿立正，上身略向前倾，双目注视对方并微笑，伸出右手，四指并拢，拇指张开与对方相握。握手时应用力适度，上下少许晃动三四次，随后松开手来，恢复原状，年轻对年长者或身份低者对身份高者握手时，则应双手握住对方的手，以示尊敬；男子与女子握手时，一般等女方先伸手，且只握一下女方的手指部分即可；多人同时握手时注意不要交叉，待别人握完手后再伸手。不要在握手时将另外一只手插在衣袋里；在握手前，应脱下手套、摘下墨镜；不要在与人握手后，立即揩拭自己的手掌。

3. 引导礼仪

在步出迎接地点时，导游人员应主动为游客拎拿行李。不过，对于游客手中的外套、提包或是密码箱，则没有必要为之“代劳”。导游引导时，应主动在外侧行走，而请游客行走于内测。在单道行进时，导游行走在前，而使游客行走于其后，以便由前者为后者带路。在转弯处或有阶梯处，导游要示意或提醒游客。引导时，不要影响游客观赏的视线，按游客的步速轻步行进。

游客上车时，导游要恭候在车门旁，搀扶或协助老弱游客上车；游客先登车，导游后登车。上车后，导游应协助游客就座，待游客坐稳后，再检查一下行李架上的物品是否放稳。导游应礼貌地清点人数，游客到齐坐稳后请司机开车。

（三）途中服务礼仪

1. 姿态端庄

站姿。导游人员的站姿应稳重自然。站立时，身体直立，挺胸收腹，双肩后展，两臂自然下垂（除手持话筒外），两脚或同肩等宽，或呈“V”字形，身体重心可轮流置于左右两脚之上。手的位置有三种摆法：一为侧放式，即双手分别放置于腿的两侧；二为前腹式，即双手相交于小腹前；三为后背式，即双手相握放置于腰际处。无特殊情况，双手忌叉两腰，或插在衣裤袋中，或将双臂相绕置于胸前。

坐姿。导游人员应注意保持规范的坐姿，即便是在行进的汽车上，双手可搭放在座位的扶手上，或交叉于腹部前，或左右手分放于左右腿之上。双腿自然弯曲，两膝相距，男士以一拳为宜；女士双膝应并拢，切记分腿而坐。此外，无论男女，坐姿均不可前倾后仰，东倒西歪，不高跷二郎腿，不以脚底示众，不随意抖动腿脚。

2. 语言得体

语言是导游服务的重要手段和工具，导游人员的服务效果在很大的程度上取决于其语言的表达能力。导游人员驾驭语言的能力越强，信息传递的障碍就越小，游客满意的程度也就越高。可见，导游语言的表达事关导游人员自身价值的实现。就一般而言导游人员的语言表达应力求做到：达意、流畅、得体、生动和灵活。这是导游讲解最基本也是最起码的要求。

达意。语言的达意是要求导游人员所传递的信息不仅应准确，而且还要易被游客理解。达意的导游语言，一是发音正确清楚；二是遣词造句准确简洁；三是表达有序，条理清晰。切忌空洞无物、言过其实，更不该无中生有、胡编乱造。

流畅。流畅即要求导游人员的语言力求表达连贯，无特殊情况，一般语言中间不做长时间的停顿，语速适中，快而不乱，慢而不滞。口语表达中过多的重复和停顿以及不良的习惯无疑都会影响游客倾听的效果。

得体。所谓得体，就是语言运用要妥当，有分寸。得体的导游语言必须符合导游人员的身份角色，要充分体现出对游客的尊重。在带团过程中，应多用敬语和委婉、征询的句式与游客交流。此外，还应避免游客的言谈忌讳。

生动。生动是导游语言最为突出的特点。导游人员在讲解内容准确的前提下，应以生动有趣且具感染力的语言活跃气氛，增添游客的游兴，以趣逗人。照本宣科、死板老套不可取，低级趣味的笑话更应杜绝。

灵活。灵活强调的是导游人员的语言表达应做到因人、因地、因时而异。导游人员在讲解时必须充分考虑游客的文化背景、认知水平、兴趣爱好以及职业特点等异同，并据此有针对性地决定内容的取舍和表达方式的选择，以提高游客的接受和理解能力。

准确。准确是指导游人员所讲解的内容必须是正确无误的，给游客提供的知识必须是科学的、真实的。不要为了渲染气氛或引起游客兴趣而胡编乱造，欺骗、愚弄游客，误导游客。

导游员上车后，应主动向游客做自我介绍。自我介绍时要自信，切忌羞愧；要自识，须有自知之明，对自己做出正确的评价；要自谦，对自己的评价要留有余地，不要自吹自擂。自我介绍时，导游要讲清自己的姓名、身份、单位；为他人介绍时，要有礼貌，应以手示意，而不要用手指指点点。导游人员自我介绍与介绍他人时态度要诚恳，介绍他人时要热情，要客观，掌握分寸。

（四）入店服务礼仪

在出入房门时，导游须主动替来宾开门或关门。此刻，导游可先行一步，推开或拉开房门，待游客首先通过，随之再轻掩房门。出入无人控制的电梯时，导游需先入后出。以操控电梯；出入有人控制的电梯时，导游则应后入先出。

到游客房间或住所，均应预先约定、通知，并准时到达；进门前先按门铃或敲门，经主人允许后方可进入，否则不得擅自进入。应尽量避免在休息时间或深夜打搅游客。除特殊情况外，一般不要站在房间门口与游客谈日程或讨论问题；事先没有约定或未打招呼时，谈话的时候尽量不要过长；事毕，应有礼貌地向游客告别。在室内，未经主人同意，不得翻看游客个人的书籍和行李物品。

（五）参观游览服务礼仪

在游客面前，导游人员始终应保持精神饱满、乐观自信、端庄诚恳、落落大方的服务者形象，应给游客一种可信任、可依赖的感觉。

导游讲解时应注意声音要悦耳，音调要有节奏，说话要清晰；表情要自然大方，语调语气要和气亲切，并努力使用礼貌语言。

导游讲解时可适当做些手势，但动作不宜过大；不要用手指指认，更不要手舞足蹈；说话时目光要照顾全场，不可只注视一两个人。游客插问时，要耐心听取，如自己正在讲话，可示意稍等，不可充耳不闻，不理不睬。

（六）餐饮礼仪

1. 自助餐礼仪

自助餐或冷餐会都不设固定席位，参加者可随意走动，站坐两便，便于彼此自由交流，形式活泼，不受拘束。自助餐或冷餐会的菜肴以冷食为主，也有热炒、点心、酒水，由游客自取。应注意一次不宜取太多食物，不够可再添加，切不可浪费。用餐时不能乱扔乱吐鱼刺、骨头等杂物。席间交谈应文明礼貌，不能大声喧哗，高谈阔论。在餐馆用完自助餐后不能将食物带出餐馆。

2. 中餐礼仪

用餐时动作要文雅。自己的食具放的位置不宜太宽，就餐不能把玩餐具。

（1）握筷。姿势要规范，需要使用调羹时，应将筷子放在筷架上。

（2）夹菜。应从自己一端开始，如菜不慎掉在桌上，切不可放回盘内。夹菜时，应就近夹菜，每次夹菜不要太多，偶尔可转盘，应注意是否有人正在夹菜。

（3）进食。应细嚼慢咽，千万别发出咀嚼声，也不能舔嘴出声。

（4）喝汤。应把汤舀入自己的碗内再喝。喝热汤时不能用嘴吹汤，不要啜吸出声，应将嘴凑在汤匙内侧慢喝。

（5）谈话。要注意主题健康、轻松、愉快。

（6）用餐。吐出的骨头、鱼刺等应留在自己面前的小盘中，不能直接外吐，以免污染台布。进餐时不要咳嗽，打喷嚏、擤鼻涕，万一不能控制，应用手帕或餐巾纸掩住口鼻，转身，尽量压低声音。

（7）其他注意事项。遇到某种意外，比如不慎打破餐具、碰翻酒杯、筷子落地，不必大惊小怪，应沉着自如地让服务生马上清理，并向周围游客致歉。用餐过程中或用餐结束时，不能当众剔牙，必要时应用餐巾或手挡住嘴巴。

3. 西餐礼仪

（1）坐姿。用西餐时，要注意坐姿，身体应与餐桌间保持适当距离，姿势端正。

（2）餐具使用。①餐巾。入席前每位游客面前放置餐巾，主要用来进食时避免弄脏衣服及用餐完毕时擦手和嘴角。进餐开始，主人拿起餐巾，这是准备进餐的信号，散席前收餐巾也以主人为先。有事暂时离席，应折好餐巾搁在椅背上，若搁在桌上表明你不想再吃了，用餐结束后把餐巾放在桌上左边即可。餐巾保持外观整洁，脏迹应擦在餐巾内面，餐巾只能擦嘴和手。②餐刀和汤匙。应放在餐盘的右边，餐叉应放在餐盘的左边；吃点心用的小匙放在前面；用餐时右手拿刀左手拿叉，对摆在前面的刀叉，要从外向里取用，这样的顺序正是每道菜上桌的顺序。刀叉以八字形平摆在盘边，表示用餐尚未完毕；刀叉朝自己并列排放，表示应该撤盘。舀汤时，勺子横拿，由内向外舀起。喝汤时，要由里向外舀起送入口中，避免出声。喝汤时不能用嘴吹，不能端起汤盘来喝。

（3）不同餐品进食方法。①面包应切成小块放入口中，不应拿起整个面包嚼啃；吃面包、通心粉之类食物时，可用叉叉上，然后卷起送入口中，不可吸食。用刀在盘内将食物割成一块块（大小应能以一口吃下为宜），不能用刀挑起食物往嘴里送。叉挑起食物要适量，一次性放入口中，嘴唇只碰食物，不能咬刀叉，不能让刀叉在牙齿上或盘中发出声响。西餐桌上的食物一般都使用刀叉进食，但小萝卜、青果、水果、点心、炸土豆片、玉米粒、田鸡腿及面包等可用手取食。②西餐取菜不要太多，将食物剩在盘中是失礼的行为。吃东西应闭嘴咀嚼，不宜发出声响。用餐时，切勿大声喧哗影响别人。席间、饭后，不要当着大家的面剔牙，不要边走边剔牙，不得已剔牙时要用手或餐巾当住嘴巴。喝咖啡和红茶时，不要将咖啡匙或茶匙放在杯中，待放入的糖块溶解后，再稍搅动几下，然后将咖啡匙或茶匙放在底盘里，端起杯来慢慢品尝。

（4）翻译人员陪同进餐时。以翻译身份赴宴，要注意：不得喧宾夺主，不要自己向游客祝酒，不随意为游客布菜；嘴里不要放过大、过多、带刺的食物，要时刻准备完成翻译任务。席间不抽烟，除非女主人请大家抽烟；作为翻译赴宴，不得边翻译边吸烟。

优雅大方、文质彬彬是用西餐时应有的风度。

（七）交谈礼仪

参加游客的谈话要先打招呼；游客在谈话，不要主动趋前旁听；游客与自己主动谈话，应乐于交谈；第三者参与谈话，应以握手、点头或微笑表示欢迎；谈话中遇有急事需离开，应向游客打招呼表示歉意；谈话现场超过三人时，应注意与他人交谈几句，不要只与一两个人说话而冷落在场的其他人。

导游说话时不要只顾自己讲话，要注意游客的反映；游客谈话时，不要左顾右盼、心不在焉，不要注视别处或看手表，显出不耐烦的样子。

导游说话中一般不要涉及疾病、死亡等不愉快的事情以及荒诞离奇、耸人听闻、黄色淫秽的事情。对方不愿回答的问题，不要追问；遇到有游客反感的问题，应表示歉意，或立即转移话题；争论问题要有节制。

一般不询问女宾年龄、婚姻等事情；不直接询问游客的履历、工资收入、家庭财产等私人生活方面的问题。

与外宾交谈，一般不议论对方国家的内政；不批评、议论国内任何人；不随便议论宗教问题。

（八）送别礼仪

前往机场（车站、码头）送别时，导游员要与游客亲切交谈，握手作别。客人进入安检后要向游客挥手致意，等游客走后，自己才能离去。

【任务评价】

导游礼仪评价表（一）

第 ＿＿ 组　组长：＿＿＿			
内容	分值 / 分	自我评价	小组评价
准备阶段礼仪	10		
迎接阶段礼仪	20		
途中服务礼仪	20		
入店服务礼仪	10		
参观游览服务礼仪	10		
餐饮礼仪	10		
交谈礼仪	10		
送别礼仪	10		
总评（星级）			
建议			
导游礼仪塑造基本要求： 1. 导游服务过程礼仪规范。 2. 礼节、礼貌、仪容、仪表举止规范。 星级评价： ★（59 分及以下）　★★（60～69 分）　★★★（70～79 分） ★★★★（80～89 分）　★★★★★（90 分及以上）			

【任务拓展】

一天，北京导游朴先生接待一个韩国的旅游团。在游览时，朴先生充分考虑到客人的特点和需要，他知道韩国人很重礼貌，爱干净，便在用餐前叮嘱服务员格外小心，注意服务的程序和礼节，并时常询问客人对餐饮和住宿的意见。请思考：朴先生的导游服务有哪些可取之处？

任务三　政务接待礼仪技能

【任务目标】

通过本次任务的学习，学生应掌握政务接待礼仪的基本要求和主要内容，在政务接待活动中规范得体地进行导游服务。

【任务描述】

一位法语导游翻译，陪同法国游客到中国家庭访问时，主妇问客人："您吃饭了吗？"导游直接翻译过去，客人认为主妇邀请他留下吃饭，便留下不走了，结果闹了一场笑话。

【任务分析】

由于长期以来我国人民形成了"民以食为天"的观念，所以，见面时往往要问一句"您吃饭了吗？"这句话已经成为我们日常生活中常用的问候语。但是这句话如果不注意，在接待西方游客时，就会造成误解。

【任务实施】

一、接待礼仪

（一）着装礼仪

按接待的规定和需要，导游员注意穿着正确，美观、得体、大方，化淡妆，不浓妆艳抹，不佩戴太多的首饰，不染发，不梳怪异发型，勤洗澡、洗头。整体给人感觉端庄、整洁。

1. 穿衣要合体

导游员接待服装要根据每个人的自身条件，去选择最合适的服装。不能肥大无比，也不能短小箍身、暴露与透视，应该根据自己的身体"量体裁衣"，不能为了追时髦，不顾自己的体形与个性，胡乱穿衣。

2. 穿衣要合适

导游员接待服装要根据地点、情景、身份、体形、肤色、季节等不同来选择。在正式场合，导游人员穿着要正确得体，最好穿正装，注意正装穿着规范。

不能挽起袖管或裤脚；衣袋或裤兜里不宜装过多东西；穿西装最好内着白色衬衣，穿深色袜子、黑色皮鞋、打领带，不穿或少穿羊毛衫；全身上下衣着应保持在三种色彩之内。宴会、舞会、晚会、聚会等应酬交际场合，可穿时装、礼服或民族服装；休闲场合穿着应舒适自然，与所处环境相协调。

3. 穿衣要注意妥帖、整洁

导游员的接待服装更要熨烫平整，干净整洁。衣服不要有破损和污渍，尤其是男士的衬衣领口、袖口不要有污渍、油渍，在客人面前呈现一种干练、礼貌的职业形象。

4. 穿衣要掌握分寸

导游员的服饰不可太时髦、怪异。政务接待中客人是主角，是接受导游服务的对象。怪异和过度时髦的服饰会大大影响接待效果，还可能使客人产生反感。一般情况下，导游人员的服饰以不影响导游工作为准。

（二）行为举止礼仪

1. 站姿

导游员进行政务接待时要站如松，挺拔笔直、舒展俊美、庄重大方、精力充沛、信心十足、积极向上；不要过于随便，探脖、塌腰、耸肩、弯腿、抖足或双手叉腰及放在裤兜里均不足取。坐要如钟，不可前仰后倾、歪歪扭扭、高跷二郎腿；行走如风，要协调稳健、轻松敏捷，忌内八字和外八字，不能弯腰驼背、歪肩晃膀、扭腰摆臀、左顾右盼。

2. 站位

导游员在陪同贵宾游览景点时走在贵宾左前方或右前方，以方便贵宾观景为前提。保持在一米的距离，边走边讲解。如果陪同贵宾检查工作应走在贵宾的身后，保持两米到三米的距离，以便贵宾有需要服务时能及时赶到。

3. 坐姿

如需以坐姿进行讲解或汇报，导游员入座时应该注意：动作轻缓，保持上身直立，双手不要放在扶手上；和贵宾同坐时要注意，不要坐得太靠近贵宾，不要动来动去，应保持安静。

（三）问候和致意礼仪

接待导游员一般都会到机场或者宾馆去迎接贵宾，见到贵宾主动问好，如："您好！""早上好！""下午好！""晚上好！""欢迎来检查工作！""您辛苦了！"问候的时候距离不应太远，以正常的语音贵宾能听到为宜。眼睛注视贵宾，站姿正确，如果在行走应马上停步。问候时最好能加上贵宾的姓名、职务、职称。给贵宾致意忌招手，微笑、点头、鞠躬是最好的致意方法。

（四）见面礼节

见面的礼节分为握手礼、鞠躬礼、合掌礼、拥抱接吻礼、挥手礼、拱手礼、脱帽礼、注目礼、点头礼、鼓掌礼等。我们在接待过程中用的最多的是握手礼、鞠躬礼、拱手礼、鞠躬礼、合掌礼、挥手礼、注目礼、点头礼、鼓掌礼等。

欢迎贵宾用鼓掌礼，行注目礼。与贵宾见面首先行鞠躬礼，贵宾主动与我们握手时才能行握手礼。在讲解过程用常用点头礼，离别时使用挥手礼。情况不同，也会用其他礼节，如接待宗教界人士可以用合掌礼。

（五）介绍礼节

自我介绍时要自信，切忌羞怯；不自吹自擂，也不妄自菲薄，要注意把握分寸。如有和你一起接待的同事，介绍完自己后应介绍他。地方贵宾如果与来视察的贵宾不熟悉，应帮助介绍，一般按职位高低或排列的顺序介绍，介绍应客观公正，语气严肃。

二、政务接待过程中的注意事项

作为政务接待的导游员，因服务对象的特定地位，服务明显不同，因此要求导游员不仅要提供规范的服务，更需要具有细心到位的观察力，提供个性化的服务，尤其在一些细节上服务需要特别注意。

（一）接待中如何给自己定位

导游员是引领贵宾视察中国历史文化、山水风光的向导，是地方导游的代表。

（二）接待中注意的安全事项

国家领导和国内外政要知名人士的安全保卫工作是很重要的，为他们服务的还有其他工作人员，导游必须和他们很好地配合，接待工作才能圆满成功。导游人员在工作过程中随时提醒领导注意安全，特别是在上下坡、弯道、阶梯时。走阶梯或陡坡路段可主动扶一下领导，如有保卫人员和护理人员可提醒一下他们。

（三）领导称谓

称谓一般分为职务称呼、姓名称呼、一般称呼和特殊称呼。在政务接待中，最常用的是职务称呼，但是一定要分清正、副级，称呼要恰当、明确，不能有含糊、不能混淆。若领导职务较多就以最高职务来称呼他。

（四）如何回答贵宾提问

回答贵宾的提问，要善于随机应变，善于把握时机，善于把握贵宾心理，最重要的是一定要听清楚贵宾的提问，不要偏题，不要没听清而冷落贵宾。

（五）工作中的接待禁忌

（1）忌分不清贵宾的职务和身份，称呼出错。

（2）忌直呼贵宾姓名，乱拍贵宾，和贵宾称兄道弟。

（3）忌大谈政治，讨论时事，谈论民族宗教问题，谈论贵宾私事。

（4）忌分不清主要贵宾。

（5）忌缠着贵宾拍照。

（6）忌把贵宾之间的谈话，特别是工作上的事到处宣扬。

（7）忌打断贵宾讲话。

（8）忌贵宾讲话时你还在讲解，应马上停止讲解。

（9）忌贵宾在批评下属或做指示时在旁边笑，而且笑出声。

（10）忌眼中只有一个主要贵宾，而怠慢冷落其他贵宾。

（11）忌乱回答问题，不知道的不要回答。

政务接待导游员需要保持良好的状态，这对政务接待是非常重要的一点。政务接待导游员是导游岗位中要求最高的，只有最优秀的导游才能圆满完成这个工作，如果导游人员长期不求变、不更新、不注重提高自身修养，很快地就会被行业所淘汰。

【任务评价】

导游礼仪评价表（二）

第 ______ 组　组长：______			
内容	分值 / 分	自我评价	小组评价
着装、举止礼仪	50		
问候、见面、介绍礼仪	50		
总评（星级）			
建议			
导游礼仪塑造基本要求： 1. 导游着装、举止符合工作需要。 2. 问候、见面、介绍礼仪规范。 星级评价： ★（59 分及以下）　★★（60～69 分）　★★★（70～79 分） ★★★★（80～89 分）　★★★★★（90 分及以上）			

【任务拓展】

应青岛市旅游局邀请，韩国釜山旅游发展局代表团来青岛进行友好交流访问，期间要参观青岛旅游学校。请思考：我们应该注意哪些事项？

项目 3　导游语言

【项目导读】

在旅游界有这样的看法："没有导游的旅行，是不完美的旅行，甚至是没有灵魂的旅行。"导游之所以重要，关键在于其导游、讲解，这要求每个导游员具有比较扎实的语言功底。正确、优美、得体的语言表达能力对提高导游服务质量至关重要。

【案例导入】

刚刚从大学毕业的春红喜欢游山玩水，参加过几次团队旅游后都不太满意，觉得在导游带领下的旅游团就像急行军，走马观花式的游览并没有给她留下深刻的印象。但是，一次天柱山 2 日游，却改变了春红此前的看法。

导游小芳看上去不大，但却对天柱山乃至安庆市潜山县的人文历史和自然典故如数家珍般熟悉，介绍起来滔滔不绝。一路上，小芳和春红她们聊起了天柱山的典故传说，让她们未见“天柱”真面，已是满心期待，真想马上看到天柱山奇松怪石、飞瀑流泉、峡谷、幽洞、险关、古寨。

深秋的山谷间，只有春红一行人，落寞一下跃上心头。导游小芳似乎看透了大家的心事，安慰她们说，虽然现在不是听泉观景的好季节，但水枯人少，更是看这些摩崖石刻的好时候。小芳生动的讲解和即兴的调侃让春红倍感亲切，对天柱山也有了更加深了的印象。在春红的博客上她这样写道：“难忘小芳。”

任务一　导游语言运用原则

【任务目标】

通过学习，学生应了解导游语言的一些基本知识，熟悉导游语言的“八有”原则，避免不良的口语习惯，掌握导游语言运用的基本要求和提高导游语言技能的方法。

【任务描述】

作为地陪导游，请你选择青岛的某处景点，在全班同学面前进行讲解，练习掌握讲解的语音、语调，并注意运用恰当的面部表情和动作。

【任务分析】

要达到导游讲解的语言效果，导游应具有一定的语言能力，能够以准确、优美、得体的语言尽现旅途之美。那么，导游员如何提高自己的语言运用技能？

【任务实施】

一、导游语言基本知识

语言是导游员最重要的基本功之一。通过导游讲解，使大好河山的“静态”变为动态，使沉睡了千百年的文物古迹重见天日，使优雅的传统工艺品栩栩如生，从而使游客感到旅游生活妙趣横生，留下经久难忘的深刻印象。

导游工作是一种社会职业，与其他社会行业一样，在长期的社会实践中逐渐形成了具有职业特点的行业语言——导游语言。导游语言是导游员与游客交流思想感情、指导游览、进行讲解、传播文化时使用的一种具有丰富表达力、生动形象的口头语言，具有通俗简明、快急难杂、机动灵活等特点。朱光潜先生指出：“话说得好就会如实地达意。使听者感到舒服，发生美感。这样的说话就成了艺术。”导游员的语言表达直接影响着游客的心理活动，所以必须在语言艺术的“达意”和“舒服”上下功夫，在“美”字上做文章。导游员的语言美不仅是为了尊重游客，同时也反映出自己的语言修养高，提高了自己的人品。

（一）导游语言的表达形式

1. 讲述式

讲述式是一种导游员讲解、游客倾听的单向语言传递方式，在导游服务过程中，使用最为普遍。它的特点是目的性强，对象明确，表达充分。如致欢迎词、欢送词或独白式的导游讲解等。

2. 对话式

对话式是导游员和游客之间的双向语言传递方式，是导游员与一位或数位游客之间的交谈，可以是回答，也可以是商讨。它的特点是依赖性强，反馈及时。

（二）导游语言的功能

1. 讲解知识、传播文化

导游语言的重要功能是传播目的地的文化。导游员是当地文化的传播者，要为来自世界各地、祖国各地不同层次的游客讲解本地的政治、经济、历史、地理、风俗民情等内容，让游客在参观游览过程中增长知识，了解异国、异地文化。

2. 沟通思想、协调关系

导游员与游客朝夕相处，要随时和游客交谈，认真回答游客提出的各种问题，关心游客的状态、动向，为遇到困难的游客提供帮助，对体弱多病者给予照顾，发生意外情况时要及时安抚游客的情绪，并进行必要的解释和安慰……这一切都要靠导游语言来传递信息。这种信息的内容是导游员的态度和责任感，是导游员与游客思想上的沟通。

3. 交流感情、激发热情

导游员服务的对象是游客，因此从某种意义上说导游服务工作是做“人”的工作。游客是有丰富感情的，他们需要导游员与之交流，感情的交流是需要通过语言来表达的。导游员只有在带团实践中不断提高导游语言的质量，才能不断提高导游服务的质量。

二、导游语言运用技能

导游语言运用技能是指导游员在与游客打交道时运用语言、表情传递有关信息的技巧。

（一）导游语言运用的“八有”原则

1. 言之有物

导游讲解的内容要充实，有说服力；导游员的语言应是客观事物的观念化，具有鲜明的思想性；不讲空话、套话，不过分使用华丽辞藻。

2. 言之有据

导游员讲话要负责，切忌弄虚作假；导游讲解必须有根有据，令人信服，不得胡编乱造、张冠李戴。

3. 言之有理

导游员说话要诚实，不尚虚文；要讲道理，要以理服人，即要言之有理，入情入理。

4. 言之有情

导游员的言语要友好，富有人情味，要让听者感到亲切、温暖。

5. 言之有礼

导游员讲话要言语文雅，谦虚敬人。

6. 言之有神

言者有神，言必传神，导游员在讲解时要精神饱满，声音传神，要多用形象化的语言，引人入胜。

7. 言之有趣

导游员说话诙谐、幽默、风趣，令人愉悦，有助于活跃气氛，提高游兴。

8. 言之有喻

适当比喻，以熟喻生，生动易懂，听者倍感亲切，会留下深刻美好的印象。

（二）导游语言运用的基本要求

1. 适度优美的语音、语调

（1）音量大小适度。音量是指一个人讲话时声音的强弱程度。导游人员在进行导游讲解时要注意控制自己的音量，力求做到音量大小适度。一般说来，导游人员音量的大小应以每位游客都能听清为宜，但在游览过程中，音量大小往往受到游客人数、讲解内容和所处环境的影响，导游人员应根据具体情况适当进行调节。

（2）语调高低有序

语调是指一个人讲话的腔调，即讲话时语音的高低起伏和升降变化。语调一般分为升调、降调和直调三种，高低不同的语调往往伴随着人们不同的感情状态。

2. 正确合理掌握导游语言节奏

（1）讲解的节奏。导游员在工作中，要注意观察游客的反应、理解能力等，根据当时的情况决定节奏的快慢。讲解的节奏要视听者的具体情况和时空条件而定，做到徐疾有致、快慢相宜。

（2）声调的节奏。导游员讲解时，其声音要富有感情色彩，抑扬顿挫，但不能矫揉造作，声调要适时变化，有节奏感。

3. 合理运用修辞手法和格言典故

导游语言是一种口头语言，又是一种艺术性语言。导游员在导游讲解中能运用设问、比喻、排比等修辞手法，恰当地使用游客所熟悉的谚语、俗语、歇后语、格言、典故等，不仅能形象地描绘大自然的规律和真理，而且带有浓厚的地方色彩，给游客以真实感和亲切感，可以起到言简意赅、举一反三的作用，增强言语的生动性。

◎同步案例

实例 1-1　栈桥景区导游词（节选）

玉臂伸海中，托起花一篷。翔鸥恋回澜，跃鱼惊姿容。

各位游客：

大家好！前面就是我们即将要去游览的青岛著名景点——栈桥。极目远眺，栈桥宛如一道长虹点缀于万顷碧波之上。有人说栈桥是青岛湾一处怡人的盆景，美得那么自然，那么静谧，那么和谐。走近栈桥，百年古韵夹杂着海的气息迎面而来，那些经过岁月沉淀的沧桑，将我们的思绪带往远方。

当年光绪皇帝视青岛为一块风水宝地，于 1891 年派大臣李鸿章在此建制。次年，清政府派登州总兵章高元率领四营官兵驻扎青岛。为了便于军需物资的运输，他们在此搭建起一座简易的码头，该码头就是现在栈桥的雏形。从那以后，作为一座与青岛几乎同龄的标志性建筑，栈桥见证了青岛由一个不起眼的小渔村到一座现代化大都市的历史变迁，真可谓是百年沧桑，荣辱与共！栈桥的地理位置得天独厚，在当时，谁控制了栈桥，谁就控制了整个胶州湾，因而，外国列强对此垂涎三尺。

1897 年德军以演习为借口从栈桥所在的青岛湾登陆，武力占领了青岛，之后于 1901 年对栈桥进行了大规模的整修。1904 年大港第一码头建成，栈桥的军事地位逐步丧失，但是它作为一处新开放的景点正一步步走入游人的视野。1914 年，第一次世界大战爆发，日军从崂山仰口登陆，侵占青岛，并在栈桥举行了阅兵式，以显示其对青岛享有充分的主权。光阴似箭，岁月荏苒，在历经了多次兵燹的洗礼之后，栈桥终于于 1922 年重新回到了祖国的怀抱。1931 年，南京国民政府委托德国信利洋行承包重建栈桥，将桥身加长到 440 米……

栈桥的桥头便是著名的回澜阁，它是一座具有中国民族风格的建筑，双层八角飞檐，黄色琉璃瓦顶，在阳光的照耀下显得金碧辉煌，壮丽可观。置身阁内凭栏眺望，不远处一座如螺小岛映入眼帘，这便是小青岛。它与栈桥遥相而望，仿佛一对千年的恋人，给浩渺烟波平添一份诗情画意。

栈桥的北侧是绿草如茵、百花盛开的栈桥公园，西侧因有了栈桥的阻挡，蔚蓝的海洋，显得平静柔和。盛夏季节里，这里的第六海滨浴场游客云集。北端中山路上，摩天大厦相拥着紧靠海岸拔地而起，壮丽恢宏。

各位游客，现在的我们正迎着轻柔的海风漫步于栈桥之上，有人说桥与水是相依相生的。水是桥的根，桥是水的魂。一湾碧水，一栈石桥，一抹淡淡的印象，永恒地见证着岁月的云淡风轻。如今，迎来历史新篇章的百年栈桥，正英姿勃发，笑迎四方客、恭候辉煌景！

4. 有针对性地使用导游语言

所谓针对性，就是从对象的实际情况出发，因人而异，有的放矢。导游员的工作对象复杂、层次悬殊、审美情趣各不相同，因此，要根据不同对象的具体情况，在接待方式、服务形式、导游内容、语言运用、讲解的方式方法上应该有所不同；导游讲解时，导游词内容的广度、深度及结构应该有较大的差异。通俗地说，就是要看人说话，投其所好，导游员讲的应该是游客希望知道的、有能力接受的、感兴趣的内容。

另外，对待不同个性的游客也应该使用不同的语言表达方式。比如，对待猜疑型的游客，讲话要有根据，不用模棱两可的语言；对于傲慢型的游客，要等其充分亮相后，以谦虚的态度耐心说服；对于腼腆型游客，要亲切相待，忌用粗鲁语言；对于沉默寡言型的游客，要主动打招呼搭话；而对于急性的游客，则要以沉着温和的态度相待，避免与之争论。

（三）避免不良的口语习惯

1. 含糊其词

导游人员在讲解时，首先必须对讲解的内容胸有成竹，讲解时才能有条不紊，词语贴切。相反，如果对事物理解不准确，望文生义，说起话来就含糊不清，容易使人产生误解。如有位德语导游员把“水鱼汤”这一菜肴中的“水鱼”译成“水中的鱼（Wasser fische）”，德国客人以为是淡水中一般的鱼。当这一菜肴上桌后，客人才发现是“鳖鱼”，便连连摇头不吃，因为鳖在他们那里属于保护动物。由于导游员把“水鱼”译得含糊不清，游客便误解，如果把“水鱼” 译成“水中的龟（Wasser schildkröte）”，其意思可能就明确些。还有的导游人员说话含糊，主要是对讲解的内容不熟悉，缺乏自信心。讲解时，常用一些“大概”“可能”“好像”之类的模糊语言，游客对此是不会满意的，因为他们要求得到肯定的回答、确切的知识，不愿听含糊不清、模棱两可的话。有句名言道“言语的暧昧是由于思想的朦胧”。因此，要在对讲解对象十分了解的基础上，注意使用准确、肯定的言词，这样才能赢得游客的信任。

2. 啰唆重复

有的导游员讲解时，生怕游客不理解，反反复复，颠来倒去地解释、说明，尽管其动机是好的，但啰唆的话语往往会把听者的耐心都耗尽。还有的导游人员想用一些哗众取宠的话来吸引人，讲解时，故意用一些琐碎的话作铺垫，用不必要的旁征博引来东拉西扯，结果要么言不达义，要么离题太远，使人感到啰唆。说话啰唆的人，其言语内容实质性的东西少，游客一般不喜欢那种啰唆的导游员。

3. 晦涩难懂

口头语与书面语不尽相同，如果导游人员在讲解时，机械地背诵导游词，特意地用修饰语、倒装句、专用术语，或用晦涩冷僻的词语，游客不仅听不进去，而且无法消化（理解）。还有的导游人员为了卖弄知识，故意引用一些古文诗词，引用之后又不解释，故作高深。造成口语晦涩难懂的原因，除了导游人员的工作态度之外，不懂口语的特性也是其主要因素之一。因此，必须弄清口头语与书面语的不同特点：

第一，书面语是无声的，不能表达每个语句语音上的灵活变化，表情达意的功能自然打了折扣。口头语的声音有轻有重，有高有低，有快有慢，抑扬顿挫，丰富多变，声音能起到很好的表情达意的作用。

第二，口头语除语音语气之外，还有面部表情、手势、姿态等态势语言做辅助，帮助表情达意。口头语说得不连贯、不周密，对方一般也能听懂，无须像书面语那样周全而规范。

第三，语言环境可以使口头语大量简略，每个句子不必非要主谓齐全不可。加长了定语等修饰语，反而容易造成听觉上的困难，也不便于语义表达。

4. 口头禅

讲解时使用平时的口头禅，最妨碍整个讲解内容的连贯性，游客听起来也很不舒服。如："这个，这个普济寺最早的名字叫、叫这个这个……不肯去，不肯去庵，这个为什么叫这个，这个名字呢？这里有个传说，嗯……这个这个传说是，五代梁贞年间，有个和尚，叫这个这个……慧锷的，对，这个这个和尚是日本来的，到中国山西的这个这个五台山……"这种"这个这个"的讲解，听起来会使人焦躁不安，而且很难听懂讲解的真实内容。

造成这种不良口语习惯的原因主要有二，一是思维出现障碍，便用废话填空。说一段话，由于想的跟不上说的，大脑出现"短路"，不自觉地便重复一些字眼，如"这个这个""嗯""基本上""原来呢""结果呢""反正""呢"等，这些词不表达任何意义，只是用来延长思维的时间。二是用重复的方法填空。由于临时选择词语、寻找用词，或考虑其他因素（如是否得体等），边想边说就容易"卡壳"。如果对讲解内容熟悉，自然不会出现这种情况。如果不熟悉，在短时间内要回答游客的问题，就要靠临时调动平时所积累的知识，组合词语来加以表达，在这种情况下，就容易出现习惯的不良口语。

上面这位导游人员想表达清楚，可又找不准适合的词语，迟疑中就随便重复一些不起表达作用的词语。

5. 其他不良口语习惯

除了上面提到的四种不良口语习惯外，还有其他一些常见的不良口语习惯，例如，对人讲话时，总喜欢添上"自然是这样""果真如此""老实说""坦率地讲""如果你明白我的意思""明白了吗"等此类言辞，有时毫无必要。

三、提高导游语言技能的方法

（一）积极主动，借鉴他人

只有通过同各种人物积极交往才能从中学习、借鉴他人的语言表达技巧，同时也在语言交往中提高自己的语言表达能力。

（二）勤学苦练，不断积累知识和经验

提高语言技能首先必须努力学习，掌握丰富的词汇和知识。除此之外，还必须通过不断的实践和总结，积累知识和经验。

◎同步案例

实例 1-2

他是青岛市目前仅有的三名高级导游中唯一仍“奔波”在一线者；他是个地道的工作狂，曾经创出一年带团 328 天不回家的纪录；他作为家中的长子，却曾经连续七年没有回家过年；惋惜于目前导游业的“后继无人”，他创办了山东省首个“导游工作室”……天道酬勤，2006 年 10 月 27 日，孙树伟被国家旅游局授予“全国模范导游员”称号，成为全国近 30 万导游的楷模。

孙树伟有一个“释疑本”，上面都是游客不经意间透露的“问题”。之所以建立这个本子，源于一位中国香港客人的问题：有一次，一位中国香港客人在青岛的香港中路上游览，指着路边马路上的树说：“孙导，你们青岛也种荔枝啊？怎么还种在马路上？”孙树伟顺着他说的方向一看，原来他把法国梧桐当成荔枝树了。于是，孙树伟在纠正了客人的说法后，细心的他也发现了向客人介绍青岛特质的新途径：比如说青岛的车站都是港湾式的，生在青岛的名人都有哪些，青岛人最爱的休闲方式是什么……为了让客人更好地了解青岛，他把青岛的著名品牌用山东快书编成了顺口溜，把青岛的特产编成了相声，很多客人在走时都能背下来：“北京三件宝 / 景泰蓝 / 象牙雕 / 玉器玲珑精又巧 /……山东三件宝 / 烟台苹果 / 莱阳梨 / 贝雕工艺属青岛……”在这段导游词里，他把全国 31 个省的特产都“串”了一遍；青岛的鞋业很有名，他就把 100 多种鞋的名字像相声里的“报菜名”一样一口气念完……每次孙树伟的这个“包袱”一抖，总能调动起全场游客的兴趣。孙树伟对此却说：导游就像话剧演员，对所讲的“台词”必须要一丝不苟，否则，你的讲解就不会流畅，也达不到可以欣赏的要求。

对于怎么做个好导游，孙树伟说要有积累，更要靠细心和耐心，不要怕麻烦。把游客不经意的疑问当成导游自己必须能解答的问题，那么久而久之就会“炼”成一个好导游。为了扩展自己的知识面，他利用业余时间阅读了天文地理、哲学、经济甚至中医等各方面的书籍，家里的藏书竟然达到了 8000 多册，并且对电影配音、诗朗诵、评书、山东快书、数来宝、天津时调和相声等他都做过研究。为了保证不同层次客人的需要，他准备了三份导游词，一份是给专业性人士准备的，还有两份是给普通游客和文化水平较低的人准备的。

（三）讲话时要充满信心，倾注满腔热情

游客怀着需要、期望而来，很容易受到暗示的影响。导游员要把自己的信心、激情倾注到游客身上，尽管有时讲话的内容并不新颖、词汇也不丰富，但仍能感动游客。反之，虽然内容很好，但导游员缺乏热情，游客也会感到乏味。

导游员良好的语言技能，总是与其记忆能力、思维能力及想象能力联系在一起的。只有各种能力的综合发展才能有助于语言能力的提高。

【任务评价】

导游语言评价表（一）

第 _____ 组　组长：______			
内容	分值 / 分	自我评价	小组评价
口头表达	10		
语音语调	10		
体态语言	10		
讲解内容	30		
口语习惯	30		
仪表仪容	5		
礼节礼貌	5		
总评（星级）			
建议			
现场导游基本要求： 1. 语言通顺、口齿清楚。 2. 语音、语速适中，无不良口语习惯。 3. 讲解内容全面正确、生动。 4. 仪容仪表整洁大方，礼貌礼节良好。 星级评价： ★（59 分及以下）　★★（60～69 分）　★★★（70～79 分） ★★★★（80～89 分）　★★★★★（90 分及以上）			

【任务拓展】

请选择在全国导游资格证现场考试中的景点，按照正确的讲解规范和要求，熟练地讲解一段导游词。要求音量适中，语调、语速和停顿运用得当，并配以恰当的表情、姿态和手势语，努力克服不良的口语习惯。

任务二　导游讲解技巧

【任务目标】

通过本次任务的学习，学生应了解导游讲解的基本原则；掌握如何恰当使用态势语言以及游览和讲解的节奏，顺利完成导游讲解工作。

【任务描述】

某年夏天，北京的导游钟小姐接待了一个中国台湾的旅游团。在导游接待过程中，虽然她讲得很认真，但游客的反应却不是十分热烈。钟小姐在征求领队意见后，改变了原来死板的讲解内容，按照游客的喜好穿插讲解了皇帝结婚、用膳、古代宗教活动等，游客们深为她的讲解所吸引，越听越感兴趣，再也不打断她的讲解了。

【任务分析】

导游讲解的灵魂和核心所在，是导游技巧和语言艺术。导游员在接待游客以及为游客作景点讲解的过程中，应根据游客的爱好和特点不断改变讲解的内容，做到因人而异，因景而异。如何提高导游讲解技巧?

【任务实施】

一、导游讲解的基本原则

1. 准确性原则

发音准确，用词造句准确，讲解内容以事实为依据，力戒张冠李戴、信口开河。

2. 针对性原则

针对不同地域、不同年龄、不同文化层次、不同性格特点、不同国籍的游客，语言运用有所不同。

3. 逻辑性原则

导游语言的逻辑性，是指导游人员的语言要符合思维的规律性。思维要符合逻辑规律，其语言要保持连贯性。语言表达要有层次感。导游人员应根据思维逻辑，将要讲的内容分成前后次序，即先讲什么、后讲什么，使之层层递进、条理清楚、脉络清晰。

4. 适应性原则

导游人员在运用导游语言时，通常都有其特定的语言环境。它既包括语言运用时特定的社会环境、自然环境，也不能离开语言运用时的具体场景。它所涉及的不但有时间、空间、氛围等方面的因素，还应当将人在现场的情绪变化一并考虑在内。

二、讲解时恰当辅以态势语言

态势语言是以人的表情、姿态和动作等来表示一定语义、进行信息传递的一种伴随性无声语言，又称为体态语言或人体语言。态势语言能有效地配合有声语言传递信息，起到补充和强化有声语言的作用。若运用得好，不仅可以大幅加强有声语言表达效果，甚至有时还能起到口头语言不能起到的作用。从美国心理学家艾伯特·梅拉比安的一个公式：信息的总效果＝7% 的有声语言＋38% 的语音＋55% 的面部表情，也充分表明态势语言对于人与人交流的重要性。导游讲解时的态势语言主要包括目光语、表情语、手势语和姿态语。

（一）目光语

导游讲解是导游员与游客之间的一种面对面的互动。这种面对面的互动，双方可以进行“视觉交往”。游客往往可以通过调动视觉器官——眼睛，从导游员的一个微笑、一种眼神、一个手势中加强对讲解内容的理解。讲解时，运用目光的方法很多，介绍几种如下：

（1）目光的联结。导游员的目光要注意和游客交流，目光不能只注视某人、某物，目光不能单一的向上、向下、不时向窗外看、不敢看客人等，要用目光向游客表达你的情感。

（2）目光的移动。导游员在讲解某一景物时，首先要用目光把游客的目光引过去，然后再及时收回目光，继续投向游客。

（3）目光的分配。目光要注意统摄全部听讲解的游客，导游员的目光不能长时间地停留在个别或少数游客身上，应学会分配目光。

（4）眼球的转动。当导游员的视线朝向哪方，面孔就应正对哪方，那种眼球滴溜溜地转动，而头不随眼球转动的作为是令人生厌的。

（5）讲解与视线的统一。视线配合讲解的内容，使游客产生一种逼真的临场感。

◎同步案例

实例 1–3

注视有近亲密注视、远亲密注视和社交注视三种。前两种注视分别把视线停留在对方双眼与胸部之间和双眼与腹部之间，这两种适合于亲人与恋人。后一种注视是把视线停留在对方眼睛与嘴唇之间，利于传递友好信息。视线接触对方面部的时间应占全部时间的 20%～60%。

（二）表情语

它是通过眉、目、鼻、口的动作而引起面部肌肉的舒张和收缩来表现思想情感的。导游员的面部表情应该使人感到可以接近，要给客人留下一种自然、平和的感觉，应该具有同步感（面部表情与口语表达的情感同步）、鲜明感（明朗化不似笑非笑）、真实感（表里如一）、分寸感（不温不火、适度）。

（三）手势语

讲解时的手势，不仅能强调或解释讲解的内容，而且能生动地表达语言所无法表达的内容，使讲解生动形象。手势在讲解中的作用有以下三种：

（1）情意手势。用来表达导游讲解的情感，使之形象化，具体化，即所谓“情意手势”。比如在说“我国的社会主义现代化建设一定会取得成功”时，可用握拳的手有力地挥动一下，既可渲染气氛，也有助于情感的表达。

（2）指示手势。用来指示具体的对象，即“指示手势”。如“现在我们来到了王府井大街，这里是北京最繁华的商业街。东边的(用手指东边)是东安市场，西边的(用手指西边)是百货大楼，这是王府井大街的心脏部分。”

（3）象形手势。用来模拟状物，即“象形手势”。如：当讲“有这么大的鱼”时，就要用两手食指比一比；当讲到“五公斤重的西瓜”时，就要用手比成一个球形状。

在哪种情况下用哪种手势，应视讲解的内容而定。在手势的运用上必须注意：一要简洁易懂，二要协调合拍，三要富有变化，四要节制使用，五不要使用对方忌讳的手势。

（四）姿态语

姿态语主要包括坐姿和立姿。

（1）坐姿。导游员的坐姿要给游客一种温文尔雅的感觉，以表示对客人的尊重。坐时上体要自然挺直，男性要微微分开双腿，能显示其豁达，稳重；女性一般双膝并拢，可显示其庄重矜持。

①两手摆法。有扶手时，双手轻搭或一搭一放；无扶手时，两手相交或呈八字形置于腿上，或右手搭在右腿上左手搭在右手背上。

②两腿摆法。凳面高度适中时，两腿稍靠或稍分，但不能超过肩宽；凳面低时，两腿并拢，自然倾斜于一方。凳面高时，一腿略搁于另一腿上，脚尖向下。

③两脚摆法。腿跟脚尖全靠或靠一部分；也可一前一后（可靠拢也可稍分），或右腿放在左腿外侧。

（2）立姿。导游员的立姿应给客人一种谦和、彬彬有礼的感觉，以示对客人的尊重。要做到立姿良好，必须将身体重心置于双脚，上身挺直，两臂自然下垂，立腰收腹，两手相握置于身前或身后，双膝并拢或分开与肩同宽。应避免双手叉于腰间或双臂抱于胸前的立姿，因它们传递的是傲慢无礼、漫不经心或倦怠的信息。

在站立时，男导游员可以将双手相握、叠放于腹前，或者相握于身后；双脚可以叉开，两脚之间相距的极限，大致与肩部同宽。女导游员可将双手相握或叠放于腹前；双脚可在一条腿为重心的前提下稍许叉开。

三、掌握好游览和讲解的节奏

导游员并不是讲得越多越好，有时要娓娓而谈，有时则让游客自我陶醉。要以讲解为主，以游客独游为辅，有导有游，导游搭配。一般情况下，行路时少讲些，观赏时多讲些、讲慢些。根据游览点的具体环境决定何处快、何处慢。

四、注意综合运用各方面的知识

（1）结合文学知识、历史知识讲出内涵和文化。

（2）结合心理、美学等知识讲出自然景观的美。

（3）结合建筑、地理等专业知识将景观讲透彻。

（4）不断积累销售、急救、票务、保险、出入境、签证、海关申报、电讯服务等业务相关知识，妥善处理各类问题。

五、把握最佳时机、适宜地点选择讲解内容

讲解对导游员来讲是必不可少的，但什么时间讲什么内容，什么地点讲什么内容，应该有所选择。导游员在讲解景点的历史、规模、传说、现状等内容时要选择恰当的时机和地点，而且要根据季节、气候的变化灵活掌握。比如游览长江三峡（见实例 1–4），船到巫山神女峰之前，导游员要预先讲述神女峰的由来和神话传说；船行至巫山，停止讲解，让游客自己去寻找或借助导游员的指点，看看神女峰像不像神女，如果此时从旁稍加描述或讲解，则有意想不到的效果。

导游讲解的时机与地点把握好，能提高游客的观赏意识，增强游兴，获得较好的审美效果。这就要求导游员对景点的特色、游客的心理变化、行车路线和速度以及日程安排等做统一考虑，选择最佳时机和适宜地点，进行有条不紊的讲解。

◎同步案例

实例 1–4　巫山神女峰（游览长江三峡的讲解）

神女峰，又名望霞峰、美人峰，巫山十二峰之一，位于巫山县城东约 15 公里处的巫峡大江北岸。一根巨石突兀于青峰云霞之中，宛若一个亭亭玉立、美丽动人的少女，故名神女峰。每当云烟缭绕峰顶，那人形石柱像披上薄纱似的，更显脉脉含情、妩媚动人。每天第一个迎来灿烂的朝霞，又最后一个送走绚丽的晚霞，故名“望霞峰”。巫山十二峰各有特色，有的若金龙腾空，有的如雄狮昂首，有的像少女亭亭玉立，有的似凤凰展翅，千姿百态，妩媚动人，其中以神女峰最秀丽、最有名。

24 亿年前的海底礁石和第四纪冰川岩石星罗棋布，形成了美丽的神女峰，

天地造化，鬼斧神工。神女峰闻名古今的原因有三：一是宋玉在“神女赋”中虚构了一个楚襄王与神女幽会的故事；一是神女瑶姬下凡助禹治水的传说；一是峰侧确实有一石耸立，形如少女。

在中国古代神话中，神女峰是西王母幼女瑶姬的化身，曾助夏禹开錾河道排除积水，水患消除后，毅然决定留在巫山，为行船保平安，因而博得后人尊敬奉祀。根据《巫山县志》记载：“赤帝女瑶姬，未行而卒，葬于巫山之阳为神女。”神女峰对岸飞凤峰下现存授书台，据说是瑶姬授书夏禹处。县城东原有神女庙，后来改名凝真观。

相传，在夏禹治水的年代，瑶池里住着西王母的第23个女儿，瑶姬。她聪慧美丽，心地善良，活泼开朗，但耐不住宫中的寂寞生活。所以，到了八月十五这一天，她邀了她身边的十一个姐妹，偷下凡间，腾云驾雾，遨游四方。当她们来到巫山时，只见十二条恶龙兴风作浪，正在治水的大禹也被洪水围困其间。瑶姬十分敬佩大禹，决定助他治水，便送给大禹一本《上清宝经》的治水天书，不料瑶姬还没有来得及告诉大禹如何破译这部天书，就与众姐妹一起被西王母派来的天兵捉拿回了瑶池。十二位仙女早就厌倦了瑶池仙宫的生活，她们挣脱了神链重返人间，帮助大禹疏通了峡道，解除了水患。从此，瑶姬爱上了三峡，整天奔波在巫山群峰之间，为船民除水妖，为樵夫驱虎豹，为农夫布云雨……她们姐妹十二人忘记了回瑶池的事，久而久之，她们便化成了十二座奇秀绝美的峰峦耸立在巫峡两岸，称为“巫山十二峰”。瑶姬是十二仙女的杰出代表，所以她所立的山峰位置最高，每天第一个迎来朝霞，所以又美名曰“望霞峰”。

六、合理利用现代化的导游辅助手段

导游员可以用书刊画册、电影录像等手段辅助自己的口头讲解，使讲解的形式更有吸引力。如北京故宫、杭州西湖等游览点都备有电子导游讲解器，游客租用一台，可以边观赏边听讲解，既减轻了导游员的导游讲解工作，游客也不用怕听不到导游员的讲解而挤成一团，非常方便。

现代化的声光、声像设备在导游讲解中的位置日益重要，但并不意味着可以完全取代导游员的语言讲解。因为导游服务是一种特定形式的服务，讲究人情味，这是任何完善先进的声像设备无法取代的。

七、导游讲解应做到正确、清楚、生动、灵活

1. 正确

正确性，即导游语言的规范性，这是导游语言科学性的具体体现，是导游员在导游讲解时必须遵守的基本原则。通过导游活动，导游员向游客传播着中华文明，传递着审美信息。在这一活动中，“正确性”起着至关重要的作用。“一伪灭千真”，如果导游员信口开河、杜撰史实、张冠李戴，游客一旦发现受到了导游员的蒙蔽，必定产生极大的反感，会怀疑所有导游讲解的真实性，甚至会否定一切。所以要求导游员在宣传、讲解时，在回答游客的问题时必须正确无误。而且，导游语言的科学性越强，越能吸引游客的注意，越能满足他们的求知欲，导游员也会受到游客更多的尊重。

导游语言的正确性主要表现在下述三个方面：

（1）语音、语调、语法、用词造句正确，外语导游员要避免家乡音和汉语语法的影响。

（2）导游讲解的内容必须有根有据，正确无误，切忌胡编乱造、张冠李戴。即使是神话传说也应有所本源，不得信口开河，而且须与游览景点有紧密联系。

（3）敬语和谦语有助于传达友谊和感情，但应注意尊重对方的风俗习惯和语言习惯，也要适合自己的身份；东西方的成语、谚语，名人的名言往往能起到画龙点睛的作用，还可使导游讲解的品位提高，使导游员的谈吐显得高雅，令游客产生好感，但要正确、完整、恰到好处，附庸风雅的言辞只会引来耻笑。

2. 清楚

清楚是导游语言科学性的又一体现，要求导游员在导游讲解时：

（1）口齿清晰，简洁明了，确切达意；措辞恰当，组合相宜；层次分明，逻辑性强。

（2）文物古迹的历史背景和艺术价值、自然景观的成因及特征必须交代清楚。

（3）使用通俗易懂的语言，忌用歧义语和生僻词汇，避免冗长的书面语；

不要满口空话、套话；使用中国专用的政治词汇时要做适当解释；使用俚语要谨慎，一定要了解其正确意义及使用场合；不要乱用高级形容词。

3. 生动

生动形象、幽默诙谐是导游语言美之所在，是导游语言的艺术性和趣味性的具体体现。语言的生动性不仅要考虑讲话的内容，也要考虑表达方式，还要力求与神态表情、手势动作以及声调等和谐一致。导游员的语言表达如果是平淡无奇，和尚念经式的单调、呆板，甚至是生硬的，必然使听者兴趣索然，还往往会使对方在心理上产生不耐烦或厌恶的情绪；而生动形象、妙趣横生、发人深省的导游讲解才能起到引人入胜、情景交融的作用。所以，要求导游员在导游讲解时力争做到：

（1）使用形象化的语言，以求创造美的意境。

（2）使用生动流畅的语言。语言生动流畅才能达意，给人以美感，它是导游讲解成功的基本保证之一。为了使导游语言达到生动流畅，不仅要求导游员讲话的音调正确优美、节奏适中、语法无误、用词恰当，更要求导游员的思维逻辑清晰，讲解的中心内容明确，有整体性和连贯性。如果导游员讲话逻辑混乱、词不达意、结结巴巴或吞吞吐吐，这样的导游讲解不仅达不到预期效果，还可能会引起误会，当然更谈不上让游客获得旅游活动的愉悦和美的享受了。

（3）恰当比喻。以熟喻生使导游讲解更易理解，生动的比喻往往会让人感到亲切。

（4）富有幽默感。讲话幽默风趣是导游语言艺术性的重要体现，它使导游讲解锦上添花，使听者欢笑、轻松愉快，使气氛活跃，提高游客的游兴。遇到问题时，幽默可以稳定情绪，保持乐观，忘记（至少暂时忘记）忧愁和烦恼。幽默还是一种处理问题的手段，它可以消除人际关系中的龃龉，可以缓解甚至摆脱窘境。有位哲人说过：“幽默是人际关系的润滑剂。”

（5）表情、动作的有机配合。在导游讲解时，导游员的神态表情、手势动作以及声音语调若能与讲解的内容、当时的气氛有机配合、和谐一致，定会产生极佳的效果。

◎同步案例

实例 1–5　导游带团幽默语言的例子

早上出发之前一定提醒客人："拍拍脑袋，摸摸口袋，看看还有什么没带。""动一动，摆一摆，自己在不在，摸一摸，甩一甩，东西带没带。"当游客听了这样的幽默语言，便会在轻松愉悦中接受导游的提醒。

接机后，在进行自我介绍时说："我是段导，但我不会乱导。""大家可称我小蔡，希望各位朋友通过小蔡的导游服务后可以领略到吃大餐的感觉，而不是小菜一碟。"

有一位女客人在购物时犹豫不决，问其故，不是产品问题，而是她考虑到她老公经常说她花钱大手大脚。导游当即给她来了个幽默："你的手和脚并不大呀，我看跟你的身材很协调嘛。"她一下消除了顾虑，心情好了，也就买了。

有两个中国台湾观光团到日本伊豆半岛旅游，路况很坏，到处都是坑洞。其中一位导游连声抱歉，而另一个导游却诗意盎然地对游客说："诸位先生女士，我们现在走的这条道路，正是赫赫有名的伊豆迷人酒窝大道。"

4. 灵活

灵活，即根据不同的对象和时空条件进行导游讲解。"灵活"不等于讲解可以无选择、无侧重，也不是放弃导游讲解内容的完整性。因此，导游员要灵活使用导游语言，使特定景点的讲解适应不同游客的文化修养和审美情趣，满足他们的不同层次的审美要求。例如，对专家、学者和中国通，导游员在讲解时要注意语言的品位，要谨慎、规范；对初访者，导游员要热情洋溢；对年老体弱的游客，讲解时力求简洁从容；对青年，导游讲解应活泼流畅；对文化水平低的游客，导游语言要力求通俗化。这就要求导游员在较高的语言修养的基础上灵活地安排讲解内容，使其深浅恰当；灵活地运用语言，使其雅俗相宜，努力使每个游客都能获得美的享受。此外，导游词要与游客目光所及的景象融为一体，要使游客的注意力集中于导游讲解之中，这是衡量导游讲解成功与否的标准之一。

八、卡壳的应对策略

导游员在接待游客以及为游客作景点讲解的过程中，有可能因为紧张怯场导致卡壳现象，解决的办法主要有：

（1）调整好心态。

（2）充分的准备。

（3）争取时间回忆要讲的内容。

（4）利用最后一段发言的最后几个字、最后那个句子或是最后那个主题引出下面的话。

（5）卡壳时不要着急，要冷静，立刻插入一句与导游内容关系不大的问话。

（6）扫视全场，作短暂的停顿，迅速回忆。

◎同步案例

实例 1–6

一位演讲者正在谈论“事业成就”的问题，他说：“一般的职员之所以无法获得升迁，主要是因为，他对他的工作没有真正的兴趣，表现不出进取的精神。”说完这句话后，他就发现自己脑子里突然一片空白，他急中生智，说：“‘进取的精神’就是主动性，自己主动去做某件事，而不是等待别人的吩咐。”

【任务评价】

导游语言评价表（二）

第______组　组长：______			
内容	分值 / 分	自我评价	小组评价
口头表达	10		
语音语调	10		
体态语言	10		
讲解内容	30		
口语习惯	30		
仪表仪容	5		
礼节礼貌	5		
总评（星级）			
建议			

（续表）

现场导游基本要求： 1. 语言通顺、口齿清楚。 2. 语音、语速适中。 3. 讲解内容全面正确、生动。 4. 仪容仪表整洁大方，礼貌礼节良好。 星级评价： ★（59 分及以下）　★★（60～69 分）　★★★（70～79 分） ★★★★（80～89 分）　★★★★★（90 分及以上）

【任务拓展】

某旅行社接待一个来自上海的教师旅行团游览青岛崂山风景区，他们对崂山道教发展相关情况非常感兴趣，请设计一段导游词，并按照正确的讲解规范和要求熟练讲解。

任务三　导游讲解基本方法

【任务目标】

通过本次任务的学习，学生应熟悉导游讲解的基本方法，并能在导游讲解过程中灵活地运用这些方法，使导游讲解更准确、清楚、生动。

【任务描述】

游客到西安旅游，当下飞机从咸阳国际机场前往市区的时候，途中看到一座座陵墓，导游人员便即景讲道："中国的景观各有特色，北京看墙头，桂林看山头，上海看人头，到了西安大伙儿看的就是各种各样的坟头。"一席话说得非常形象，给大家留下深刻的印象。

【任务分析】

在导游讲解时，为了使自己成为游客的注意中心并将他们吸引在自己周围，导游员必须讲究导游讲解的方式、方法，将游客导入意境。常用的讲解方法有哪些？

【任务实施】

一、概述法

概述法是导游人员为帮助游客更好地了解景点，用简洁明了的语言对一个参观游览项目的概况作一次性的介绍。概述法一般用于到达景点后、开始游览前，在景点进门处的“导游图”或“景点示意图”前，导游人员一边指点示意图，一边向游客进行景点的概述。内容一般包括景点的历史沿革、位置、布局、规模、游览路线、休息地方等。概述法是一种辅助性讲解方法。

◎同步案例

实例 1-7

孔庙又称至圣庙，建于公元前 478 年，也就是孔子去世的第二年。当时人们为了纪念他，在其故居前建了三间庙堂，这就是最初的孔庙。现在大家看到的孔庙是经过多次修缮之后形成的规模，为九进院落，三路布局，贯穿在一条南北中轴线上。世界各地祭祀孔子的庙宇可谓数不胜数，而唯独这里是众多庙宇中历史最悠久、规模最大的一处。

二、分段讲解法

较小的、次要的景点可采用平铺直叙法进行导游讲解，但对规模大的重要景点就不能面面俱到、平铺直叙地介绍，而应采用分段讲解的方法。

所谓“分段讲解法”，就是将一处大景点分为前后衔接的若干部分来分段讲解。首先在前往景点的途中或在景点入口处的示意图前用概述法介绍景点（包括历史沿革、占地面积、欣赏价值等），并介绍主要景观的名称，使游客对即将游览的景点有个初步印象，达到“见树先见林”的效果，使之有“一睹为快”的要求，即通过游前导，将游客导入审美对象的意境；然后到现场依次游览，导游讲解。在讲解这一景区的景物时注意不要过多涉及下一区的景物，但要在快结束这一区的游览时适当地讲一点下一个景区，目的是为了引起游客对下一景区的兴趣，并使导游讲解一环扣一环，扣人心弦。

◎同步案例

实例 1-8

少林寺景区包括常住院、塔林、初祖庵、二祖庵、达摩洞、十方禅院等。

导游人员在讲解时应按照所走路线和停留时间对内容进行取舍，而在每一个分景点中，又可分出若干层次。以少林寺常住院为例，它是少林寺的核心、讲解的重点，对常住院的讲解可按照进入的顺序分段进行。首先看到的是山门，应介绍山门的建筑历史、特点，以及门额上“少林寺”三字的来历。在这里可着重介绍康熙墨宝之稀有珍贵，以突出“少林寺”三个字的价值，引起游客注意。进入山门殿，佛龛中供奉的是大肚弥勒佛，他慈眉善目，大肚笑颜，是一个受人喜欢的形象，可介绍弥勒佛在佛教中的来历和地位。常住院为七进建筑，山门是第一处。穿过山门殿往里走，可看到碑林和锤谱堂，可分别进行介绍。第二进建筑是天王殿，供奉的是四大天王，要分别介绍他们的形象、寓意等。大雄宝殿是第三进建筑，是全寺的中心建筑，是僧人进行佛事活动的场所，可作为重点来讲解，并且着重介绍少林寺大雄宝殿和其他寺院大雄宝殿不一样的地方，这样有区别才有个性，才能给游客以独特的印象。往里走，藏经阁是寺僧藏经说法的场所，方丈室是少林寺方丈起居、生活、理事的地方，达摩亭内有一个动人的断臂求法的故事，而最后一座建筑千佛殿是寺内的最大佛殿。七进建筑各有各的特点，导游人员应抓住这些特点分别进行介绍。

三、突出重点法

所谓“突出重点法”，就是在导游讲解时避免面面俱到，而是突出某一方面的讲解方法。一处景点，要讲解的内容很多，导游员必须根据不同的时空条件和对象区别对待，有的放矢，轻重搭配，重点突出，详略得当，疏密有致。导游讲解时一般要突出下述四个方面：

1. 突出大景点中具有代表性的景观

游览规模大的景点，导游员必须做好周密的计划，确定重点景观。这些景观既要有自己的特征，又能概括全貌。到现场游览时，导游员主要讲解这些具有代表性的景观。例如，去天坛游览，主要是参观祈年殿和圜丘坛（包括皇穹宇），讲解内容主要也是这两组建筑。如果讲好了这两组建筑，加上绘声绘色地介绍当年皇帝在圜丘坛祭天的仪式和场面，不仅能让游客了解了天坛的全貌（如历史、面积、用途等），还能使他们欣赏到举世无双的中国古代建筑艺术。

2. 突出景点的特征及与众不同之处

游客在中国游览，总要参观很多宗教建筑，它们有佛教寺院，有道教宫观，有伊斯兰教清真寺，各具特色。导游员在讲解时必须讲清其特征及与众不同之处，尤其在同一地区或同一次旅游活动中参观多处类似景观时，更要突出介绍其特征，以求吸引游客的注意力，避免游客产生“雷同”的感觉。

3. 突出游客感兴趣的内容

游客的兴趣爱好各不相同，但从事同一职业的人、文化层次相同的人往往有共同的爱好。导游员在研究旅游团的资料时要注意游客的职业和文化层次，以便在游览时重点讲解旅游团内大多数成员感兴趣的内容。

投其所好的讲解方法往往能产生良好的导游效果。例如，游览故宫时，面对以建筑界人士为主的旅游团，导游员除一般介绍故宫的概况外，要突出讲解中国古代宫殿建筑的布局、特征，故宫的主要建筑及其建筑艺术，还应介绍重点建筑物和装饰物的象征意义等。如果能将中国的宫殿建筑与民间建筑进行比较，将中国的宫殿与西方宫殿的建筑艺术进行比较，导游讲解的层次就大大提高，就更能吸引人。面对以历史学家为主的旅游团，导游员就不能大讲特讲建筑艺术了，而应更多地讲解故宫的历史沿革、它在中国历史上的地位和作用以及在故宫中发生的重大事件。又如参观一座博物馆，可将参观讲解的重点或放在青铜器上，或突出陶瓷，或侧重碑林金石，一切视博物馆的特色和游客的兴趣而定，尽量避免蜻蜓点水式的参观和讲解方式。

4. 突出“……之最”

面对某一景点，导游员介绍这是世界（中国、某省、某市、某地）最大（最长、最古老、最高，甚至可以说是最小）的……例如，北京故宫是世界上规模最大的宫殿建筑群，长城是世界上最伟大的古代人类建筑工程，天安门广场是世界上最大的城市中心广场，洛阳白马寺是中国最早的佛教寺庙等。如果“之最”算不上，第二、第三也是值得一提的，例如，长江是世界第三长河……这样的导游讲解突出了景点的价值，定会激发游客的游兴，给他们留下深刻的印象。不过，在使用“……之最”的导游讲解时必须实事求是，要有根据，绝不能杜撰，也不要张冠李戴。

◎同步案例

实例 1–9

朋友们，走过仰圣门，我们现在来到的是金声玉振坊，这是孔庙的第一道门坊。接下来我将带领你们沿着孔庙中路浏览，在经过了棂星门、奎文阁、十三碑亭、杏坛之后，我们现在来到的是大成殿，也就是孔庙的主殿。大成殿始建于1018年，原名文宣王殿，宋徽宗为了尊崇孔子的“集古先贤之大成”，改称大成殿。进入大成殿之前我们首先看到的是大殿周围环立的这28根雕龙石柱，这些石柱都是用整石雕刻而成，高5.98米，直径0.81米。刚开始是明代弘治年间由徽州工匠雕刻的，而我们现在看到的，是雍正二年大火后又重新雕刻的。大家请看这10根龙柱，雕刻的是深浮雕二龙戏珠，10根龙柱的图案各不一样，各具变化，雕刻得玲珑剔透，是中国罕见的石刻艺术品。以前皇帝来这祭祀时，这些龙柱用红布包裹起来。为什么呢？因为当地官员怕皇帝嫉妒。有一次，乾隆皇帝好奇地问身旁的大臣：“里面包的是什么啊？”一位大臣随机应变地说：“皇上，不瞒您说，里面包的是龙，但不是真的龙，而您才是真龙天子，两龙相争必有一伤，为了确保您的安全，它们必须包裹起来。”皇帝听后仍想一探究竟，于是命人将红布除去，当他看到龙柱上的雕刻时还是被深深地震撼了。

进入大殿后，我们会看到里面供奉着孔子的塑像，塑像高3.35米，头戴十二旒冠冕，身穿十二章王服，手捧镇圭，一身古代天子的打扮，这就是被历代帝王神话了的孔子。其实，孔子的真实面目应该是布衣文人的形象。

在孔子塑像前两侧的四个神龛，供奉着颜子、曾子、子思、孟子称为“四配”。两侧的“十二哲”塑像中，除朱熹外，其余11人均为孔子弟子。

四、触景生情法

“触景生情法”就是见物生情、借题发挥的导游讲解方法。在导游讲解时，导游员不能就事论事地介绍景物，而是要借题发挥，利用所见景物制造意境，引人入胜。使游客产生联想，从而领略其中之妙趣。例如旅游团经过昆明市东站交叉路口，看到风格独特的白水泥雕塑时，导游员可介绍这组圆环形雕塑由6个少数民族组成，并顺势讲解云南省少数民族的概况，起到以点带面的作用。

触景生情法的第二个含义是导游讲解的内容要与所见景物和谐统一，使其情景交融，让游客感到景中有情、情中有景。例如，当旅游团参观宽广的太和门广场、高大巍峨的太和殿时，导游员可适当描述皇帝登基的庄观场面：金銮殿香烟缭绕，殿前鼓乐喧天，广场上气氛庄严肃穆；皇帝升殿，文武百官三跪九叩，高呼万岁、万万岁。还可以讲一点末代皇帝溥仪三岁登基时被隆重的场面吓得直哭，闹着回家，而他的父亲连说“快完了、快完了”哄他的历史趣闻。游客望着宏伟的太和殿，听着风趣的讲解，定会发出欢快的笑声。

触景生情贵在发挥，要自然、正确、切题地发挥。导游员要通过生动形象的讲解、有趣而感人的语言，赋予景物以生命，注入情感，引导游客进入审美对象的特定意境，从而使他们获得更多的知识和美的享受。

◎同步案例

实例 1–10

（游客登上长城，举目远眺，对长城的雄伟壮观叹为观止时导游员抒发情感）古代人民修建长城时劳动工具十分简陋，没有现代化的机械设备，全凭肩挑手扛。正是凭借劳动人民的勇敢、勤劳、智慧，万里长城才得以建成，并延续使用了 2000 多年，保障了中原农耕文明的发展，促进了中华民族的繁荣昌盛。有这样的劳动人民，中华民族一定能在建设自己国家的事业中创造出新的奇迹来。

五、“虚”“实”结合法

“虚实结合法”就是导游讲解中将典故、传说与景物介绍有机结合，即编织情节的导游手法。就是说，导游讲解要故事化，以求产生艺术感染力；努力避免平淡的、枯燥乏味的、就事论事的讲解方法。

虚实结合法中的“实”是指景观的实体、实物、史实、艺术价值等，而“虚”则指与景观有关的民间传说、神话故事、趣闻逸事等。“虚”“实”必须有机结合，但以“实”为主，以“虚”为辅，“虚”为“实”服务，以“虚”烘托情节，以“虚”加深“实”的存在，努力将无情的景物变成有情的导游讲解。例如，讲解颐和园十七孔桥时，当然要讲十七孔桥是模仿北京的卢沟桥和苏州的宝带桥修建的，以及阳数之极“九”在桥上的体现，桥上的狮子比卢沟桥上的还多等。但是，只是这样讲显得平淡枯燥，如果加上一段关于鲁班爷帮助修桥的传说就显得生动、风趣多了。

在中国，几乎每一个景点都有一段美丽的传说，例如，三峡风光中有“神女峰”的故事，九寨沟有动人的爱情佳话，杭州西湖有“西湖明珠自天降，龙飞凤舞到钱塘”的美丽传说。导游员讲解时选择“虚”的内容要“精”、要“活”。所谓“精”，就是所选传说是精华，与讲解的景观密切相关；所谓“活”，就是使用时要活，见景而用，即兴而发。

◎同步案例

实例 1–11

（讲解巫峡中的神女峰）神女峰位于巫山县城东约 15 公里处的长江北岸，是巫山十二峰中最著名的一峰，每天第一个迎来灿烂的朝霞，最后一个送走绚丽的晚霞，又叫望霞峰、美人峰（实）。相传神女峰是西王母幼女瑶姬的化身，曾帮夏禹治水。水患消除后，瑶姬毅然决定留在巫山，为行船保平安，因而博得后人的尊敬和奉祀。《巫山县志》中记载：“赤帝女瑶姬，未行而卒，葬于巫山之阳为神女。”神女峰对岸飞凤峰下现存授书台，相传是瑶姬授书夏禹处（虚）。三峡地区山高峰秀，壁陡峡窄，三峡水库蓄水以后，峡谷风光犹存，又添平湖景色。神女峰海拔高 922 米，水位升至 135 米后，人们仍需仰视才能一睹“神女”的风采（实）。

六、问答法

问答法就是在导游讲解时导游员向游客提问题或启发他们提问题的导游方法。使用问答法的目的是为了活跃游览气氛，激发游客的想象思维，促使客、导之间产生思想交流，使游客获得参与感或自我成就感的愉快；也可避免导游员唱独角戏的灌输式讲解，加深游客对所游览景点的印象。问答法有多种形式，主要有：

1. 自问自答法

导游员自己提出问题，并做适当停留，让游客猜想，但并不期待他们回答，只是为了吸引他们的注意力，促使他们思考，激起兴趣，然后做简洁明了的回答或做生动形象的介绍，还可借题发挥，给游客留下深刻的印象。

2. 我问客答法

导游员要善于提问题，但要从实际出发，适当运用。希望游客回答的问题要提得恰当，估计他们不会毫无所知，也要估计到会有不同答案。导游员要诱导游客回答，但不要强迫他们回答，以免使游客感到尴尬。游客的回答不论对错，导游员都不应打断，更不能笑话，而要给予鼓励。最后由导游员讲解，并引出更多、更广的话题。

3. 客问我答法

导游员要善于调动游客的积极性和他们的想象思维，欢迎他们提问题。游客提出问题，证明他们对某一景物产生了兴趣，进入了审美角色。对他们提出的问题，即使是幼稚可笑的，导游员也绝不能置若罔闻，千万不要笑话他们，更不能显示出不耐烦，而是要善于有选择地将回答和讲解有机地结合起来。不过，对游客的提问，导游员不要他们问什么就回答什么，一般只回答一些与景点有关的问题，注意不要让游客的提问冲击你的讲解，打乱你的安排。在长期的导游实践中，导游员要认真倾听游客的提问，善于思考，掌握游客提问的一般规律，总结出一套相应的“客问我答”的导游技巧，以求随时满足游客的好奇心理。

◎同步案例

实例 1–12

女士们、先生们，我们现在已经来到了长城脚下，稍后我们便去爬长城。现在请允许我向大家提三个问题：第一，中国的长城是何时开始修建的？第二，中国的长城到底有多长？第三，为什么中国的长城在世界上这么有名气？（略做停顿）看来大家对这三个问题都有所了解，但还不全面，现在就由我来给大家做详细的介绍吧。

（讲解园林中的木雕图案）导游员提问：“大家现在看到的蝙蝠、桃子和灵芝图案有什么寓意呢？”（稍做停顿，等待游客的回答，但时间不宜过长）导游接着评价游客的答案并引申讲解：“大家说得很对。蝙蝠因为谐音，在我们的传统文化中象征着福，桃子和灵芝也是吉祥的象征，分别代表着寿和如意。三者合而为一就是福寿如意！在这里，我也祝大家福寿如意！”

七、制造悬念法

导游员在导游讲解时提出令人感兴趣的话题，但故意引而不发，激起游客急于知道答案的欲望，使其产生悬念的方法即称为“制造悬念法”，俗称“吊胃口”“卖关子”。

这是常用的一种导游手法。通常是导游员先提起话题或提出问题，激起游客的兴趣，但不告知下文或暂不回答，让他们去思考、去琢磨、去判断，最后才讲出结果。这是一种“先藏后露、欲扬先仰、引而不发”的手法，一旦“发（讲）”出来，会给游客留下特别深刻的印象，而且导游员可始终处于主导地位，成为游客的注意中心。

制造悬念的方法很多，例如问答法、引而不发法、引人入胜法、分段讲解法等都可能激起游客对某一景物的兴趣，引起遐想，急于知道结果，从而制造出悬念。

制造悬念是导游讲解的重要手法，在活跃气氛、制造意境、提高游客游兴、提高导游讲解效果诸方面往往能起到重要作用，所以导游员都比较喜欢用这一手法。但是，再好的导游方法都不能滥用，“悬念”不能乱造，以免起反作用。

◎同步案例

实例 1–13

一位导游员介绍说：“如果在晚上，当月亮从东方升起，另一个月亮也在水波中荡漾，这镜子安置得十分巧妙，从里面还可以看到一个月亮。”游客们看了看镜子，并未引起多大兴趣。

另一位导游员将游客带到亭中，这样介绍说：“当月亮升起的时候，在这里可以看到三个月亮。”他微笑着，望着游客，并没有立即往下讲。游客们好生奇怪，都以为是听错了或是导游员讲错了，最多只有两个月亮：天上一个，水池里一个，怎么可能会有第三个呢？大家的脸上都露出了迷惑不解的表情。这时，导游员才点出：天上、池中，还有镜里共有三个月亮，大家才恍然大悟，在响起一阵掌声、叫好声之后，也更领悟到镜子安置之巧妙，印象特别深刻。

八、类比法

所谓“类比法”，就是以熟喻生，达到类比旁通的导游手法。就是用游客熟悉的事物与眼前景物比较，便于他们理解，使他们感到亲切，从而达到事半功倍的导游效果。

类比法分为同类相似类比和同类相异类比两种，不仅可在物与物之间进行比较，还可作时间上的比较。

1. 同类相似类比

将相似的两物进行比较，便于游客理解并使其产生亲切感，将北京的王府井比作日本东京的银座、美国纽约的第五大街、法国巴黎的香榭丽舍大街；把上海的城隍庙比作日本东京的浅草；参观苏州时，可将其称作“东方威尼斯”（马可·波罗称苏州为“东方威尼斯”）；讲到梁山伯和祝英台或《白蛇传》中许仙和白娘子的故事时，可以将其称为中国的罗密欧和朱丽叶等。

2. 同类相异类比

这种类比法可将两种风物比出质量、水平、价值等方面的不同。例如，中国长城与英国哈德良长城之比，中国故宫和日本天皇宫之比等。但是，使用时要谨慎，绝不能伤害游客的民族自尊心。这种类比法还可以比出两种事物在风格上的差异，例如，陪法国旅游团参观故宫时，可将其与巴黎附近的凡尔赛宫做比较；游览颐和园时与凡尔赛宫花园进行比较。这种东西方宫殿建筑和皇家园林风格及艺术之比，西方游客听了不仅能欣赏到中国宫殿建筑和皇家园林的艺术美，也能对东西方文化传统的差异有进一步的认识。

九、画龙点睛法

用凝练的词句概括所游览景点的独特之处，给游客留下突出印象的导游手法称之为“画龙点睛法”。游客听了导游讲解，观赏了景观，既看到了“林”，又欣赏了“树”，一般都会有一番议论。导游员可趁机给予适当的总结，以简练的语言，点出景物精华之所在，帮助游客进一步领略其奥妙，获得更多、更高的精神享受。

除上述九种导游手法外，我国的导游员们还总结出了概括法（平铺直叙法）、简述法、详述法、引而不发法、引人入胜法、课堂讲解法（例如做专题讲座）、联想法等，我们不再在此一一介绍。导游手法很多，然而，在具体工作中，各种导游手法和技巧不是孤立的，而是相互渗透、相互依存、密不可分的，导游员只有将其融会贯通，结合自己的特点，形成自己的导游风格和导游手法，并视具体的时空条件和对象，灵活、熟练地运用导游手法，才能使导游活动不同凡响。

【任务评价】

导游语言评价表（三）

第_____组　组长：______			
内容	分值 / 分	自我评价	小组评价
口头表达	20		
语音语调	20		
体态语言	20		
讲解方法	30		
仪表仪容	5		
礼节礼貌	5		
总评（星级）			
建议			
现场导游基本要求： 1. 语言通顺、口齿清楚。 2. 语音、语速适中。 3. 讲解方法运用恰当。 4. 仪容仪表整洁大方，礼貌礼节良好。 星级评价： ★（59 分及以下）　★★（60～69 分）　★★★（70～79 分） ★★★★（80～89 分）　★★★★★（90 分及以上）			

【任务拓展】

阅读《青岛导游》中的优秀导游词，分析都使用了哪些讲解方法，效果如何？

项目4　导游词写作

【项目导读】

人们常说，导游员是一个城市的窗口，是城市代言人，是旅游服务质量高低的重要标志。可见，导游工作在对外宣传方面起着多么重要的作用。我国旅游资源丰富，发展旅游事业有着得天独厚的条件，无论是自然风光还是历史名胜，都需要导游员去阐释它的形成、特点、沿革以及传说，这样才能赋予“静物”以活力。

那么，导游员怎样才能完美地诠释景点的内涵和价值？首先要写好导游词。导游词是导游人员引导游客观光游览时的讲解词，是导游员同游客交流思想、向游客传播文化知识的工具。好的导游词，应该能够超越单纯地背诵地理或历史知识，而把旅游与地理、历史、人文等各方面的知识结合在一起，与导游员自身的情感融为一体，让静物“动”起来，让历史“活”起来。

【案例导入】

小姜是位刚跨出旅游学校校门的导游员，这次他带的是来自H地区的旅游团。上车后，与前几次带团一样，小徐就认真地讲解了起来。他讲这个城市的历史、地理、政治、经济，以及这个城市的一些独特的风俗习惯。然而，游客对他认真的讲解似乎并无多大兴趣，不但没有报以掌声，坐在车子最后两排的游客反而津津乐道于自己的话题，相互间谈得非常起劲。

任务一　导游词的基本结构

【任务目标】

通过本次任务的学习，学生了解什么是导游词，主要有哪些作用，掌握导游词的基本结构。

【任务描述】

在青岛奥林匹克帆船中心，一位导游在做讲解："各位游客，大家好！今天我带您游览的是青岛奥帆中心。位于青岛市东部新区浮山湾畔的奥帆中心，依山面海，景色宜人，与青岛市标志性景点——五四广场近海相望。中心占地面积 45 公顷，其中场馆区 30 公顷，包括陆域和水域工程两部分，总建筑面积约 138000 平方米。2008 年，这里成功地举办了第 29 届奥运会和第 13 届残奥会帆船比赛。从此以后，在奥运会的历史上，诞生了一段永恒的青岛记忆。好了，现在就让我们从二号门进入，开始一段重拾记忆的观光之旅……"

思考：这篇讲解词由哪几部分组成？有什么特点？

【任务分析】

上述导游讲解不仅起到引导观光游览的作用，而且宣传了旅游景点。这就是导游讲解词的主要作用。

【任务实施】

一、导游词的定义和作用

（一）导游词的定义

导游词是导游员引导游客观光游览时的讲解词，是导游员同游客交流思想、向游客传播文化知识的工具，也是吸引和招徕游客的重要手段。

（二）导游词的作用

1. 引导游客观光游览

导游员通过说导游词，实现对旅游景观的生动讲解、指点、评说，引领游客按照游览路线欣赏景观，达到游览的最佳效果。

2. 介绍旅游景点

导游员通过讲解导游词，向游客介绍旅游景点。当游览自然景观时，主要应讲解自然风光的形态特征、内涵特征和独特的价值或地位；当游览人文景观时，主要应讲解人文景观的历史背景、用途、特色、价值和地位以及名人评价等内容。

3. 传播文化知识

导游员通过讲解导游词，向游客介绍有关旅游目的地的历史典故、风土人情、传说故事、民族习俗，使游客增长知识，帮助游客了解中国（地方）文化。

4. 陶冶游客情操

导游词的语言应具有言之有理、有物、有情、有神等特点，通过语言艺术和技巧，给游客勾画出一幅幅立体的图画，构成生动的视觉形象，把游客引入一种特定的美的意境，从而达到陶冶情操的目的。

二、导游词的基本结构

1. 标题

每一篇导游词，首先得有个标题。标题应开门见山地指出这篇导游词要介绍的旅游目的地、旅游景区（点）或旅游项目。如：“青岛奥林匹克帆船中心导游词”“曲阜孔庙导游词”等等。

2. 游览路线

游览路线是导游员带领游客游览某一景区（点）的游览顺序，由各个景点“串成”。如：在游览青岛奥林匹克帆船中心时，按照以下游览路线进行游览：二号门—旗阵广场—陆域停船区—奥帆博物馆—主防波堤。导游人员应带领游客按照游览路线顺序游览，进行分段讲解。

3. 引言（欢迎词）

每一篇导游词，或每一次导游的开始，都应该有引言。引言中常见的内容有问候语(如：各位朋友、各位来宾，大家好)、欢迎语（代表旅游景区及本人欢迎游客的光临）、介绍语（介绍自己的姓名及所属单位）、希望语（表示提供服务的诚挚愿望）和祝愿语（预祝旅游愉快顺利）。

◎同步案例

实例 1–14　欢迎词

各位游客，大家好！欢迎来到素有“海上名山第一”美誉的崂山游览。我是大家此次崂山之旅的导游小李。能为各位提供服务，我感到非常荣幸。孔夫子曾经说过“有朋自远方来，不亦乐乎”，虽然我与大家是初次见面，但我会像接待老朋友一样为大家提供热情周到的服务，同时也希望能得到您的鼎力配合。如果各位在游览过程中有什么要求或建议，请一定提出来，我会尽量满足您的要求，在此预祝大家此次崂山之旅能乘兴而来，满意而归……

4. 总述（整体介绍）

首先对所参观游览的目的地的整体内容用精练的词句作整体介绍，让游客对景物初步了解，知道如何游览，做到“未见树木先见林”“未成曲调先有情”。总述主要是对景区（点）的位置、范围、布局、地位、意义、历史、现状等内容做一个概括的介绍。总述部分通常是一篇导游词的第一、二自然段。

◎同步案例

实例 1–15　奥帆中心导游词（节选）

（了解奥帆知识、感受奥运文化。）

各位游客，大家好！

今天我将带您游览的是青岛奥帆中心。位于青岛市东部新区浮山湾畔的奥帆中心，依山面海，景色宜人，与青岛市标志性景点——五四广场近海相望。中心占地面积 45 公顷，其中场馆区 30 公顷，包括陆域和水域工程两部分，总建筑面积约 138000 平方米。2008 年，这里成功地举办了第 29 届奥运会和第 13 届残奥会帆船比赛。从此以后，在奥运会的历史上，诞生了一段永恒的青岛记忆。好了，现在就让我们从二号门进入，开始一段重拾记忆的观光之旅吧！

5. 分述（重点讲解）

分述部分是对游客游览的景观进行分别陈述，按照游览路线的先后顺序，对景观一一加以解说。

导游员在带领游客游览的过程中，由于时间等客观原因，在游览和讲解中不可能也没有必要面面俱到。因此，导游词的创作应配合实际讲解的需要，详略得当。重点介绍景区中最具有代表性的景点和景物，对主要游览内容进行详细讲述。分述部分的内容应与游客的兴趣需要相一致，必须充分考虑游客的旅游动机和文化层次。

◎同步案例

实例 1–16　奥帆中心导游词（节选）

大家看正前方那个飘扬着多国国旗的广场就是旗阵广场。各参赛国国旗悬挂在这里，象征着世界友好和平，也是在宣传“同一个世界，同一个梦想”的理念。在这里还有一个富有立体感的五环雕塑，象征着各国运动员在奥运精神的激励下，不断进取，勇夺佳绩。

走过旗阵广场，我们现在来到的是陆域停船区，区内设有下水坡道。在下水坡道西侧水域中漂浮着的是目前国内外最先进的浮码头。可以根据需要，用拖船把它摆放在适宜位置，以满足船只停靠的不同需要。浮码头主体采用混凝土预制而成，固定拉簧采用瑞典的专利技术，能使浮码头在 4.5 米潮差的情况下，始终保持与停泊船只相同的吃水深度。

游客朋友们，接下来我们将游览的是奥帆博物馆。它的总建筑面积约 13000 平方米，收藏了中国奥运冠军殷剑使用的尼尔级帆板以及获赠的道具，缶、竹简等珍贵的奥运物质遗产。看着眼前的一件件物品，我们仿佛又回到了 2008 年那些激情澎湃的日子，欣赏千帆竞发、聆听浪花雀跃。

大家顺着我手指的方向向前看，那个长长的宛如手臂一样伸向大海的长堤就是奥帆中心的主防波堤。

……

6. 结束语（欢送词）

结束语中通常有总结、回顾、感谢和美好祝愿的话。

◎同步案例

实例 1–17　结束语（欢送词）

此次崂山之旅即将结束了，小李也要和大家说再见了。常言道，“相见时难别亦难”“送君千里、终有一别”。在此，小李非常感谢各位朋友对我工作的支持与配合，当然，也希望您对我的工作多提宝贵意见和建议。您的意见将是我努力的方向，您的建议将是我改进的目标。希望大家有机会能再来崂山旅游，到时候，小李愿再为您当导游。最后，祝愿大家一路平安，身体健康，工作顺利！

【任务评价】

导游词写作评价表（一）

<table>
<tr><td colspan="4">第 ______ 组　组长：______</td></tr>
<tr><td>内容</td><td>分值 / 分</td><td>自我评价</td><td>小组评价</td></tr>
<tr><td>导游词语句</td><td>30</td><td></td><td></td></tr>
<tr><td>导游词内容</td><td>30</td><td></td><td></td></tr>
<tr><td>导游词结构</td><td>20</td><td></td><td></td></tr>
<tr><td>导游方法</td><td>20</td><td></td><td></td></tr>
<tr><td>总评（星级）</td><td></td><td></td><td></td></tr>
<tr><td>建议</td><td></td><td></td><td></td></tr>
<tr><td colspan="4">导游词写作基本要求：
1. 语言通顺。
2. 内容准确。
3. 导游词结构完整。
4. 导游方法运用得当。
星级评价：
★（59 分及以下）　★★（60～69 分）　★★★（70～79 分）
★★★★（80～89 分）　★★★★★（90 分及以上）</td></tr>
</table>

【任务拓展】

阅读《青岛导游》中奥林匹克帆船中心导游词，分析其基本结构。

任务二　导游词的特点

【任务目标】

通过本次任务的学习，学生明确导游词的特点，并能够应用到导游词写作当中，写出有特色的导游词。

【任务描述】

回放全国红色旅游导游员、讲解员大赛十佳导游——张蓓创作的《青岛海军博物馆》导游词。

【任务分析】

做一名优秀导游不是件容易的事情，仅凭一张嘴，心中没有精彩的导游词也不行，犹如“巧妇难为无米之炊”，写出精彩的导游词，就要掌握导游词的特点。

【任务实施】

导游词有如下特点。

一、现场感

写导游词时要注意体现出身临其境之感，假想正率领游客游览，这是导游词现场感非常重要的一个方面。除此之外，体现现场感还应注意以下三个方面：一是要用第一人称的方法写作；二是要有一些指明方向和引导游览的词句；三是要适当地运用设问、反问等方法，仿佛游客就在眼前，正在与他们进行交流。

◎同步案例

实例 1–18　曲阜孔庙导游词（节选）

朋友们，走过仰圣门，我们现在来到的是金声玉振坊，这是孔庙的第一道门坊。接下来我将带领你们沿着孔庙中路浏览，在经过了棂星门、奎文阁、十三碑亭、杏坛之后，我们现在来到的是大成殿，也就是孔庙的主殿。大成殿始建于 1018 年，原名文宣王殿，宋徽宗为了尊崇孔子的“集古先贤之大成”，改称大成殿。进入大成殿之前我们首先看到的是大殿周围环立的这 28 根雕龙石柱，这些石柱都是用整石雕刻而成，高 5.98 米，直径 0.81 米。

二、知识化

导游词既有说明性的特点，也有欣赏性的特点，因此，导游词涵盖的知识是广泛的。一篇导游词，可能会涉及自然科学知识，如地质成因、动植物学知识、力学原理等；还可能涉及社会科学知识，如宗教常识、哲学美学知识、诗词歌赋、中外文学等；另外，建筑、园林、书法、绘画等知识，也都有可能涉及。导游讲解的过程是将书面导游词转化为口语导游词的过程，是传播知识和文化的过程，要求导游词具有较大的知识容量。

◎同步案例

实例 1-19　崂山太清宫导游词（节选）

银杏树最大的特点就是有性别之分，我们眼前的这两棵都是雄性的。银杏树还被称为“白果树”和“公孙树”等。大家知道为什么叫“公孙树”呢？原来，是因为它生长缓慢，爷爷种下的树，到了孙子那一代才能吃到果实，因而在民间有“桃三杏四梨五年，无儿不种白果园”的说法。

在道教创始人创立道教时，经常为百姓治病消灾，使用的就是与三官相关的“请祷法”。就是先让病人承认有罪，然后将病人的姓名和服罪的意思写成文书。一式三份，一份放到山顶，交给天官；一份埋在地下，交给地官；一份投入水中，交给水官。如果三官接到信息就能为病人赐福、赦罪、解厄。

太清宫也叫下清宫，它青石灰瓦，古朴无华，把道家“清静无为”“修身养性”的思想体现得淋漓尽致。

三、口语化

导游语言是一种具有丰富表达力、生动形象的口头语言。在导游词创作中要注意多用日常用语或通俗易懂的书面语词汇。要多用短句，以便讲起来顺口，听起来轻松。导游员读了以后，稍做加工就能成为自己导游口头讲解的内容。强调导游词口语化，但并不意味着忽视语言的规范性和品味。

◎同步案例

实例 1-20

以下句子符合导游语言的口语化特点吗?

好了，现在给大家一些时间小憩片刻，二十分钟后集合。我将带您去到奥帆中心的西侧，去继续我们的奥帆之旅、快乐之旅！

光阴似箭，岁月荏苒，在历经了多次兵燹的洗礼之后，栈桥终于重新回到了祖国母亲的怀抱。

游客朋友们，在过去的几天里，如果我的工作中还有些不足之处，还请您多多海涵，小李在此谢谢您了！

四、生动性

在保证内容准确清楚的前提下，导游词的生动性也是非常重要的。生动形象是导游语言美的魅力之所在，体现了导游语言的艺术性和趣味性。生动的导游词能吸引游客的注意力，激发游客的游兴，同时还有助于活跃讲解气氛。

◎同步案例

实例 1-21　八大关景区导游词（节选）

一看道旁栽种的花木就知道路名，这就是八大关的特色所在。当春天的斑斓和衣裙拂过海面，飘过八大关的上空时，看韶关路上，上百棵碧桃挺立两侧，各色碧桃争奇斗艳，微风吹拂，落英缤纷，真是“忽如一夜春风来，千树万树梨花开”。人们说“阳春三月下扬州”，体验江南水乡的宁静，然而不下江南，我们依然可以在这里领略到春的美景。也许三月的青岛还有些寒气，但是春的花儿可耐不住寂寞。此时正是海棠绽放的时节，红桃般的花蕾，粉红色的花瓣，黄色的花蕊，每朵都宛如含羞的少女，在风中摇曳。花苞在绿叶的映衬下，一团团，一簇簇，使整条宁武关路给人一种温暖的感觉。

五、条理性

许多景区内不同景观要素组合较为复杂，要求在创作导游词时要“有序”，随景观的起止而起止。在介绍景物或者事件时，或按照空间顺序，或按照时间顺序，或按照逻辑顺序。通常按照游览路线来创作导游词。

◎同步案例

实例 1-22　曲阜孔庙导游词（节选）

朋友们，走过仰圣门，我们现在来到的是金声玉振坊，这是孔庙的第一道门坊。接下来我将带领你们沿着孔庙中路浏览，在经过了棂星门、奎文阁、十三碑亭、杏坛之后，我们现在来到的是大成殿，也就是孔庙的主殿。进入大殿后，我们会看到里面供奉着孔子的塑像，塑像高 3.35 米，头戴十二旒冠冕，身穿十二章王服，手捧镇圭，一身古代天子的打扮，这就是被历代帝王神话了的孔子。在孔子塑像前两侧的四个神龛，供奉着颜子、曾子、子思、孟子称为“四配”。两侧的“十二哲”塑像中，除朱熹外，其余 11 人均为孔子弟子。

六、针对性

世界上没有两次完全相同的旅游，也没有两次完全一样的导游讲解。导游词不是以一代百、千篇一律的，它必须是从实际以发，因人、因时而异，要有的放矢，即根据不同的游客以及当时的情绪和周围的环境进行导游讲解之用。根据游客的国籍、性别、年龄、社会地位、文化层次来准备导游词；如果接待的游客是专家学者或中国通，讲解时应注意语言的品位（见实例1–23）；对于初访者，讲解时应做到热情洋溢；对于年老的游客，讲解时应简洁从容；对年轻人讲解应做到活泼流畅；对于文化水平低的游客，讲解应力求通俗化。

◎同步案例

实例 1–23　曲阜孔庙导游词（节选）

“先师功德垂青史，儒学精华照五洲。”吟咏间，我们的眼前浮现出一位学富五车、励精图治的老人，他，就是孔子。孔子是中国历史上伟大的思想家、教育家、儒家学派的创始人，他的学说不仅影响着中国，也影响着世界。今天，我们怀着崇敬的心情来到孔庙游览，相信大家一定会被孔子高尚的道德和渊博的学识所折服。好了，现在就请大家与我一同走进孔庙，走近孔子。

【任务评价】

导游词写作评价表（二）

第______组　组长：______			
内容	分值 / 分	自我评价	小组评价
导游词语句	30		
导游词内容	30		
导游词结构	20		
导游方法	20		
总评（星级）			
建议			

（续表）

导游词写作基本要求： 1. 语言通顺。 2. 内容准确。 3. 导游词结构完整。 4. 导游方法针对性强。 星级评价： ★（59 分及以下） ★★（60～69 分） ★★★（70～79 分） ★★★★（80～89 分） ★★★★★（90 分及以上）

【任务拓展】

某地教育考察团到青岛旅游学校参观，请写一篇讲解词介绍青岛旅游学校。

任务三 导游词写作要求和注意事项

【任务目标】

通过本次任务的学习，学生明确导游词写作的具体要求及注意事项，写出规范、准确、有特色的导游词。

【任务描述】

回放全国红色旅游导游员讲解员、大赛十佳导游——张蓓创作的《青岛海军博物馆》导游词。

【任务分析】

完成导游词写作，不仅要明确导游词的特点，而且还要充分认识导游词写作的特点及注意事项，这样才能写出精彩的导游词。

【任务实施】

一、导游词的写作要求

（一）准确规范

1. 遣词造句准确

规范性在导游词表达中最基本的要求就是语言文字的规范，即用词、造句和用字要合乎语言规范、词汇规范、语法规范和文字规范，同时说话要合乎礼仪，书面表达要合乎规格、程式。

2. 表达的内容

导游词中提供的材料和描述的内容要真实可靠、正确无误，切忌胡编乱造、张冠李戴，即使是神话传说也应有所本源，切忌弄虚作假、以偏概全。

3. 敬语、谦语和谚语

使用时要因人而异、注意场合。如东方人在受到别人称赞后常回答“没什么”或“您过奖了”，但如果一个西方人对你称赞时这样回答，他会认为你虚伪或不礼貌。导游讲解中引用某个谚语有时能起到画龙点睛的作用，使导游员的讲解显得更为高雅，但必须引用正确、完整，恰到好处。

明确了导游词的准确规范的具体要求后，下面我们来看几个反例：

◎同步案例

实例 1–24

（1）大家看正前方那个飘扬着多国国旗的广场就是旗阵广场。各参赛国国旗都悬挂在这里，象征着世界友好和平，也是在宣传“同一个世界，同一个梦想”。

（2）作为一名导游，我愿意游客都能满意我的服务。

（3）太清宫建于东汉建元元年，距今已有 2100 多年的历史，创始人是山西人张廉夫。

（4）大家请看，位于正阳关路 17 号的就是元帅楼。

以上四句导游词的错误分别是：

（1）是缺少宾语，应该在宣传“同一个世界，同一个梦想”的后面加上“口号”两字。

（2）用词不当，应该将“愿意”改成“希望”。

（3）知识错误。应将“创始人是山西人张廉夫”改成“创始人是江西人张廉夫”

（4）知识错误。元帅楼位于山海关路 17 号。

（二）具体深入

1. 细节描写

在叙事、叙人的导游词中，抓住关键性的细节进行具体刻画，会给人一种如观画面的感觉，清晰而又深刻。对一些重要的、有代表性的景点不要吝惜笔墨，把点放大成面，写得越细致、越具体越好。

◎同步案例

实例 1-25

进入大殿后，我们会看到里面供奉着孔子的塑像，塑像高 3.35 米，头戴十二旒冠冕，身穿十二章王服，手捧镇圭，一身古代天子的打扮。

2. 借题发挥

不要就事论事地描写景物，而是要借题发挥，挖掘景观的深层内涵，突出景物的个性特点。这包含两层意思：第一，就所见景物进行扩充描写，介绍情况，借题发挥；第二，描写的内容与所见景物和谐统一，使其情景交融，让游客感到景中有情，情中有景，给游客以想象空间，从而调动游客的审美感觉。

◎同步案例

实例 1-26

游客朋友们，元帅楼得天独厚的地理位置和安静典雅的环境，给这些曾经为国家出生入死的元帅们提供了可以静心疗养的优良场所，这是元帅楼的骄傲，也是八大关的骄傲。今天，我们游览八大关、瞻仰元帅楼，深深缅怀这些永垂不朽的开国元勋们，就让我们永远铭记他们的爱国精神，时刻准备着为祖国、为社会、为人民做出自己的贡献！

3. 寓情于景

在描写中加入情感，利用所见景物制造意境，引人入胜，使游客产生联想和情感共鸣，从而领略其中妙趣。

◎同步案例

实例 1-27

游客朋友们，驻足于栈桥桥头，您可以充分感受清风拂面，聆听海浪声声，欣赏“长虹远引”，近观“飞阁回澜”。作为青岛的象征，同时也是青岛人的骄傲，栈桥告别往日的满目疮痍、屈辱蹂躏，迎来了自己生命里阳光明媚的春天。如今的栈桥，游人如织、宾朋会聚，好不热闹，而它却一如既往，静卧于万顷碧波之中，宛如一把古朴无华的琵琶，在告别了往日的如泣如诉之后，静静地弹奏着最美妙、最和谐的动人旋律。

4. 适当啰唆

对一些游客感兴趣的内容可以适当地啰唆。有时，适当的啰唆可以制造出相对于精炼更精彩的效果。

◎同步案例

实例 1-28

“一看道旁栽种的花木就知道路名”，这是八大关的第一个特点。有这样一个顺口溜来概括介绍八条道路的主要植物：韶关路的碧桃笑开了颜，宁武关路的海棠乐翻了天，正阳关路的紫薇红艳艳，山海关路的梧桐遮住了天，嘉峪关路的枫叶美出了名，居庸关路的银杏变成了星，临淮关路的龙柏绿常青，紫荆关路的雪松挂满冰。

（三）主题明确

写文章要有主题，导游词的写作也应有个主题。通过一篇导游词的讲解，导游员要向游客重点介绍哪些景点？要向他们传播什么知识和文化？要激发游客一种什么样的情感？这些都是在创作导游词之前需要明确的内容。

（1）主题决定一篇导游词的价值，也可以说是决定一个景观价值的重要因素。导游词是作者对一个景物的历史文化价值、艺术观赏价值和科学研究价值的评价，也是作者思想意识和审美情趣的表现。导游词的主题也有深浅、新旧、正误之别，从而决定了一篇导游词本身的价值，更加重要的是影响了一个景物的价值。有的景物，本身的价值很高，但作者没有深刻发掘其主题，使它变得平淡无奇；而有的景观，原本看来平平淡淡，经作者描述，发掘其深刻的内涵，顿时辉煌起来，成为著名景观。

（2）主题决定材料的取舍提炼。一个景点往往已存在着大量的资料。它们往往是分散的、互相矛盾的、真实的或虚构的、高雅的或庸俗的。总之，可以分为有用的和无用的两大类。我们不能把这些材料原封不动地都写进导游词中去，一定要进行取舍提炼，这就是所谓的“去伪存真”“去芜取精”的过程。根据主题表达的需要进行提炼和取舍，唯有主题才能使杂乱无章的材料变成典型的、富有生命的、互相联系的、表现景观特色的有机整体，成为一篇优秀的导游词。

（3）主题支配导游词的谋篇布局。导游词要按照旅游线路先后有序、层次分明、思路清晰地娓娓道来。只有作者在动笔之前把写作意图，也即主题明确起来，才能在写作中做到哪些该先该后、哪里该增该减、哪里该详该略、哪里该臧该露，这样才能做到谋篇严谨、布局合理。否则，偏离主题盲目地铺陈，杂乱无章，不能形成一篇严密、统一的导游词。

（4）主题制约导游词的表达手法和语言运用。不同景物的导游词有不同的表达手法，不同的主题总要寻找最适于表现自己的表达手法。如自然风光，以描写和抒情为主；文物古迹，以说明和论述为主；风俗民情，以叙述和展示为主；革命圣地以记叙和颂扬为主。总之，不同主题的导游词有不同的表达手法，就是同一性质的景物，由于作者表达的主题含义不同，也可以采用不同的表达方法，绝不会互相雷同。

（四）形象生动

要想使自己的导游词生动有特色，可以采用以下几种方法：

（1）引用诗词。将一些名诗词巧妙地安置在导游词中，往往能使语言表达变得流畅而富有美感。

◎同步案例

实例 1–29

院落里还栽种了许多植物，比如棕榈、蜡梅、水杉、枫树等。尤其是那棵素心蜡梅树，属梅花中的上品，花色浅黄，给人以清雅高洁之感，使人不禁想起王安石的咏梅诗：“墙角数枝梅，凌寒独自开。遥知不是雪，唯有暗香来。”

（2）寓情于景。将浓情注入景中，是一种常见的导游词创作方法，它将人的情感注入景物，变叙观景为抒情。

（3）编织故事情节。通过编织故事情节，增强导游词的吸引力，使游客对导游词内容有更深的印象。

◎同步案例

实例 1–30

大成殿高 24.8 米，宽 45.78 米，深 24.89 米，规模仅次于故宫太和殿。他与故宫太和殿、岱庙天贶殿并称东方三大殿。其雄伟壮丽有过之而无不及。大成殿规模宏大，气势磅礴，其中最特别的就是大殿周围的 28 根雕龙石柱，据说乾隆皇帝来祭祀时，当地官员害怕皇帝会因为石柱超过皇宫而怪罪，将石柱用红绫黄绸包裹起来。

（4）恰当地运用修辞方法。在写作导游词时，可以通过运用比喻、拟人、排比、通感等多种修辞手法，使内容更加形象、生动。

◎同步案例

实例 1–31

栈桥的桥头便是著名的回澜阁，它是一座具有中国民族风格的建筑，双层八角飞檐，黄色琉璃瓦顶，在阳光的照耀下显得金碧辉煌，壮丽可观。置身阁内凭栏眺望，不远处一座如螺小岛映入眼帘，这便是小青岛。它与栈桥遥相而望，仿佛一对千年的恋人，给浩渺烟波平添一份诗情画意。

（5）幽默风趣的韵味。运用幽默语言于导游活动中，能起到变困境为顺境、变紧张为缓和、变扫兴为高兴的作用。

◎同步案例

实例 1–32

“我是胡导，但我不会乱导。”“大家可称我小蔡，希望各位朋友通过小蔡的导游服务后可以领略到吃大餐的感觉，而不是小菜一碟。”

二、导游词写作的注意事项

（一）有特色、不千篇一律

导游词是导游员的“剧本”，创作适合“角色”的导游词，导游员在讲解起来才能得心应手、游刃有余。导游词要考虑说话习惯、表达方式、性格特点，不可照搬照抄网络上、书上现成的导游词。

应根据游客的特点，创作适合游客“口味”的导游词。创作导游词的最终目的还是为了给游客讲解。人和人是不完全一样的，游客的兴趣点和具体情况也不会完全一样，不能一篇导游词走天下。创作导游词要能因人而异、投其所好。

要明确主题、突出个性。导游员每写一个景点或一段话时，首先要明白自己表述的主旨，要达到一个什么目的或要表述什么思想，如爱国主题、审美主题、宣传环境保护或文物保护知识、健康主题等。导游词要突出所描写景观独有的、不同于其他景观的特色，特色即个性，个性越鲜明导游词的价值越高。

根据游览路线、游览时间创作导游词。游览路线、游览时间的不同必然带来导游词内容的不尽相同。

◎同步案例

实例 1–33（材料阅读）

17 年来，相同的古迹、相同的史实，赵英健讲了不下千余次，而每一次的导游词绝无雷同：针对年轻游客，就多讲一些他们爱听的传说故事；针对专业人士，就多讲一些历史古建方面的知识；针对高层人士，就着重于文化方面的讲述，有时还会直接引用古文。总之，就是在保证史实不变的基础上，根据游客的层次、来源不同，心理、需求不同，因人而异地选择他们感兴趣的东西进行讲解，而不是千篇一律。为了让自己的讲解更加生动，赵英健不仅熟读各种史料，从正史中取材，还适当借鉴一些野史资料，在知识性中增加其故事性和趣味性。

（二）幽默通俗但不低俗

幽默在导游中的作用是十分奇妙的，它可以化平淡为有趣、化沉闷为笑声、化干戈为玉帛、化腐朽为神奇。所以，在导游词中，应适时地运用幽默风趣的语言。但是在运用幽默语言时，切忌滥用幽默，要高雅，不要粗俗，要服务主题，不要哗众取宠，要有真智慧，不要附庸风雅，要有余韵，不要肤浅。要避免滥用幽默，在使用幽默、诙谐的语言时不得伤害游客，更不能针对他国的内政和宗教，而且要杜绝黄段子。

另外，导游语言是一种口头语言，因而在创作导游词时，要注重口语化，多用短句，少用长句或复杂句。要做到通俗易懂，简洁明了。

（三）要有与游客的语言、情感交流的内容

1. 导游词要避免导游员唱独角戏的灌输式讲解。

2. 运用巧设悬念法、问答法、渲染激情法等表述手法。

◎同步案例

实例 1–34

以前皇帝来这祭祀时，这些龙柱用红布包裹起来。您知道这是为什么吗？因为当地官员怕皇帝嫉妒。有一次，乾隆皇帝好奇地问身旁的大臣："里面包的是什么啊？"一位大臣随机应变地说："皇上，不瞒您说，里面包的是龙，但不是真的龙，而您才是真龙天子，两龙相争必有一伤，为了确保您的安全，它们必须包裹起来。"皇帝听后仍想一探究竟，于是命人将红布除去，当他看到龙柱上的雕刻时还是被深深地震撼了。

（四）结构要完整

（1）写好引言和结束语。一篇完整的导游词应该由六部分组成，在创作导游词时，这六部分缺一不可。

（2）在写作正文部分（总述、分述）时，内容尽量翔实。做讲解时，可以视情况取舍内容。

（3）不要忘记写游览路线。

（4）导游词具有散文和说明文的一些特点，但它毕竟不是散文和说明文，要注意其结构的完整性。

【任务评价】

导游词写作评价表（三）

第 _____ 组　组长：______			
内容	分值 / 分	自我评价	小组评价
导游词语句	30		
导游词内容	30		

（续表）

导游词结构	20		
导游方法	20		
总评（星级）			
建议			

导游词写作基本要求：
1. 导游语言通顺富有幽默感。
2. 导游内容准确。
3. 导游词结构完整。
4. 导游方法运用得当。

星级评价：

★（59 分及以下） ★★（60～69 分） ★★★（70～79 分）
★★★★（80～89 分） ★★★★★（90 分及以上）

【任务拓展】

阅读《青岛导游》中栈桥景区，仿写栈桥景区导游词。

Module 2

模块 2
导游服务流程模拟

【模块导读】

导游服务是指取得导游任职资格的导游人员代表被委派的旅行社，按照组团合同或约定的内容和标准为游客提供向导、讲解及相关的旅游服务。

本模块主要实训地陪导游服务程序。通过对本模块的学习，学生应掌握地陪导游人员的规范操作程序。

【教学建议】

（1）教师可以依托本地旅游线路、著名景点融入教学当中。

（2）组织学生进行导游接待和讲解等方面的实训。

（3）邀请优秀导游员来校做旅游接待方面的讲座或座谈会。

【关键词】

地陪导游服务

项目5 地陪导游服务

【项目导读】

在我国，不论什么时候，不管你到哪里旅游，只要是通过旅行社，以团队的形式进行的，地陪导游员将始终占整个旅游活动的主导地位。那么，地陪导游员在面对不同群体时应该如何找准自己的位置呢？这就需要地陪导游员能够在各类群体面前扮演不同的角色。

【案例导入】

4月下旬的某天，导游小王接到青岛 ×× 国际旅行社计调卢 ×× 的通知，说是一个北京旅游团将于5月1日至4日来山东做青岛—威海—蓬莱三地游。

任务一　服务准备

【任务目标】

通过本次任务的学习，学生应认识到规范的导游服务，首先应做好充分的准备工作，这是一个合格的地陪为旅游团提供良好服务的重要前提和保障。地陪导游服务的准备工作包括业务准备、知识准备、心理准备、形象准备和物质准备五个方面。

【任务描述】

小王从旅行社计调卢 ×× 的手中拿到了一份旅行社接待计划书（表 2–1）及游客信息表（表 2–2）。

表 2–1　旅行社接待计划书

组团单位	北京 ×× 旅行社	团号	12042203	国家或地区	北京
旅游团构成	人数：43 人	组团社计调	李 ×× 138####5058		
	男：23 人	70 岁以上：0 人	全陪	萧 ×× 158####3323	
	女：20 人	12 岁以下：3 人	领队	蒋 ××	
抵离时间	5 月 1 日（北京—青岛）乘动车赶赴青岛，抵达时间：22 时 4 分				
	5 月 4 日（烟台—北京）乘列车回北京，开车时间：22 时 25 分				
行程	活动内容		入住饭店	用餐情况	
	5 月 1 日：北京—青岛，乘坐动车赶赴青岛【★★★★】		青岛 ×× 大酒店	早餐：无 中餐：无 晚餐：无	

（续表）

	5 月 2 日：青岛，游览青岛的历史见证栈桥，青岛十景之一的“飞阁回澜”即在此 【★★★★】	青岛 ×× 大酒店	早餐：含 中餐：自理 晚餐：青岛 ×× 饭店
	5 月 3 日：青岛—威海，早餐后乘车赶赴威海，游览定远舰，追忆当年黄海大战的悲壮场面 【★★★★】	威海 ×× 大酒店	早餐：含 中餐：威海 ×× 饭店 晚餐：威海 ×× 饭店
	5 月 4 日：威海—蓬莱—烟台，早餐后乘车赶赴蓬莱，游览八仙过海的美丽传说—八仙渡景区，周围海域天高水阔，景色壮观，空气宜人 【★★★★】	烟台 ×× 宾馆	早餐：含 中餐：蓬莱 ×× 饭店 晚餐：含
备注	1. 此团为驻京某央企优秀员工旅游团 2. 团餐安排 3 早 5 正，5 月 2 日午餐自理		
地接社	青岛 ×× 国际旅行社	团队等级	常规团
计调	卢 ×× 电话：133####1101	地陪	王 ×× 电话：133####1102
汽车	青岛 ×× 旅游汽车有限公司 45 座大金龙	司机	韩 ×× 电话：137####1946

表 2–2 游客信息表

序号	姓名	身份证号码	性别	年龄	职务	电话	备注
1	蒋 ××	xxxxxxxxxxxxxxxxxx	男	55	副总裁	xxx	领队
2	王 ××	xxxxxxxxxxxxxxxxxx	男	42	总经理	xxx	父子
3	王 ××	xxxxxxxxxxxxxxxxxx	男	11		xxx	
4	李 ××	xxxxxxxxxxxxxxxxxx	女	35		xxx	母女
5	张 ××	xxxxxxxxxxxxxxxxxx	女	8		xxx	
6	黄 ××	xxxxxxxxxxxxxxxxxx	女	29		xxx	
……	……	……	……	……	……	……	……
41	曹 ××	xxxxxxxxxxxxxxxxxx	男	51		xxx	素食
42	马 ××	xxxxxxxxxxxxxxxxxx	女	33		xxx	回族
43	丁 ××	xxxxxxxxxxxxxxxxxx	男	28		xxx	

【任务分析】

这次小王需要接待的是来自北京的某家央企为企业优秀员工安排的常规旅游团，企业安排了一名副总裁担任领队，协助全陪、地陪工作。小王深知充分做好接团前的准备工作是整个导游服务工作顺利完成的重要保障，因此，在拿到出团计划书后，小王从业务、知识、心里、形象和物质等五个方面做了充分的准备工作。

【任务实施】

小王准备了一张地陪导游服务准备阶段流程图（图 2–1），按照图中的指示依次完成各项准备工作，并用红、蓝荧光笔涂抹笑脸符号表示各项任务是否完成以及完成的满意情况。准备阶段的业务准备又可以细分为领取接待计划、熟悉接待计划、落实接待事宜。

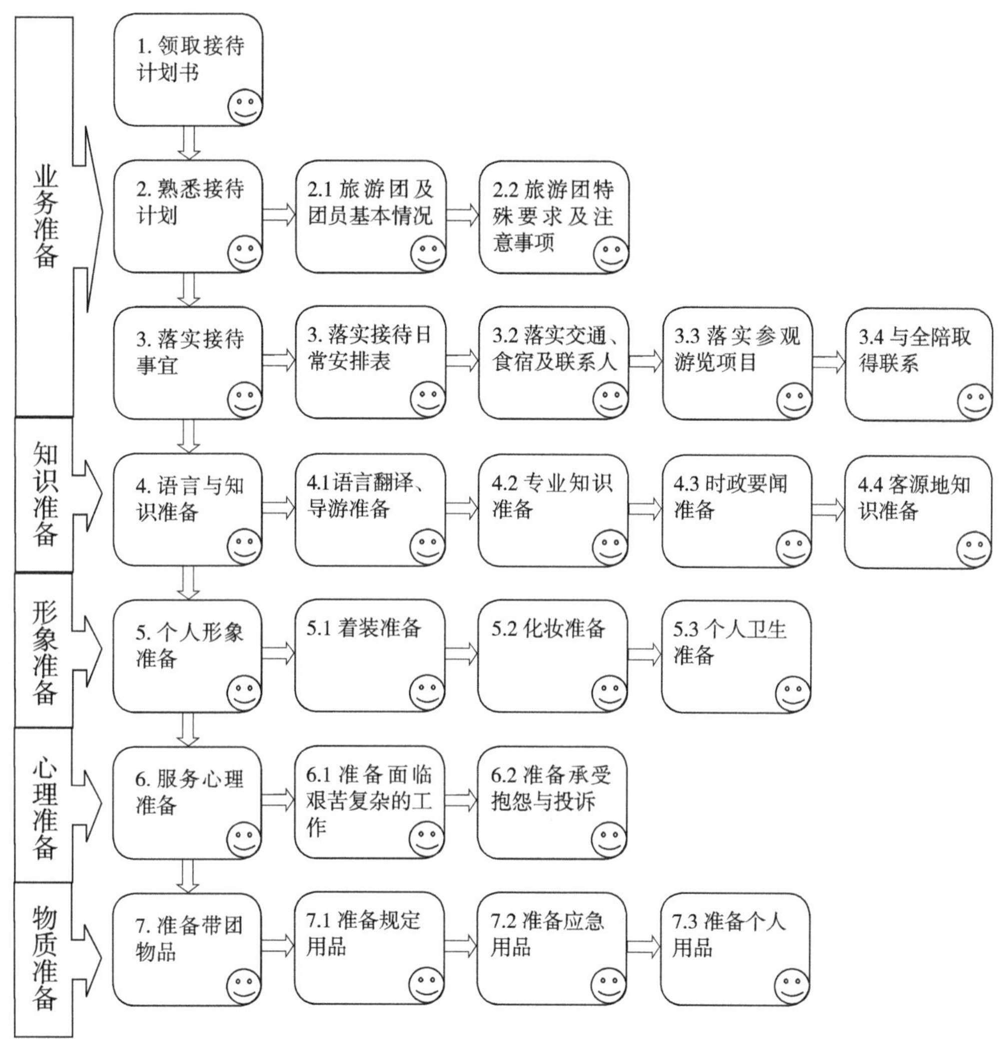

图 2–1　地陪导游服务准备工作流程

一、熟悉接待计划

接待计划是组团社委托各地方接待社组织落实旅游团活动的契约性安排，是导游人员了解该团基本情况和安排活动日程的主要依据。地陪应在旅游团抵达之前认真阅读接待计划和有关资料，详细、准确地了解该旅游团的服务项目和要求，主要事项要做记录，并弄清楚以下情况。

1. 旅游团及团员的基本情况

（1）旅游团概况：组团社名称，相关联络人及联络方式，国别，导游语言要求，旅游团名称或团号，收费标准和费用结算方式等。

（2）团员基本情况：人数及团员的姓名、性别、年龄、护照或身份证号码、职业及宗教信仰等。

（3）旅游线路和交通工具：该团的全程路线，出入境地点和乘坐交通工具的情况等。

（4）交通票据：该团去往下站的交通票据是否已按计划订妥，有无变更以及变更后的落实情况，有无返程票，出境机票是 OK 票还是 OPEN 票等。

2. 旅游团及团员的特殊要求与注意事项

（1）食住行游购娱等方面的特殊要求：该团在用餐、住房、用车、游览等方面是否有特殊的要求。

（2）重要人物迎送、会见、宴请等注意事项：该团有无要求有关方面负责人出面迎送、会见、宴请等礼遇。

（3）需要特殊或重点照顾的客人：该团是否有老弱病残及婴幼儿等需要特殊照顾的游客。

（4）其他注意事项：该团有无须要办理通行证地区的参观游览项目等事项。

二、落实接待事宜

在旅游团抵达的前一天，地陪应与各有关部门或人员一起落实、检查旅游团的日程安排、交通及行李运输、住房及用餐、参观及游览项目，并与有关人员取得联系。

1. 落实接待日程安排

地接社根据组团社的旅游接待计划，编制了该团在本地的参观游览活动日程，日程中详细注明了日期、出发时间、游览项目、就餐地点、风味品尝、购物、晚间活动、自由活动时间以及会见等其他特殊项目。作为该团的地陪，小王对以上各项安排逐一落实，对发现的几个不妥之处经与本社有关人员联系，问明情况，并做了必要修订。主要有两点，一是计划中安排的用餐主要以海鲜为主，未考虑团员中有一个素食者；二是对团员中的一名回族同胞未落实饮食禁忌情况。

2. 落实交通工具

地陪应与旅游汽车公司或车队联系，确认为该团在本地提供交通服务的车辆的车型、车牌号和司机姓名及联络方式。接大型旅游团时，车上应贴编号或醒目的标记。

小王在旅游团抵达青岛的前一天，与司机韩师傅取得了联系，确定了接头地点，告知了活动日程和具体时间，商妥了行车路线，并约定务必提前半小时，也就是在 21∶34 前到达青岛火车站。

3. 落实食宿安排

地陪应熟悉旅游团所入住饭店的位置、概况、服务设施及项目，核实该团客人所住房间的数目、级别以及是否含早餐等事宜。地陪还应与有关餐厅联系，确认该团日程表上安排的每一次用餐情况。在做这些工作的时候，小王重点叮嘱了有关餐厅，该团有一名素食者和一名回族同胞，请他们注意饮食禁忌。

4. 落实相关单位和人员的联络方式

地陪应备齐并随身携带组团社和地接社相关部门、沿途餐厅、入住饭店、车队、组团人员和其他导游员的联络方式。

5. 落实参观及游览项目

地陪要清楚接待计划中的各项参观游览项目的当前情况，比如近期是否整修、闭馆等，如果发现实际情况与接待计划有出入，要及时向地接社汇报，并做出合理恰当的调整。如果接待计划中有新的旅游景点或不熟悉的参观游览点，地陪应事先了解其概况，如具体方位、开放时间、最佳游览路线、厕所位置等。对于一些特别的旅游项目，如文娱表演、野营活动等，更要清楚其活动要求和注意事项。

◎同步案例

实例 2-1　如何准备不熟悉的线路或景点

导游员接团可能会遇到陌生或半陌生的线路或景点，这时导游员可以通过互联网搜索引擎，向同事、同行请教或查阅相关书籍来了解线路或景点。必要时先踏线，对沿途公路状况、住宿地点、景区游览路线、购物点等情况进行实地勘察，尤其是要注意景区开放时间、厕所位置、游览禁忌及特殊规定等细节。建议导游员在平常带团时，要注意收集各地旅游书籍或资料，为今后撰写导游词提供素材。

6. 与全陪取得联系

地陪应和全陪提前约定接团的时间、地点，防止漏接或空接事故的发生。

在接到接待任务的第一时间，小王就主动与该团的全陪小萧取得了联系，了解了旅游团情况，商定了有关接团事宜。为了有针对性地做好接待准备，小王向全陪详细询问了该团的特点和一些需要特别注意的人或事项。在讨论工作的同时，小王还不时穿插一些感情方面的联络，为下一步两人间的合作打下了一定的基础。

三、做好语言与知识准备

地陪应根据旅游接待计划和旅游团的特点准备相应的知识。

1. 做好语言翻译、导游的准备

根据接待计划上确定的参观游览项目，对重点内容，特别是自己不太熟悉的内容，地陪要做好外语和介绍资料的准备。小王针对该团将要参观游览的青岛栈桥、威海定远舰、蓬莱八仙渡等三景区（点），精心准备了导游词。

2. 做好专业知识的准备

地陪在掌握并随时更新旅游地的概况、风俗习惯、风物特产、法律法规及主要旅游景点等常规知识的同时，要根据旅游团大部分团员所从事的专业情况，做好相关专业知识、词汇的准备工作。通过查阅图书、网络资料，小王重点了解了有关定远舰和甲午战争的历史知识。

3. 做好时政要闻的准备

地陪要做好当前热门话题、国内外重大新闻、游客可能感兴趣的话题等方面的准备工作，以便在接待活动过程中更好地与游客互动交流。

4. 做好客源地知识的准备

为了更好地了解游客、提供有针对性的服务，小王在原本就掌握的有关北京地方知识的基础上，还重点了解了北京习俗、人文典故、风物特产等相关知识。

四、做好个人形象准备

一个着装得体、化妆适度、干净整洁、精神饱满的地陪导游员，在宣传旅游目的地、传播中华文明方面起着不可低估的重要作用，也更容易在游客心目中树立良好形象。

1. 着装准备

地陪的着装要符合本地区、本民族的着装习惯和导游员的身份，衣着大方、整洁，还要便于从事导游服务工作。上团前，应将胸卡（IC 卡）佩戴于胸前，并随身携带导游证。

2. 化妆准备

地陪在工作期间，一般不宜佩戴饰物，如有佩戴，要适度，要适合自己的气质和特点。发型要适合身体特征、工作特点，体现高尚的品位和情趣。不化浓妆，不用味道太浓的香水。

3. 个人卫生准备

地陪在出团前，要检查自己头发和指甲等是否符合要求，做到整洁、卫生。

五、做好服务心理准备

地陪需要具备良好的心理素质，尤其是在出团前，要善于控制自己的情绪，放松自己，把自己的情绪调整到最佳状态，并做好下面两个方面的心理准备。

1. 准备面临艰苦而复杂的工作

导游服务工作是一项脑体高度结合的劳动，导游员不仅要考虑按照标准化和规范化的工作程序要求为游客提供热情的服务，还要有充分的思想准备考虑如何对特殊游客提供服务，以及如何面对和处理在接待工作中发生的问题或事故。

2. 准备承受抱怨和投诉

导游员的工作繁杂辛苦，有时导游员虽然已经尽其所能地为旅游团服务，但还会有一些游客挑剔、抱怨、指责导游员的工作，甚至提出投诉。对此，导游员也要有足够的心理准备，要冷静、沉着地面对抱怨和投诉，真心实意地为游客服务。

六、做好物质准备

上团前，地陪应做好必要的物质准备，带好接待计划、委派单、导游证、胸卡、导游旗、接站牌和结算凭证等物品。根据接待计划做好开支预算，向财务部门支取足够的团款。

1. 准备规定物品

规定物品包括表明身份的物品（如导游证和胸卡、委派单、身份证和名片等）、提示游客的物品（如接站牌、导游旗、旅游车标识和扩音器等）、业务活动用品（如接待计划、意见表、票据、现金以及宣传材料、导游图、记事本、签字笔等）。

2. 带上应急用品

要做到有备无患，地陪跟团前要根据接待计划内容和游客情况带上相应的应急用品，比如晕车药、创可贴、医用胶布、医用酒精、塑料袋、小工具等，也可以准备一些途中与游客互动的活动小奖品，如本地旅游图以及具备本地特色的小纪念品等。

3. 准备个人用品

导游辛苦是众所周知的，导游要学会照顾好自己，要准备一些高热量的食品、加盐或加糖的饮用水，要带足日常衣物和卫生用品，当然通信联络设备也是必不可少的。

【任务评价】

地陪服务准备评价表

第 ______ 组　组长：______			
内容	分值 / 分	自我评价	小组评价
熟悉接待计划	20		
落实接待事宜	20		
语言与知识准备	20		
个人形象准备	20		

（续表）

服务心理准备	10		
物质准备	10		
总评（星级）			
建议			

服务准备基本要求：
1. 接待计划研究细致。
2. 活动日程制定详细。
3. 接待事宜落实到位。
4. 物质、知识、形象、心理准备充分。
星级评价：
★（59 分及以下） ★★（60～69 分） ★★★（70～79 分）
★★★★（80～89 分） ★★★★★（90 分及以上）

【任务拓展】

一、讨论分析：从旅游接待计划书中掌握重要信息

请同学们熟读表 2–1《旅行社接待计划书》和表 2–2《游客信息表》，通过教师提问和学生回答的形式，考查学生阅读、分析接待计划的能力。

1. 在表 2–1 中，哪些项目提供了旅游团概况信息？根据这些信息地陪应做些什么工作？

2. 在表 2–1 和表 2–2 中，哪些项目提供了旅游团成员信息？根据这些信息地陪在今后的接待过程中应注意些什么？

3. 在表 2–1 中，哪些项目提供了旅游路线和交通方面的信息？

二、模拟实训：电话落实相关接待事宜

根据表 2–1《旅行社接待计划书》和表 2–2《游客信息表》中的相关内容，每次抽调六名同学作为一小组，分别扮演地陪导游小王、某酒店前台服务员、某餐厅订餐经理、某旅游汽车公司调度员、司机韩师傅、全陪导游小萧，分别进行下述模拟训练：

（1）小王与某酒店电话落实旅游团客房预订情况。

（2）小王与某餐厅电话落实旅游团用餐预订情况。

（3）小王与某旅游汽车公司调度员电话落实旅游车辆安排情况。

（4）小王与司机韩师傅电话落实车辆及相关事宜。

（5）小王与小萧电话落实有关接团事宜。

针对学生在每个模拟训练环节中的完成情况，可以采取教师评价、小组同学互评、全班同学评价等形式，指导学生们全面、准确地掌握地陪导游服务准备阶段的操作程序，避免在重要环节中出现疏漏。

三、模拟实训：做好接团前的准备工作

导游李 ×× 第一次接团到九寨沟、黄龙一线旅游，九寨沟景区最高海拔 3101 米，黄龙景区海拔在 3000～3900 米，均属于高原地区。你觉得李 ×× 应该重点做好哪些方面的准备工作？

任务二　迎接服务

【任务目标】

通过本次任务的学习，学生应该明确地陪导游迎接服务包括的工作，即旅游团抵达前的工作、旅游团抵达后服务，在实际工作中按照服务流程，热情、周到的服务。

【任务描述】

从北京来的某央企优秀员工旅游团将于 5 月 1 日乘坐 G197 次高速动车到达青岛火车站，小王作为地陪在充分做好前期的服务准备工作后，准备前去迎接旅游团。

【任务分析】

在北京旅游团到达之前，小王需要做好迎接服务准备，核实本次列车（G197 次高速动车）抵达的准确时间，提前半小时到青岛火车站迎候旅客，核对旅游团信息，清点交接行李，集合登车，并进行赴饭店途中的首次导游服务。

【任务实施】

小王照例制作了一张地陪导游迎接服务阶段流程图（图 2–2），在做好旅游团抵达前的准备工作的基础上，认真落实旅游团抵达后和赴饭店途中的服务工作。

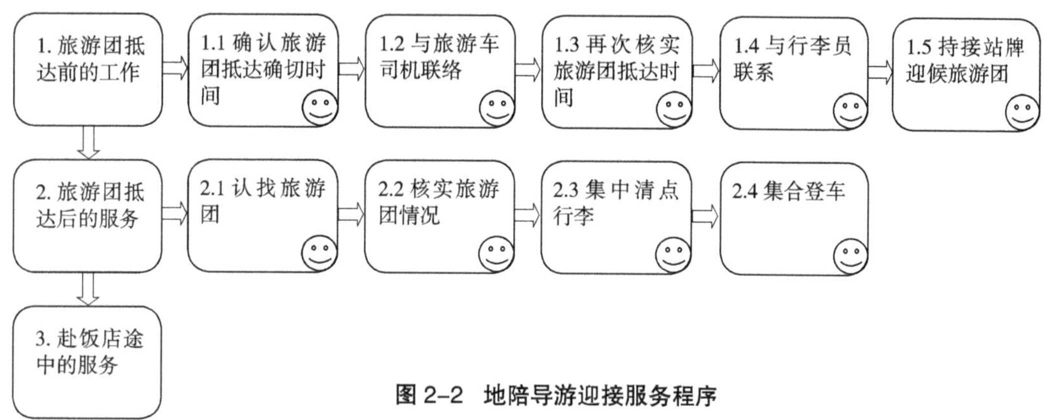

图 2–2　地陪导游迎接服务程序

一、旅游团抵达前的工作

在接团当天，地陪小王提前到达旅行社，全面检查了前期准备工作的落实情况，并再次确认了旅游团抵达时间、旅游车、行李车及会合地点等。

1. 确认旅游团抵达的准确时间

在出发迎接旅游团之前，地陪要向机场（车站、码头）问讯处问清飞机（火车、轮船）到达的准确时间。一般情况下，应在飞机预定的抵达时间前 2 小时，火车、轮船预订的抵达时间前 1 小时向问讯处询问。

G197 次高速动车预定的抵达时间是晚 10∶04，小王在当晚 9∶30 再次拨打了青岛火车站问询电话，确认 G197 次列车将正点到达。

2. 与旅游车司机联络

在得到 G197 次列车的抵达时间后，小王立即联系了旅游车司机韩师傅，告知该团的活动日程和具体时间安排，与韩师傅商定了出发的时间，确认了接头地点，提前半小时到达接站地点（青岛火车站）后，与司机商量好了停车的位置。在赴接站地点途中，小王还调试了车载音响系统，调整了话筒音量，以免出现噪音。

3. 再次核实旅游团抵达的准确时间

为确保万无一失，小王在到达接站地点后，到问讯处再次核实了列车抵达的确切时间。

一般情况下，导游员在抵达接站地点后，应迅速查阅航班（或火车）抵达的显示信息，核实航班抵达的准确时间。若出现航班（车次、船次）晚点，则视晚点的程度来决定后续的安排。对于非入境站并配有全陪的非飞机团，地陪还应提前与全陪电话或短信联系问询，来再次验证、核实抵达的时间。

4. 与行李员联系

如果配备了行李车和行李员，地陪在出发接团之前，应与该团提供行李服务的行李员取得联系，通知其抵达机场（车站、码头）将游客行李及时送达下榻的饭店。

5. 迎候旅游团

旅游团所乘飞机（火车、轮船）抵达后，地陪应手持接站牌或旅行社旗帜站立在出站口醒目位置，热情迎候旅游团。如果是火车团，有特殊情况需要到站台上接站，要事先购买站台票，在相应站台等候接站。

◎同步案例

实例 2-2　接站牌的制作要求

接站牌上要写清团名、团号、全陪或领队姓名、接团单位名称等。接小型旅游团或无领队、全陪的旅游团时要写上客人的姓名。

二、旅游团抵达后的服务

1. 认找旅游团

旅游团队出站时，导游员应尽量站在出口醒目的位置，手持接站牌，以便对方领队、全陪或客人前来联系，同时地陪也应根据游客的民族特征、衣着、组团社的徽记等情况主动地认找旅游团。

2. 核实旅游团情况

为避免出现错接事故，地陪在找到了客人后，应立即与全陪、领队或旅游团负责人核实对方旅行社名称、团号、领队、全陪姓名以及实到人数，如果出现与计划不符的情况，应立即通知接待旅行社的有关部门和负责人，并做出相应调整。

3. 集中清点行李

小王在核对完旅游团情况后，协助本团游客将行李集中放在一比较僻静、安全的地方，提醒游客检查各自的行李物品是否完整无损（火车托运的除外）。

清点行李时若发现行李未到或破损，导游员应协助当事人到机场登记处或其他有关部门办理行李丢失或赔偿申报手续。

如果旅行社安排了行李车运送行李，导游员应与全陪、领队、行李员共同清点，核对行李件数无误后，移交给接待社行李员，双方办好交接手续。由于本团没有安排行李车，小王带领客人携带行李来到旅游车停车处，在司机韩师傅的协助下和客人一起将行李装入旅游车的行李箱内，提醒客人贵重物品随身携带，并再次请客人确认自己的行李是否都在。

4. 集合登车

清点完行李后，小王提醒客人们带好随身行李，引导游客前往乘车处，并给客人以必要的帮助。

游客上车时，导游员要站在旅游车车门的靠头一侧，协助游客上车。上车后，地陪应协助全陪、领队安排游客就座，并安置好随身行李。待游客全部坐稳后，先检查一下行李架上的物品是否安稳，再礼貌地清点人数。最后请司机开车，并再次提醒游客坐稳。

◎同步案例

实例 2–3　如何清点人数

地陪一定要注意礼貌地清点人数，从而体现导游的职业素养。切忌用手指指着游客清点人数。一般来说，导游员可以走到车尾从后面走到前面，心里默数人数；也可以站在车内前方，用目光来默点人数；在团队人数多、空位较少的情况下，还可以通过数空位的方法来确定人数。团队有全陪或领队时，全陪或领队也会清点人数，在开车前地陪应和他们确认一下团员是否到齐。

迎接服务评价表

第 _____ 组　组长：______				
内容		分值 / 分	自我评价	小组评价
旅游团抵达前服务		25		
旅游团抵达后服务		35		
赴饭店途中服务	致欢迎词	15		
	首次沿途导游	25		
总评（星级）				
建议				
迎接服务基本要求： 1. 旅游团抵达前服务。 2. 活动日程制定详细。 3. 接待事宜落实到位。 4. 物质、知识、形象、心理准备充分。 星级评价： ★（59 分及以下）　★★（60～69 分）　★★★（70～79 分） ★★★★（80～89 分）　★★★★★（90 分及以上）				

【任务拓展】

一、模拟实训：接站实训

随机抽取部分同学扮演地陪和游客，分别进行认找旅游团、核实团队、清点行李、集合登车等环节的训练。

二、实地考察：熟悉机场、车站、码头训练

组织学生前往当地机场、火车站、长途汽车站或码头，熟悉这些场所的周边环境、停车场、接站口、航班或车次信息显示等情况。

任务三　途中服务

【任务目标】

通过本次任务的学习，学生应该明确在带领游客前往下榻饭店途中应该做的工作。

【任务描述】

从北京来的某央企优秀员工旅游团将于5月1日乘坐G197次高速动车到达青岛火车站，小王作为地陪在充分做好前期的服务准备工作后，前往火车站接到旅游团，准备前往下榻饭店。

【任务分析】

在北京旅游团到达之前，小王需要做好迎接服务准备，核实本次列车（G197次高速动车）抵达的准确时间，提前半小时到青岛火车站迎候旅客，核对旅游团信息，清点交接行李，集合登车，并进行赴饭店途中的首次导游服务。

【任务实施】

小王照例制作了一张地陪导游迎接服务阶段流程图（图2–3），在做好旅游团抵达前的准备工作的基础上，认真落实旅游团抵达后和赴饭店途中的服务工作。

一、致欢迎辞

“各位来自北京的朋友们，晚上好！有朋自远方来，不亦乐乎！在此，我代表青岛××国际旅行社、我自己和司机欢迎你们来到美丽的海滨城市——青岛观光旅游。我是……”车厢里响起小王悦耳动听的致欢迎辞的声音。

导游员在致欢迎辞时，应当根据旅游团的性质和成员的文化水平、职业、年龄及居住地等情况的不同，采用恰当简练的、充满热情的、幽默风趣的语言，给游客以亲切、热情和信任的感觉。导游员致欢迎辞没有固定的模式，应根据自身的才艺特长、性格特征，在长期的导游实践中形成自己独特的风格。

赴饭店途中的服务：车辆启动后，地陪小王立即站到车厢前部靠近司机的位置，站正靠稳，一手抓牢扶手，一手拿话筒，面带微笑地正对全体游客，做好了赴饭店途中的首次导游讲解的准备。

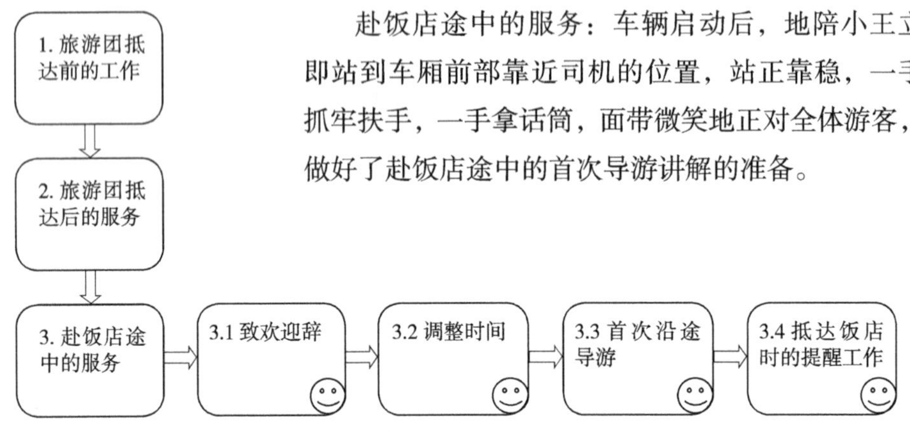

图 2-3 地陪导游途中服务程序

◎同步案例

实例 2-4 欢迎辞应包含的内容

1. 代表自己的旅行社、本人及司机对旅游团表示欢迎。

2. 对旅行社、本人做简要介绍。

3. 介绍旅游车司机。

4. 表明竭诚为大家服务的态度并期望得到游客的配合。

5. 祝愿游客在本地旅游愉快、顺利。

二、调整时间

如果旅游团是首站入境的外宾团，地陪在致完欢迎辞后，要介绍两国（两地）的时差，提醒客人将自己的时间工具调整到北京时间。如果入境旅游团有全陪，全陪在致欢迎辞后一般会介绍两国（两地）时差，协助游客调整时间，地陪就不必重复。

三、首次沿途导游

首次沿途导游，是指游客在机场（车站、码头）前往下榻地或前往首个参观点的途中，地陪结合沿途情况所做的导游讲解工作。首次沿途导游依路途远近和时间长短而定，主要介绍当地概况、沿途风光、当地风情、下榻饭店的情况。

地陪必须做好首次沿途导游，以满足游客的好奇心和求知欲。首次沿途导游也是显示导游员的知识、技能和工作能力的大好机会，精彩成功的首次沿途导游会使游客产生信任感和满足感，在游客的心目中留下良好的第一印象。

四、抵达饭店时的提醒工作

旅游车行驶至下榻的饭店，地陪应在游客下车前向全体成员讲清并请记住旅游车车牌号码、停车地点和再次集合的时间，然后提醒客人带好随身行李物品下车。

【任务评价】

途中服务评价表

第 ____ 组　组长：____				
内容		分值 / 分	自我评价	小组评价
赴饭店途中服务	致欢迎词	50		
	首次沿途导游	50		
总评（星级）				
建议				
途中服务基本要求： 1. 欢迎词内容完整，有特色。 2. 沿途导游准确。 星级评价： ★（59 分及以下）　★★（60～69 分）　★★★（70～79 分） ★★★★（80～89 分）　★★★★★（90 分及以上）				

【任务拓展】

一、模拟实训：撰写欢迎词

欢迎词是地陪做好导游服务的开端，就好像是一次演讲的开场白，一场戏剧的序幕，一篇文章的前言……游客们大都讲究第一印象，导游人员致欢迎辞是给游客留下第一印象的好机会。俗话说："好的开端是成功的一半。"所以致好欢迎辞是至关重要的。请同学们自选一著名旅游城市，撰写一篇接待香港游客到该城市的欢迎辞，并在班上进行讲解。

二、模拟实训：首次沿途导游讲解

将班上同学分成若干组，每组选出一人担任地陪、一人担任全陪或领队、一人充当司机，其他同学扮演游客（可以模仿不同身份、不同年龄、不同性别的游客），自设旅游目的地、接站地点（机场、车站或码头）和下榻饭店，请同学们模拟首次沿途导游。模拟过程中，扮演游客的同学可以随机发问。

任务四 入店服务

【任务目标】

通过本次任务学习，学生应掌握地陪在旅游团抵达饭店后如何协助全陪或领队为游客尽快办理入店手续，进住房间，提取行李，如何让游客及时了解饭店的基本情况和注意事项，知道当天或第二天的活动安排。并在实际工作中，灵活运用服务流程，规范服务。

【任务描述】

北京 12042203 旅游团，在青岛游览期间将入住青岛 ×× 大酒店，小王作为地陪，将完成本次入住饭店的服务工作。

【任务分析】

该旅游团到达青岛的时间已是晚上（晚上 10∶04），车站到饭店大约需要半小时，游客普遍感觉比较疲惫。小王在带领游客进入饭店后，尽快办理了入住手续，协助全陪分发钥匙，详细向游客介绍了饭店及其功能区分布，并及时宣布次日的早餐时间和活动安排。最后与饭店确定叫早时间。

【任务实施】

小王这回拿出了如图 2-4 所示的地陪导游入住饭店服务流程图。

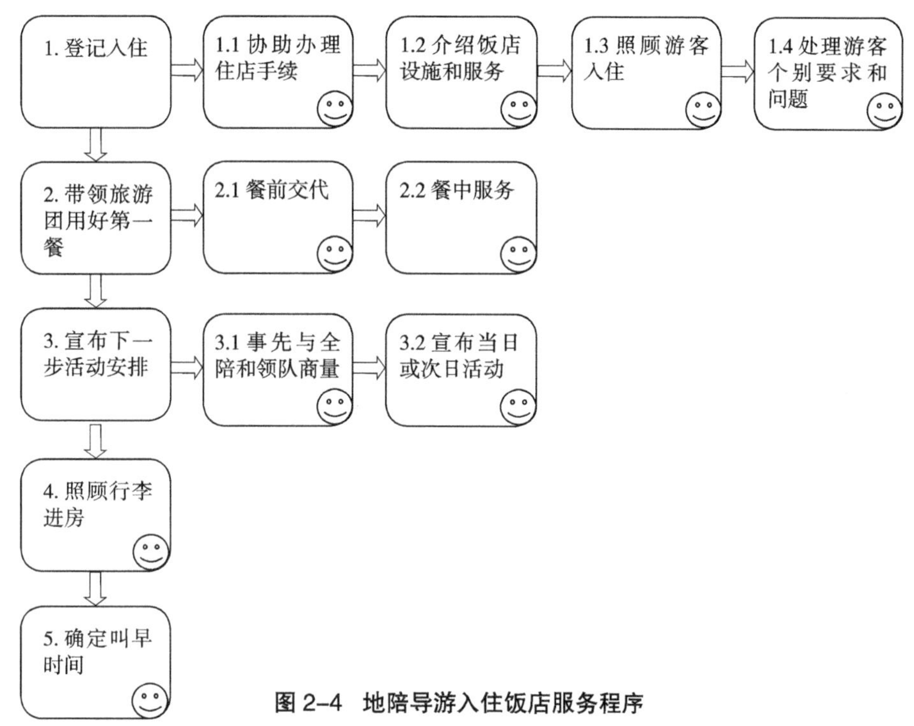

图 2–4 地陪导游入住饭店服务程序

一、登记入住

1 . 协助办理住店手续

地陪带领游客抵达饭店后，要协助全陪、领队办理住店登记手续。办理住店手续流程如下：

①地陪负责向饭店交纳住宿押金，领取住房卡。

②地陪协助全陪或领队分房，请全陪或领队分发住房卡。

③登记入住时需要游客证件，请全陪或领队收齐，用完再由全陪或领队归还游客。

④地陪要掌握全陪、领队和团员的房间号，并将自己的联系方法（包括联系电话、自己在饭店的房间号等）告诉全陪和领队，以便有事时尽快联系。

2 . 介绍饭店设施和服务

进入饭店后，由于时间很晚，小王用简短的语言向全团成员介绍了饭店内的设施和服务，包括中西餐厅、娱乐场所、商品部、商务部、公共洗手间、医务室、ATM机、外币兑换等，并讲清住店的注意事项，如寄存贵重物品、房间内哪些物品属于有偿使用以及电话的使用方法和话费自理等。

3．照顾游客入住

在游客们都拿到房间钥匙后，小王立即协助游客们找到房间，并确定已入住房间。由于该团行李是随团同时到达，小王还核对了行李，并督促饭店行李员及时将行李送至游客的房间。待游客全部进入房间后，小王立刻巡查一遍客人房间，以便及时发现并协助解决入住后出现的问题。

4．处理游客个别要求和问题

由于游客对饭店不熟悉，入住过程中会遇到一些困难，如房间设施不会使用、电话无法开通、空调无法使用、行李投错或未到、房间不符合标准、房间卫生差、设施不全或损坏等，有时还可能出现游客要求调换房间等要求，地陪都应积极地协助解决。因此，在游客入住饭店后，地陪不要急于离开，应等游客全部入住一段时间后方可离开。

二、带领旅游团用好第一餐

旅游团的第一餐一般都安排在酒店内进行。为了避免出现意外，地陪要提前到餐厅了解准备情况。如果游客有特殊要求，导游要特别关注餐厅是否做了准备。针对本团有一名素食者和一名回族同胞，小王重点叮嘱了酒店餐厅，请他们注意饮食禁忌。

1．餐前交代

游客在进入房间之前，地陪要向他们介绍饭店的就餐形式、地点、时间以及餐饮的有关规定（如是否含酒水等）。

2．餐中服务

游客到餐厅用第一餐时，地陪应提前在餐厅门口等候，引领客人进入餐厅就座，并将全陪或领队介绍给餐厅经理或主管，告知旅游团的特殊要求。就餐期间，地陪还要巡视客人餐桌，检查就餐情况，监督餐厅按标准上餐，同时征询客人的意见和建议，以便通知后续各用餐点及时做出调整。

三、宣布下一步活动安排

1. 事先与全陪和领队商量

地陪在宣布当日或次日活动之前，应当先与全陪和领队商量，达成一致。

2. 宣布当日或次日活动

地陪应向全体游客宣布有关当天和第二天活动的安排、集合的时间和地点，提醒游客做好必要的游览准备。为了表示尊重，也可以请全陪或领队来宣布，以树立他们在旅游团中的威信。

四、照顾行李进房

地陪安顿好游客入住，而行李尚未到达，这时要与旅行社行李员尽快取得联系。待本团行李抵达饭店后，地陪要与旅行社行李员和饭店行李员一起核对行李，并把行李移交给饭店行李员，督促饭店行李员及时将行李送至客人房间。如果发现有个别游客的行李未到，应协助相关人员迅速寻找。

五、确定叫早时间

地陪在结束当天活动离开饭店之前，应与全陪、领队一起商定第二天的叫早时间，并请领队将时间通知全团，地陪则负责将叫早时间通知饭店总服务台，办理叫早手续。

◎同步案例

实例 2–5　客人入住宾馆时必须提示的注意事项

客人入住宾馆时，导游应在车上将以下注意事项反复强调，以免影响退房工作：

1. 进房间后，首先需要检查房间内设施，分清常规必备品及一次性用品，检查是否缺少、破损或污染，如有问题应及时通知服务员或导游，否则照价赔偿。

2. 有的宾馆房间内会有消费品，如果需要的话可以使用，只是退房时需要客人自己付钱。

3. 房卡需要妥善保管，切勿丢失、折损，否则照价赔偿。

4. 如有染发者，头发吹干后才可以躺在枕头上，否则污染枕头，需照价赔偿。

5. 如吸烟，请将烟灰、烟蒂扔进烟灰缸，切勿烧坏地毯、床单等物品，否则需照价赔偿。

6. 洗澡时将水温调好，小心地滑。

7. 晚上休息或外出时，请关好门窗，贵重物品随身携带。

8. 房间门窗打不开请找服务员，不要自己用力推，应注意安全。

9. 外出时，要拿好宾馆名片，最好 3 人以上出行，谨防扒手，注意人身财物安全。

10. 一切问题都可以打前台电话找服务员，如果不方便的话也可以随时找导游。

【任务评价】

入店服务评价表

第 _____ 组　　组长：______			
内容	分值 / 分	自我评价	小组评价
登记入住	20		
第一餐	20		
宣布日程	20		
照顾行李进房	20		
确定叫早时间	20		
总评（星级）			
建议			

入店服务基本要求：
1. 服务认真细致、不遗漏。
2. 对游客热情、主动、周到。
星级评价：
★（59 分及以下）　★★（60～69 分）　★★★（70～79 分）
★★★★（80～89 分）　★★★★★（90 分及以上）

【任务拓展】

一、讨论分析：团队接待中的“第一餐”

地陪小陈带一个新加坡团人住酒店，协助领队办理完人住手续后，小陈与领队约好 15 分钟后在二楼餐厅集中。15 分钟后领队来到餐厅，小陈已在餐厅等候，但却没见到游客。原来：小陈以为领队会通知游客，而领队也认为小陈会通知游客，结果两人都没有通知游客。小陈和领队赶紧分头去打电话。等游客到齐后，小陈把领队介绍给主管服务员后才走开。用完餐后，领队通过餐厅服务员通知小陈，小陈匆匆赶来与餐厅结账。

试分析导游小陈的首次用餐服务，并给出正确的服务程序。

二、模拟实训：带团入住酒店

请部分同学分别担任地陪导游、全陪、领队、酒店前台服务员和游客，分别模拟地陪导游协助全陪、领队办理入住手续、介绍酒店相关设施和服务、提醒客人入住酒店的注意事项等过程。

三、实地考察：熟悉当地某星级酒店情况

组织学生前往当地某涉外星级酒店，熟悉酒店周边环境、酒店停车场、酒店设施和有关服务等情况。

任务五　游览服务

【任务目标】

通过本次任务学习，学生认识参观游览服务在地陪导游服务中的重要性，明确游览服务的主要环节。

【任务描述】

根据旅游接待计划书的安排，5 月 2 日开始，从北京来的旅游团就要开始在山东省内三地游览各大景点，地陪小王将努力做好参观游览服务工作。

【任务分析】

参观游览活动是地陪服务工作的中心环节，是整个旅游活动的核心。地陪必须认真准备、精心安排、热情服务、主动讲解，使游客能够详细了解参观游览对象的历史背景、景观特色、艺术价值、形成原因及游客感兴趣的其他问题，确保旅游团参观游览过程的安全、顺利。

【任务实施】

地陪导游参观游览服务程序见图 2–5。

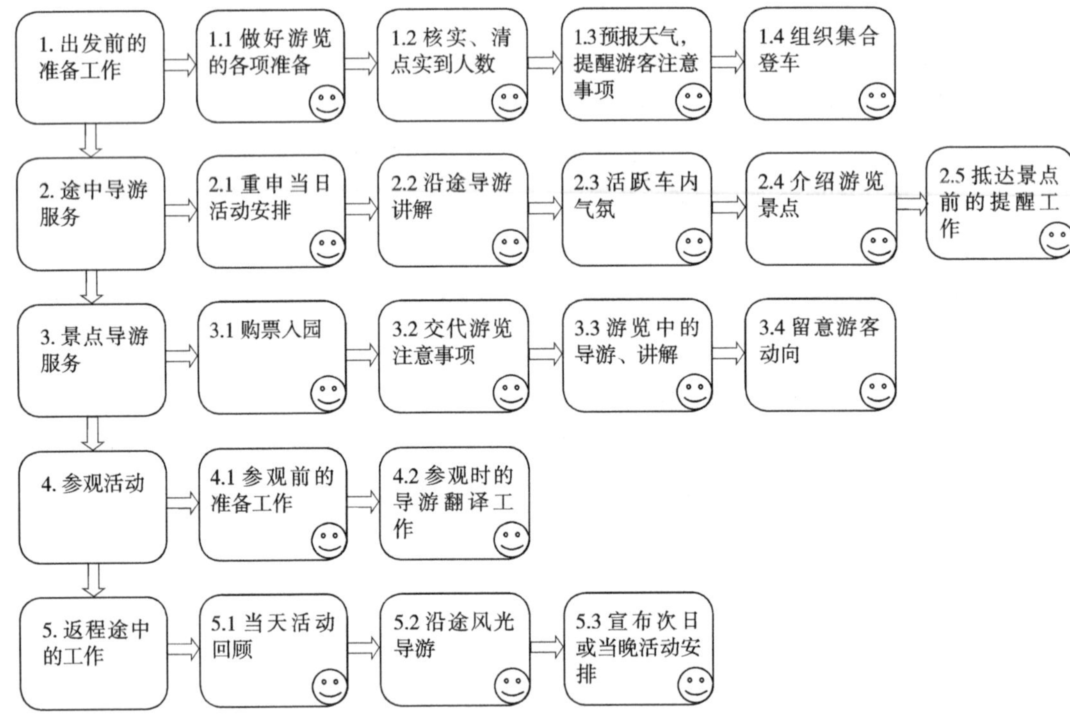

图 2–5 地陪导游参观游览服务程序

一、出发前的准备工作

为了使当日的参观游览活动能够顺利进行并取得成功，地陪应根据经验和实际情况，做好周全、细致的出发前的准备工作。

1 . 做好游览的各项准备

（1）出发前，地陪要准备好导游旗、胸卡和必要的票证。

（2）与就餐餐馆协调，核实餐饮落实情况。

（3）地陪要提前10分钟到达集合地点，迎候游客。小王利用这短短的10分钟时间，向早到的游客问候，询问住店情况，了解他们的要求和想法，征求他们的意见和建议。

（4）督促司机做好行车准备工作。小王一边和游客们寒暄着，一边提醒司机检查旅游车，做好出发准备。

2.核实、清点实到人数

游客到达集合地点后，地陪不要急着招呼游客上车，应先清点人数。若有游客未到，地陪要尽快向全陪、领队或其他游客问明原因，设法找到；若有游客自愿留在饭店或不随团活动，地陪要了解其具体安排，并征询全陪或领队的意见，方可同意游客独自行动，并提醒其注意安全和记住地陪的联系方式，有必要的话要安排好游客在饭店的用餐事宜；若有游客因为健康原因不能随团活动，地陪要探望其病情，安排好用餐等事项，并通知接待旅行社和饭店的有关部门，派人予以照顾。

3.预报天气，提醒游客注意事项

出发前，地陪小王要向游客们预报当天的天气情况、游览景点的地形特点和行走路线的长短等情况。如果当天有雨，地陪要提醒游客带好衣服、雨具并换上舒适方便的鞋。如果当天车程较长，地陪要提醒容易晕车的游客服用晕车药物。必要时，地陪还要提醒游客遵守当地的习俗或规定。

4.组织集合登车

游客到达集合地点后，地陪小王一清点完人数，就立即站在车门一侧，一面招呼大家上车，一面扶助老弱者登车。开车前，小王再次清点人数，与全陪确认无误后请司机开车。

二、途中导游服务

旅游车一旦离开饭店，当天的旅游活动就开始了，地陪的导游工作也随之展开。

1.重申当日活动安排

开车后，地陪小王向全体游客问候，询问了昨晚的住宿和当天的早餐情况以及是否满意等，重申了当天的旅游活动安排，包括用餐安排、到达景点所需的时间和当日旅游活动中的注意事项。在这一环节，地陪还可以视情况介绍当天国内外重要新闻或当地重大新闻事件等。

2 . 沿途导游讲解

在前往景点的途中，地陪要向游客介绍本地的历史沿革、经济发展、风土人情、沿途风光，回答游客提出的问题。为了做好沿途导游讲解，地陪平时要注意沿途风景的特点和变化特征，要将沿途重要建筑的特点、历史及有关该建筑的轶事熟记在心。

3 . 活跃车内气氛

如果前往下一个景点旅途较长，地陪可以根据游客的层次就大家感兴趣的话题进行讨论，也可以组织一些娱乐活动以活跃气氛。途中的娱乐活动包括：讲故事、说笑话、猜谜语、做游戏、提问脑筋急转弯、玩小魔术、播放光碟以及带领游客唱歌、学绕口令、学方言等。地陪在平时就要做个有心人，根据游客的不同类型，多准备几套娱乐节目。

4 . 介绍游览景点

在快要到达下一个景点前，地陪要简明扼要地介绍景点概况，包括历史沿革、形成原因、景观特色、艺术价值、逸闻趣事等，目的是激起游客游览景点的兴趣，同时也节省在景点的讲解时间。

5 . 抵达景点前的提醒工作

旅游车进入景点后，在游客下车前地陪要向游客说明该景点的停留时间以及参观游览结束后的集合时间和地点，要提醒游客记住旅游车的颜色、标识和车牌号，最后提醒游客带好随身物品并关好车窗。

三、景点导游服务

地陪的景点导游服务是游客最为关注的，也是地陪接待工作的重中之重。由于游客多、场面复杂，给地陪的导游、讲解工作增加了难度，因此，地陪要充分发挥自己的讲解技巧和综合工作能力，引导旅游团按照事先设计好的行程安排顺利完成景点的游览活动。

1 . 购票入园

到达景点下车后，地陪应迅速为游客购买门票或签单，带领旅游团进入景点。如果出现儿童超高需另购门票时，地陪应协同全陪向儿童家属或随行亲朋说明地陪可代购门票，但费用由游客补交。有些景点，若游客有导游资格可以免费参观游览，地陪应记录下免票情况并告知全陪，以便旅游活动结束后结算团费时，退还组团社门票款。

2.交代游览注意事项

在景点示意图前，地陪应向游客介绍该景点的游览路线、所需时间、集合时间及地点，交代参观游览过程中的有关注意事项，提醒游客注意人身和财产安全并预防走失。如果有游客要求自由活动，需征得全陪同意，地陪要向其讲清参观游览结束后的集合时间和地点，并告知周围大致环境。

3.游览中的导游、讲解

抵达景点后，地陪的主要工作就是带领旅游团沿着旅游路线对所见的景物进行导游和讲解。

在景点导游的过程中，地陪应保证在计划的时间与费用内，使游客能充分地游览、观赏，做到讲解与引导游览相结合，适当集合与分散相结合，劳逸适度，并应特别关照老弱病残的游客。

景点的讲解内容一般包括该景点的历史背景、特色、地位、价值等方面。地陪在讲解景点时，要把握因人而异、简繁适度、准确无误的原则，要充分利用各种导游讲解方法和技巧使讲解的内容生动、形象、易懂，让游客留下深刻印象。

在景点游览过程中，一定要注意导游和讲解的有机结合，要留出充裕的时间让游客自己去体会；尤其是要留出足够的时间，让每一位游客都能拍摄到满意的照片。

4.留意游客动向

在参观游览景点的过程中，地陪要随时留意游客的动向，观察周围环境的变化，和全陪、领队密切配合并随时清点人数，防止游客走失和意外事故的发生。

四、参观活动

参观也是旅游活动的重要组成部分，有助于游客对当地人民生活方式的了解。

1．参观前的准备工作

（1）地陪要问清具体人数，弄清参观时间和内容。

（2）提前联络，落实专门接待人员。

（3）了解宾主之间是否有礼品赠送。若赠送外宾的是应税商品，则要提醒有关人员提供发票和完税证明，以备游客出关时海关查验。

2．参观时的导游、翻译工作

到达参观点后，地陪要立即联系接待人员，并向游客介绍，并提醒游客参观时的注意事项。

带外宾团时，地陪的翻译要准确。若发现参观点接待人员言语不妥或有泄露国家机密或经济情况的嫌疑，地陪在翻译前应予以提醒，请其纠正。如果来不及纠正，则可以改译或不译，但事后要向接待方说明。

五、返程途中的工作

当日所有景点游览结束后，地陪应引导游客上车，并再次清点人数，确保无人掉队。在返回途中，游客一般比较疲惫，原则上不宜做太长时间的讲解。

1．当天活动回顾

地陪可引导游客回顾当天参观游览的内容，回答游客的询问，对游客特别感兴趣的内容可做补充讲解。

2．沿途风光导游

如果是从原路返回，地陪可以对沿途风光做补遗讲解；若不从原路返回，则应做沿途风光导游讲解。如果发现游客显得疲惫，地陪在简单回顾当天活动内容后，不用再做沿途风光导游，而是让游客休息。

3．宣布次日或当晚活动安排

返回饭店下车前，地陪小王向全体游客通报了晚餐时间、地点，预报了次日的活动安排、出发时间和集合地点等；提醒游客带好随身物品，然后下车在门口恭送游客。待全部游客下车后，他再次上车检查一遍车上是否有游客遗留的物品。最后，小王来到饭店前台，安排了叫早时间和早餐时间。

【任务拓展】

一、实地考察：熟悉当地某旅游景区（点）（俗称踩点）

组织学生前往当地某旅游景区或景点进行实地考察，为学生即将进行的模拟实训做好充分准备。考察的主要内容包括沿途的景观和重要建筑、景区（点）周边环境、景区（点）内的游览路线和景观分布情况等。

二、模拟实训：参观游览服务

模拟一次从学校到当地某一景区（点）的参观游览活动。

1. 实训准备

（1）做好实训的准备：旅游车（学校的校车）、车载话筒等。

（2）把学生分为几个小组（一个班分 3~4 组为佳），每个小组选 1 人担任地陪角色，1 人担任全陪或领队角色，其余学生均充当旅游团游客角色（可分别扮演国内或国外游客）。每个小组可选一个或多个实训项目。

（3）选择好景区（点）和行车路线，选择的行车路线在当地要有代表性。

（4）教师对每个过程中需要讲解的内容要点提出明确要求。

（5）每组学生须一起共同完成所选项目的导游服务计划和讲解内容的文字准备。

2. 实训项目

（1）在校车停车点模拟集合游客登车的过程。

（2）模拟前往指定景区（点）的途中导游服务过程。

（3）模拟在景区（点）的现场导游服务过程（可按景观拆分，分别由不同的小组来完成）。

（4）如果景区（点）管理部门有接待的话，可以顺势做一次参观活动的模拟实训。

（5）模拟返回途中的导游服务工作。

3. 实训评价

活动结束后，以小组为单位填写实训评价表（表 2–3 所示），评价标准和打分原则请参照表 2–4 所示的导游实训评价标准和表 2–5 所示的导游实训评价等级和分值。

表 2-3 实训评价表

项目		导游规范				讲解内容				语言表达				礼貌仪表				应变能力				团队合作				综合评价			
等级		A	B	C	D	A	B	C	D	A	B	C	D	A	B	C	D	A	B	C	D	A	B	C	D	A	B	C	D
地陪自评																													
小组互评	一																												
	二																												
	三																												
	四																												
教师评价																													

第（ ）小组，地陪：　　　　全陪或领队：　　　　组员：

表 2-4 导游实训评价标准

导游规范	熟知并能正确运用导游服务规范，导游服务程序正确完整。（20 分）
讲解内容	讲解内容全面、正确，条理清晰，详略得当，重点突出；讲解方法运用得当；讲解生动、有感染力；回答提问准确、熟练。（25 分）
语言表达	普通话标准，语速适中；用词准确、恰当、有分寸；内容有条理，富有逻辑性；表情及其他身体语言运用得当。（20 分）
礼貌仪表	穿着打扮得体、整洁，言行举止大方，符合导游员礼仪礼貌规范。（5 分）
应变能力	思维反应敏捷，情绪稳定，考虑问题周到；能够妥善、及时处理突发事件及特殊问题。（20 分）
团队合作	分工明确，沟通协调，配合默契，工作积极主动。（10 分）

表 2-5 导游实训评价等级和分值

评价等级 标准	A 等	B 等	C 等	D 等
导游规范	20～17 分	16～14 分	13～12 分	12 分以下
讲解内容	25～22 分	21～18 分	17～15 分	15 分以下

（续表）

语言表达	20～17 分	16～14 分	13～12 分	12 分以下
礼貌仪表	5 分	4 分	3 分	3 分以下
应变能力	20～17 分	16～14 分	13～12 分	12 分以下
团队合作	10～9 分	8～7 分	6 分	6 分以下
综合评价	100～85 分	84～70 分	69～60 分	60 分以下

三、讨论分析：游览中一定要注意游客动向

地陪小孔带领一广东旅游团游览曲阜孔庙时，向游客强调不走回头路并介绍游览路线，要南门进、东门出。但由于人多，很多游客没有听清楚。美丽的景色，雄伟的建筑，使他们流连忘返，不停地拍照留念，有些游客不知不觉便脱离了队伍。小孔一路讲解，并没有经常清点人数，在东门游览结束时，发现少了数名游客，于是请全陪照顾旅游团回宾馆，自己则连同景区管委会的工作人员一起寻找，偏殿、厕所、每一道门坊都找遍了，仍不见游客。正在失望之际，全陪打来电话，游客找不到团队，就自己打车回宾馆了，现在正在大厅喝茶。

试分析，地陪小孔在这个案例中有哪些过失。

【任务评价】

地陪游览服务评价表

第 _____ 组　　组长：______			
内容	分值 / 分	自我评价	小组评价
出发前的服务	15		
途中导游服务	35		
景点导游服务	35		
返程服务	15		
总评（星级）			
建议			

（续表）

游览服务基本要求： 1. 工作环节不遗漏，细致周到。 2. 景点讲解完整清晰有吸引力。 3. 沿途讲解灵活轻松使人愉快。 星级评价： ★（59 分及以下）　★★（60～69 分）　★★★（70～79 分） ★★★★（80 ~89 分）　★★★★★（90 分及以上）

任务六　其他服务

【任务目标】

通过本次任务学习，学生了解到形式多样的娱乐活动、自由活动也是旅游团常有的活动内容。

【任务描述】

来自北京的央企优秀员工旅游团临时决定将于 5 月 3 日晚餐结束后，集体去威韩商城购物，并请地陪安排旅游车接送。小王该如何处理这一突发事件呢？

【任务分析】

地陪要想做好娱乐活动、自由活动的服务，必须在确保安全的前提下，尊重游客的意愿，选择合适的活动项目，还必须做好组织安排和讲解介绍工作，要随时提醒游客注意安全。需要旅游车接送时，必须告知游客活动结束后的集合时间及地点。

【任务实施】

地陪导游其他活动服务程序如图 2–6 所示，包括娱乐活动和自由活动，其中娱乐活动又分参与性娱乐活动和欣赏性娱乐活动两种。

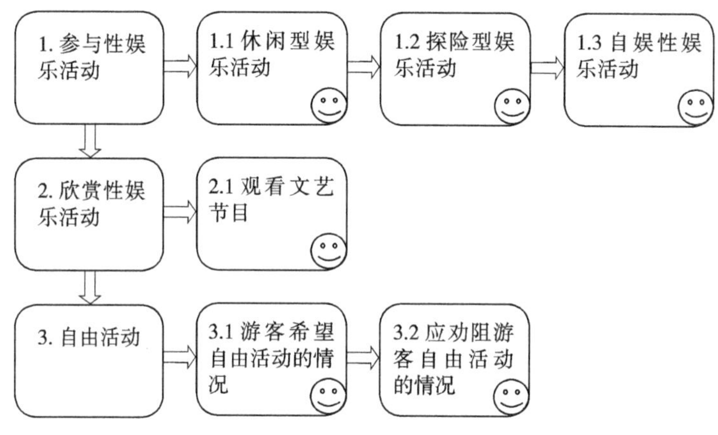

图 2-6　地陪导游其他活动服务程序

一 、娱乐活动

安排娱乐活动，如欣赏地方戏曲、观看歌舞表演、参观工艺产品以及参加一些或休闲或刺激的活动，可以丰富旅游行程的内容，最能满足游客身心放松和精神享受的心理诉求。为游客提供新颖、有趣且安全的娱乐项目，是地陪做好娱乐服务的关键。

1 . 参与性娱乐活动

参与性娱乐活动一般可分为休闲型、探险型和自娱型三种。不管安排什么样的参与性娱乐活动，地陪务必重视安全问题，对于那些有潜在危险因素或者可能涉及敏感问题的活动要予以回避。

（1）休闲型娱乐活动。休闲型娱乐活动重在获得轻松愉快的体验，如草原骑马、海上垂钓、篝火晚会、火把游行以及少数民族的对歌会、泼水节、火龙节等。虽然此类活动危险性小，但地陪绝不可掉以轻心，要提醒游客在狂欢的同时提高警惕，防止乐极生悲。

（2）探险型娱乐活动。探险型娱乐活动重在寻求刺激，如蹦极、漂流、潜海、滑翔等。组织此类娱乐活动时，地陪要协助游客参与活动，同时不能忘记安全保障，多提醒，多检查，细心做到自己应该做的一切。

（3）自娱型娱乐活动。在旅行期间，游客们有时会自发组织自费聚餐和舞会等形式的自娱型娱乐活动。在这类活动中，地陪要见机行事，既不可强行陪同，也不能不理不睬。在游客自费聚餐时，地陪可协助联络、安排和推荐餐馆，除非游客执意邀请，一般不必陪同，参加时也不得反客为主。在游客自发组织舞会时，地陪可代为联络、购票，是否参加自便，但无陪舞的义务。地陪在参与游客的自娱型娱乐活动时，要做到不卑不亢，有礼有节，把握好分寸。

2．观看文娱节目

观看文娱节目属于欣赏性娱乐活动。游客观看计划内的文娱节目时，地陪必须陪同前往并始终坚守岗位。地陪要与司机商定出发时间和停车的位置；要向游客介绍节目内容及其特点；要引导游客入座，并介绍剧场设施（如休息室、吸烟室、卫生间等的位置）；地陪自己的座位应靠近过道，便于进出处理事情。在观看节目的过程中，地陪要主动与全陪、领队配合，密切注意游客动向和周围环境，提醒游客不要走散，以防不测。

二、自由活动

参加集体旅游的游客出于种种原因要求自由活动或单独活动时，地陪应在游客安全有保障、不影响全团行程的前提下，按“合理而可能”的原则妥善处理，并认真回答游客的咨询，提出建议，尽量满足他们的要求。游客如果自由活动的时间、内容及安全方面有不妥之处，地陪应婉言劝阻其外出，但要向游客耐心解释，说明原因，以免发生误会。

1．游客希望自由活动的情况

（1）有些景点游客不想去，希望不随团活动，要提醒其带上饭店的名片，写一便条交给游客（上写前往目的地的名称、地址及下榻饭店的名称和电话），以便游客寻找出租车，提醒游客晚饭的用餐时间和用餐地点等。

（2）到某一游览点后，个别游客希望不按规定的路线游览而希望自由游览或摄影时，若在游人不多、秩序不乱的环境下可满足其要求。但要提醒其集合的时间、地点和旅游车的车号，必要时留一字条，上写集合时间、地点和车号以及饭店名称和电话号码，以备不时之需。

（3）晚上如无活动安排，游客要求自由活动时，地陪应建议不要走得太远，不要去秩序乱的场所，不要太晚回饭店，要带好饭店的名片等。

2 . 应劝阻游客自由活动的情况

（1）旅游团计划去另一地游览或旅游团即将离开本地时，若有人要求留在本地活动，由于牵涉面太大，为不影响旅游团活动计划的顺利进行，地陪要劝其随团行动。

（2）如果当地治安不理想，地陪要劝阻游客外出活动，更不要单独活动，但必须实事求是地说明情况。

（3）地陪要劝阻游客去复杂、混乱的地方自由活动。

（4）不宜让游客单独骑自行车去人生地不熟、车水马龙的街头游玩。

（5）地陪要劝阻游客去不对外开放地区、机构参观游览。

（6）游河或湖，游客提出希望划小船或在非游泳区游泳的要求时，地陪不能答应。

来自北京的央企优秀员工旅游团在 5 月 3 日晚餐结束后，派领队蒋 ×× 和地陪小王商量，准备集体去威韩商城参观、购物，并请地陪安排旅游车接送。小王在和全陪、司机商量后，决定派车接送，但游客必须负担出车费用。小王首先联络了威韩商城负责人，咨询清楚了商城晚间结束营业的时间；其次提醒游客在大型购物场所，人多、情况复杂，一定要注意安全；最后告知游客参观、购物结束后集合的时间和停车的地点。

【任务评价】

地陪其他服务评价表

第 _____ 组　组长：______			
内容	分值 / 分	自我评价	小组评价
计划内文娱活动	30		
自费的文娱活动	30		
自由活动	40		
总评（星级）			
建议			

（续表）

其他服务基本要求： 1. 能周全地组织好计划内文娱活动。 2. 能热情地为游客提供服务。 3. 自由活动时做好提醒工作。 星级评价： ★（59 分及以下） ★★（60~69 分） ★★★（70~79 分） ★★★★（80~89 分） ★★★★★（90 分及以上）

【任务拓展】

模拟实训：介绍娱乐项目训练

（1）了解当地具有代表性的地方戏曲，撰写文娱活动的导游词，并在班上进行讲解。

（2）游客将参加武夷山大峡谷漂流活动，请你作为地陪介绍相关情况，并告知注意事项。

任务七　送站服务

【任务目标】

通过本次任务学习，学生应了解如何使游客顺利、安全离站。地陪的送团服务包括送团前的服务、离店服务和送行服务三个部分。

【任务描述】

北京来的旅游团将于 5 月 4 日结束在山东的参观游览。当晚，在烟台 ×× 宾馆用餐完毕稍事休息后，将去烟台火车站，乘 K286 次列车（发车时间 22 时 25 分）离开。地陪小王应该做好票据、行李、退房等服务工作，致欢送辞，协助办理离站手续，与游客告别。

【任务分析】

送团服务是旅游团接待工作的最后阶段。如果说迎接是地陪树立好形象的开始，接待是保持良好形象的关键，那么送行则是对地陪良好形象的加深。地陪必须善始善终，以饱满的热情和良好的精神状态做好最后阶段的服务，使游客顺利、安全地离开。

【任务实施】

地陪导游送团服务程序如团 2-7 所示。

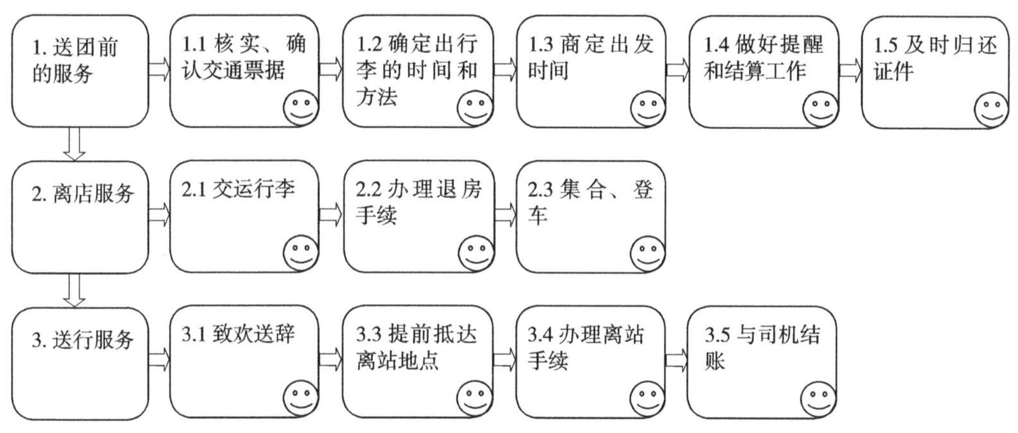

图 2-7　地陪导游送团服务程序

一、送团前的服务

1. 核实、确认交通票据

旅游团离开本地的前一天，地陪应认真做好旅游团离开的交通票据核实工作，核对姓名、人数、去向、航班（车次、航次）、起飞（开车、起航）时间（时间要做到四核实：计划时间、时刻表时间、票面时间、问询时间），弄清起程的机场（车站、码头）位置等事项。如果所乘交通工具的班次和时间有变更，地陪应向内勤或计调问清是否通知下一站接待社，以免造成漏接或空接；应提醒全陪向下一站交代有关情况。

如果旅游团是乘飞机从本站离境，地陪应提醒或协助领队提前 72 小时确认机票。

2. 确定出行李的时间和方法

如旅游团有大件行李需要托运，地陪应在该团离开本地的前一天与全陪或领队商量好出行李时间，并通知游客和饭店行李房。地陪要向游客讲清楚托运行李的具体规定和注意事项，如：每人限带的行李重量、体积、件数；由游客自行办理托运但地陪应给予协助；不要将身份证件及贵重物品放在托运行李内；托运的行李必须包装完整、锁扣完好、捆扎牢固，并能承受一定的压力；禁止托运的物品要取出等。

出行李时，地陪应与全陪、领队、行李员一起清点，最后在饭店行李交接单上签字。

3．商定出发时间

因司机比较了解路况，地陪应先与司机商定出发时间，然后征求全陪或领队的意见，确定后再通知全体游客集合出发的时间及地点。地陪要向游客强调准点出发的必要性，否则将极易引起误机（车、船）。

4．做好提醒和结算工作

地陪应提醒游客尽早与饭店结清有关账目（如洗衣费、长途电话费、饮料费等）。若游客损坏了饭店的设备，地陪应协助饭店妥善处理赔偿事宜。地陪还要及时通知饭店有关部门旅游团的离店时间，提醒其与游客结清账目。

在离开旅游活动最后一站前，地陪还应与全陪办理好结算手续，并妥善保管好单据。

5．及时归还证件

一般情况下，地陪不应保管旅游团的证件，如果临时要用应当当场收取，用完后立即归还游客本人或领队。在离站的前一天，地陪要检查自己的物品，看是否保留有游客的证件、票据等，一经发现要立即归还，并当面点清。

对从本站离境的旅游团，地陪要提醒领队准备好全团护照和申报单，以便交边防站和海关检查。

二、离店服务

1．交运行李

旅游团离开饭店前，地陪要按事先商定好的时间与饭店行李员办好行李交接手续。游客的行李收齐、集中后，地陪应与全陪、领队一起清点行李的件数，检查行李是否上锁、捆扎是否牢固、有无破损等，然后交付饭店行李员，填写行李运送卡。

由于本团行李是随旅游车一起运输，地陪小王就叫饭店行李员直接把行李搬进旅游车的行李箱内。

2. 办理退房手续

在游客即将离开饭店时，地陪要到总服务台办理退房手续。按事先约定的时间，小王将游客集中在饭店大堂，收齐房间钥匙后交饭店前台办理退房手续。同时，小王还不忘提醒游客随身带好个人物品和旅游证件，询问游客是否已经与饭店结清账目。

3. 集合、登车

离店手续办理妥当后，小王立即组织游客上车入座并清点人数。游客到齐后，小王再次提醒游客查看个人证件、主要财物及行李物品是否带齐，有无遗忘。确定无误后，征得全陪的同意，请司机开车。

三、送行服务

1. 致欢送辞

在赴机场（车站、码头）途中，地陪应向全体游客致欢送辞。欢送辞可以加深地陪与游客间的感情。致欢送辞时语气应真挚、富有感情。一般欢送辞包括：

感谢语：对全陪、领队、游客及司机的合作分别表示谢意。

惜别语：表达友谊和惜别之情。

征求意见语：诚恳征求游客的意见和建议。

致歉语：对行程中有不尽人意之处，请求原谅，并向游客赔礼道歉。

祝愿语：期待再次相逢，表达美好的祝愿。

2. 征求意见

地陪小王在致完欢送辞后，向全体游客发放了“旅游服务质量意见反馈表”（也可以在前一天发放），请游客认真填写。如果“意见反馈表”需要游客寄出，应事先向游客说明邮资已付。

3. 提前抵达离站地点

地陪要带团提前到达机场（车站、码头），要为游客办理相关手续留出充裕的时间。一般来讲，出境或去沿海城市的航班要提前 2 小时（有些繁忙的机场，如北京机场要求旅客提前 3 小时到达）；一般国内航班需提前 1.5 小时；乘火车等提前 1 小时。

旅游车到达机场（车站、码头）游客下车前，地陪要提醒游客带齐随身行李物品，照顾全体游客下车。待全团游客都下车后，地陪小王再次检查了车内是否有游客遗落的物品，并请旅游车司机清理车厢，约好等候时间及地点。

4.办理离站手续

（1）国内航班（车、船）的离开手续

移交交通票据及行李票。到机场（车站、码头）等候大厅后，地陪应将交通票据和行李托运单或行李卡一一清点无误后交给全陪或领队，请其清点核实。

等旅游团所乘交通工具启动后，地陪方可离开送站地点。

（2）国际航班（车、船）的出境手续

移交行李。送出境的旅游团，地陪要和领队、全陪一起（与旅行社行李员）交接行李，清点、核查后协助将行李交给每位游客，由游客自己携带行李办理托运手续。

地陪要向领队（或游客）介绍办理出境手续的程序。

将返程交通票据交给全陪。

在旅游团进入隔离区后，地陪、全陪方可离开送站地点。

5.与司机结账

送走旅游团后，地陪要与旅游车司机结账，核实用车里程数并在用车单据上签字，保留好单据。

【任务评价】

地陪送站服务评价表

第 ____ 组　组长：____			
内容	分值 / 分	自我评价	小组评价
送团前的服务	30		
离店服务	40		

（续表）

送行服务	30		
总评（星级）			
建议			
送站服务基本要求： 1. 送团前的服务仔细、细致。 2. 离店服务热情有序。 3. 送行服务善始善终。 星级评价： ★（59 分及以下） ★★（60~69 分） ★★★（70~79 分） ★★★★（80~89 分） ★★★★★（90 分及以上）			

【任务拓展】

一、讨论分析：旅游服务质量意见反馈表

地陪在送别旅游团时，都会给每位游客发放旅游服务质量意见反馈表。通过游客填写的意见反馈表，旅行社可以了解游客在旅游期间的真实情况，了解地陪带团的过程。请回答下述问题：

（1）游客在哪些方面对地陪具有监督作用？

（2）地陪在为游客提供的导游服务中，哪些环节是必不可少的？规范化的服务是怎样的？

二、模拟实训：模拟送团服务

由学生分别扮演地陪、全陪、领队、司机、游客、饭店总台服务员和行李员，教师准备一些交通票据、证件以及模拟用行李。分别模拟：①送团前服务；②离店服务；③在送站地点办理离站手续服务（分过站团和出境团）。

三、模拟实训：编写欢送辞

由学生撰写一篇送境外旅行团在本地机场出境的欢送辞，并在班上讲解。

任务八　后续服务

【任务目标】

通过本次任务学习，让学生认识到地陪妥善做好旅游团的遗留问题也是导游服务的重要环节，在实际工作中同样不容忽视。

【任务描述】

北京旅游团结束了山东三地的旅游，游客黄女士委托小王转交一封信给其在青岛的老同学戴某。

【任务分析】

游客走了，地陪下团，但这并不代表导游工作结束了。送走旅游团后，地陪还要做好善后工作，包括：处理遗留问题；工作汇报和总结带团经验；结清账目并归还所借物品。在本任务中，地陪小王要按照转交信件和资料的要求，将游客托付的信件转交给接收人。

【任务实施】

地陪导游后续工作程序如图 2-8 所示。

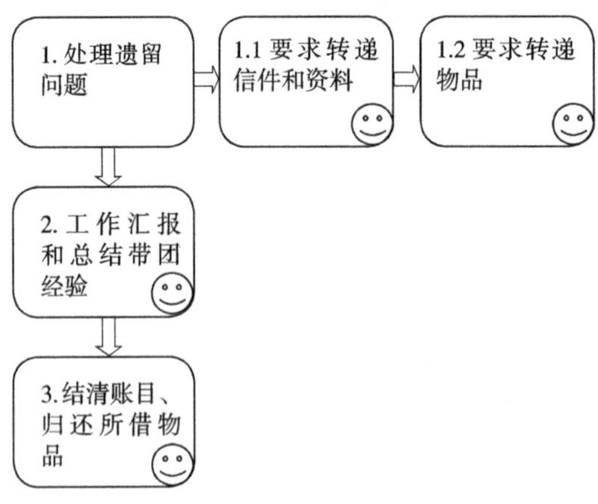

图 2-8　地陪导游其他活动服务程序

一 、处理遗留问题

下团后，地陪要认真、妥善地处理好旅游团的遗留问题，按有关规定和领导指示办理游客委托办理的事宜。

1. 要求转递信件和资料

如果游客要求地陪转递信件或资料，地陪应说服游客自己办理邮寄手续，但必须提供必要的协助。如果地陪答应转递，则应做必要的记录并留下委托者的详细通信地址；收件人收到信件或资料后，要出具收据，交旅行社保存。

对北京旅游团的游客黄女士委托转交信件给其在青岛的老同学戴某一事，小王在下团的第二天上午就电话联系了戴某，在约好的时间和地点将信件亲自交到戴某的手中，并请其出具了收据。事后回旅行社时，将收据交给了有关部门保存。

2. 要求转递物品

如果游客要求地陪转递物品，地陪必须问清何物。若物品中包含有食品或药品，地陪应婉言拒绝，请其自行处理。若是应税商品，应促其纳税。若是贵重物品，地陪一般要婉拒。无法推脱时，应请游客书写委托书，注明物品名称及数量并当面点清，留下通信地址，收件人收到物品后要写收条并签字盖章，地陪要将委托书、收条等一并交旅行社保存。

二 、工作汇报和总结带团经验

带团结束后，结账前，地陪应尽快上交带团总结和游客所填写的旅游服务质量意见反馈表。在书面总结中，应写清主要开展的服务工作、游客对各方面接待服务的反映和个人感受，要求地陪实事求是地汇报带团情况，涉及游客意见要尽量引用原话。如果旅游中发生重大事故或严重服务缺陷，地陪要单独整理成文字材料向旅行社和组团社汇报。

为了更好地提高自身导游业务水平，地陪在下团之后，还应对自己在本次带团过程中的方方面面进行经验总结和分析。看看自己对哪些问题的处理较为妥当；在哪些方面还有所欠缺，需要吸取教训，及时改进提高。

三、结清账目、归还所借物品

地陪要按照旅行社的具体要求并在规定的时间内，填写清楚有关接待和财务结算表格，连同保留的各种单据、接待计划、活动日程表等，按规定上交有关部门存档，并到财务部门结清账目。如果在带团过程中发生了意外开支，地陪要详细注明增加开支的原因及处理过程。

地陪应按财务规定，尽快报销差旅费，领取带团补贴。

地陪应尽快归还出团时所借的某些物品，如社旗、扩音器等。若应归还的物品有破损或丢失，应按旅行社规定办理。

【任务评价】

地陪后续工作评价表

第 ______ 组　组长：______			
内容	分值 / 分	自我评价	小组评价
处理遗留问题	30		
结清账目、归还物品	40		
总结工作	30		
总评（星级）			
建议			
后续工作基本要求： 1. 妥善处理遗留问题。 2. 及时结清账目、归还物品。 3. 总结详尽。 星级评价： ★（59 分及以下）　★★（60～69 分）　★★★（70～79 分） ★★★★（80～89 分）　★★★★★（90 分及以上）			

【任务拓展】

一、讨论分析：如何正确对待财务结算工作

每次下团回旅行社结账对导游小夏来说都是一件痛苦的事情，一堆的票据、签单算得他头晕，而且很少一次就能算得准、对上账，气得旅行社的会计总批评他。每到这时候小夏都很委屈道：“我又不是学会计的，我对数字不敏感，让我再算一遍吧！”

请分析，小夏说的对吗？你如何对待结清账目工作？

二、实地考察：

组织学生到当地某旅行社参观，重点关注旅行社有关管理规定。

Module 3

模块 3

导游讲解技巧示范

【模块导读】

讲解是导游的看家本领。其重要性不言而喻。每个导游都希望自己的导游词能够优美动听，吸引游客，每个导游都希望导游词能像美丽的音符一般在游客的心里跳跃，真的是一种享受。那么，怎样才能做到呢？其中有不少被大家忽视的技巧。

【教学建议】

（1）结合导游基础知识所学的相关知识。

（2）设置场景，模拟演练提高学生的实践能力。

【关键词】

旅游景观　讲解技巧

项目 6　市容景观导游

【项目导读】

市容景观导游通常是沿途导游讲解的主要内容，这是地陪面对游客讲话，通过致欢迎词和市容景观导游，使游客与导游很快熟悉起来，为以后的合作奠定基础。

【案例导入】

小李从旅游学校毕业后，经过一系列培训合格后，终于拿着心爱的导游旗上团了。第一天上团，当她把游客引导上旅游车，在致欢迎辞后，就开始按旅游车经过的线路，进行青岛市容景观导游讲解。但是……

任务一　市容景观讲解要领

【任务目标】

通过本次任务的学习，学生应掌握市容景观讲解主要内容，学会市容景观讲解技巧并在导游讲解中灵活运用。

【任务描述】

小李首次带团，在进行沿途市容景观导游时，游客们都用期待的眼睛看着她。小李立刻慌了神，言语也不流畅，语速越来越快，当旅游车经过青岛市政府时，也忘了提醒游客，到最后竟然语无伦次。

【任务分析】

作为刚刚上团的新导游，都希望自己的初次讲解能够获得游客的认可。小李之所以没有完成任务，是因为小李对自己不自信，而且对市容导游讲解技巧不清楚所导致。

通常情况下，市容景观导游讲解的内容一般取决于两个方面，即游客和沿途景物。也就是说，我们的讲解内容要围绕着游客的兴趣以及沿途风光来组织。比如，在做长途旅行时，导游员应该每经过一地讲解一下当地的风景名胜、文化古迹和民族风情，使游客虽然不能下车游览，也能有所了解。在做短途旅行时，如从机场到市区，从下榻饭店到风景游览点，导游员应熟知沿途情况，做到见什么讲什么，哪怕是一花一树、一幢建筑物、一个街心花园、一个自由市场，都应加以简短介绍，使新来乍到的游客增加兴趣。

【任务实施】

一、市容景观讲解的主要内容

市容景观讲解主要是以旅游地的市容特色、历史沿革以及经济文化等组织讲解的内容。

1. 市容特色

市容特色介绍的内容包括：①标志性的建筑物。如大型商场、星级酒店、有一定知名度的大学、具有纪念性意义的广场等。②沿途经过的旅游景点。如公园、博物馆、历史纪念馆等。③其他。如当地的特色商户、道路两旁具有一定观赏价值的花草树木等。市容特色讲解一般多以旅游车为交通工具，导游员根据旅游车的行进路线介绍旅游地的市容市貌，使游客对旅游目的地的城市建设情况有一定的了解。

2. 历史沿革

历史沿革介绍的内容包括：①旅游目的地的地理情况。②旅游目的地的著名历史事件与人物。③旅游目的地遗留下来的自然和人文旅游资源。通过这些方面内容的介绍，使游客对旅游目的地的地理与历史有些初步的认识。

3. 经济文化

经济文化介绍的内容可以包括当前旅游目的地的面积、人口、优势产业、总体经济实力、地方文化及土特产品等。

二、市容景观导游讲解注意事项

1. 指示景物要准确

由于游客身处的旅游车是行进中的交通工具，因此导游员应该熟悉行进路线、掌握途中景物的分布情况和景观的变化规律，景物的选择要注意代表性和独特性，在市容讲解时要尽量做到翔实而准确地指明沿途的景物，指点景物时一定要提前提醒游客在什么方位可能看到某物或某景。例如：“……在我们的左前方，那个通体雪亮的擎天玉柱就是著名的辽宁彩电塔，它正向您翘首致意。这座塔高305.5米，是沈阳的标志性建筑之一，也是东北地区最高的建筑物，于1989年建成。如今，它已成为外地人考察沈阳、沈阳人了解家乡的窗口，集广播电视发射与旅游观光、餐饮娱乐为一体，1997年被评为沈阳市十五大景观之一……”

2. 讲解重点要明确

市容讲解的内容要确定，重点要明确，重讲优势，讲特点，适当掩饰缺陷。同时，要善于借景抒情、借景宣传、借景传意、借景交友，把握好游客的心理需求和讲解的延伸效应。在不同的行进时段、不同的游览路线讲解重点应有差异。

3. 注意点、线、面的有机结合

市容讲解时，旅游车行车路线是线状的，周围的景物分布则是点状的，讲解的衍生特别是风俗介绍等是面上的。因此，导游员在为游客提供市容导游讲解时，要注意点、线、面的有机结合，根据游客的身体、情绪、车行速度、周边景观变化等实际情况有机地组织好自己的讲解内容。

4. 注意调整游客情绪

在旅途中游客极易疲劳，在途中讲解时导游员要及时调整讲解内容，准备一些游戏，讲一些有趣的笑话等来调节气氛，必要时，用“此地无声”法让游客适当休息。

【任务拓展】

“龙行天下”旅行社的 VIP 游客到达杭州，小仲将游客从机场迎接到旅游车上，便开始了杭州之行。通常来讲，每个地陪导游都要在首次沿途讲解汇总介绍当地的概况和历史沿革等内容。小仲也是一样，很想马上将杭州的美丽景致和当地人民的热情好客全都告诉游客。但是，游客对小仲的“热情”却有些茫然。只见小仲的眼睛始终看着车尾部的车顶，声音虽然很洪亮，但让游客感觉非常不舒服。在介绍到杭州东站广场时，游客都向车窗外张望，但找来找去、看来看去，也没有见到广场。原来，东站广场已经过去了，小仲是在做补充介绍。结果，小仲在把游客接到饭店后就被旅行社召回了。

请分析：小仲在沿途讲解时主要问题在哪？应该怎样做？

任务二　市容景观导游词范例

【任务目标】

通过本次任务的学习，学生掌握优秀市容景观导游词范例，灵活运用市容景观讲解技巧。

【任务描述】

导游小魏是湖北人，一次他带了一个 16 人的湖北团，小魏很高兴，做了很充分的准备。当他用方言致完欢迎辞后，游客都很高兴。小魏的沿途讲解也准备了很多内容。从火车站到酒店途中要经过西安市中心最繁华的商业街——东大街、钟楼、鼓楼等，于是小魏滔滔不绝地介绍起来："大家向前看，前面那座引人注目的建筑就是钟楼，它建于明代……大家向后看，后面这个建筑是西安市中心最大的百货商场——开元商场……"一路上，小魏介绍了很多沿途的景色，讲得很细致，游客听得也很认真。

车开到酒店，游客下车时，一位老先生拉住小魏的手说："小伙子，你一路上介绍得很详细，我虽然第一次来西安，听你一讲，对西安好像了解了不少。不过，你明天讲的时候能不能提前一点告诉我们，一会儿'向前看'，一会儿'向后看'，我年纪大了，颈椎不太好，脖子老扭来扭去不太舒服，好吗？"小魏听后挺不好意思，自己只顾着讲解，没有注意到这个问题。

【任务分析】

满足游客的好奇心和求知欲，是显示导游知识、导游技能和工作能力的大好机会，精彩的首次市容导游会使游客产生信任感和满足感，迅速对导游产生极佳的第一印象。

【任务实施】

济南市容导游

尊敬的各位来宾：早上（下午、晚上）好！

首先，请允许我代表 9400 万热情好客的山东人民热烈欢迎各位来"文化圣地，度假天堂"——山东观光游览。

我们刚刚离开的是济南遥墙国际机场。机场距济南市区 40 公里，距市区大约 40 分钟的车程。刚才各位从机场出来，是否觉得这个机场和别的城市的机场有所不同呢？首先，最大的特点就是航站楼视野开阔。其次是快速通行体现了人文关怀。第三是它的独特造型，气势恢宏。大家可回望一下，整个机场航站楼就像一只巨大的飞鸟，从视觉美感上给人一种鲲鹏展翅高翔的感觉，显得非常大气，又让人充满无限的遐想。

我们现在正驱车前往市区。过了收费站，我们就驶上了机场高速公路（小许家立交桥）。大家看，我们桥下东西向的这条高速是山东省第一条高速公路——济青高速。目前又建成了第二条济青高速公路——济青南线，从省会济南到胶东各地更方便迅捷了。我们现在行走的是济南绕城高速，全长约 100 公里，是各类车辆进出济南的快速通道。

1. 济南气候

济南地处中纬度地带，是一座气候宜人的城市，历代文人多有诗词文章歌颂。大家耳熟能详的有当代著名文人老舍的作品《济南的冬天》。其实他还写了《济南的春天》和《济南的秋天》，都对济南这座城市的气候和天气赞不绝口。

2. 济南的由来

大家想知道济南这座城市的名字是怎么得名的吗？中国古代有著名的三山、五岳、四渎，四渎是四条著名的河流，它们是黄河、长江、淮河和济水河。济水河的河床就是今天黄河济南段的河床。济南因位于济水河的南岸，因而得名。

济南是黄河下游的一座古城，历史源远流长，素有“齐鲁雄都”“海右名城”之称。早在春秋时，称泺邑，是济南最早记入史册的地名；战国时，济南为历下邑；汉至明、清相继在济南设郡、府。从明代起，为山东省治，济南便一直是山东省政治、经济、文化中心。1929 年正式设市。

3. 济南的泉水

正如哈尔滨被称为“冰城”、昆明被称为“春城”一样，济南也有个别称，叫“泉城”，因为济南泉水众多而得名。据统计，济南市区就有泉 100 多处。这些泉大都分布在济南老城区。古人就有“齐多甘泉，甲于天下”“家家泉水，户户垂杨”的赞誉。也许大家会问，济南为什么会有这么多的泉呢？这跟济南的地形、地势有关。济南地势南高北低，南部山区是由易渗水的碳酸岩组成，地表水和大气降水下渗，沿着地势向北潜流，在济南老城区遇到不透水的辉长岩体堵截，水流积聚到一定程度，就在地质构造比较薄弱的地方喷涌而出，从而形成济南众多的泉群。山东省最主要的旅游线路之一——山水圣人线，其中的水就是指济南的泉水。

4. 济南的历史文化

济南历史悠久，文化昌盛，文物古迹众多。这里是龙山文化和东方文明的发祥地。城子崖龙山古迹，是中国迄今发现最早的城邦。

济南市又是群泉喷涌、名士荟萃的地方，长期以来形成了以龙山文化、大舜文化、名泉文化和名士文化为主要特色的泉城文化。再加上悠久的建城历史，丰富的文化遗存，众多的名胜古迹，遂使济南成为国内外著名的历史文化名城。

历史上有很多名人对济南留下了脍炙人口的赞美之词。唐代大诗人杜甫曾写到“海右此亭古，济南名士多”；清朝乾隆年间才子刘凤诰的“四面荷花三面柳，一城山色半城湖”对大明湖的美景进行了高度概括；赵孟頫的“云雾润蒸华不住，波涛声震大明湖”写出了趵突泉作为天下第一泉的气势；清代文学家刘鹗的“家家泉水，户户垂杨”道出了济南特有的景色，把游人带入了一个如诗如画、如梦如幻的境界……

5. 济南名士

山东有句话说“泰安州神全，济南府人全”，此话一点不假。济南自古人杰地灵，历代名人辈出。原籍济南的有扁鹊、伏生、终军、秦琼、义净、李格非、李清照、辛弃疾、张养浩、李开先、李攀龙等；客居或在济南为官的有曹操、李邕、李白、杜甫、苏轼、苏辙、曾巩、元好问、赵孟頫、铁铉、何绍基、刘鹗、王尽美、邓恩铭等。

6. 济南道路的命名

我们现在行走的路名叫经十路，细心的游客可能已经发现了，济南的道路命名非常有特色，是以经纬线来命名的。大家只要记住济南的经路、纬路与地理上的经线纬线方向正好相反就可以了。

其实，济南的道路命名基本上分为两大区域。一是老城区街道。古代的政府衙门多位于此，名称好多与官府有联系，如省府前街、按察司街等。另外，泉水集中的地区，街道名称好多与泉水有关，如芙蓉街以芙蓉泉而得名，趵突泉路因趵突泉而得名，黑虎泉路因黑虎泉而得名。二是经纬路，东西为经，南北为纬。但是，济南的经纬与地球上的经纬方向是相反的。其中经十路路面非常宽阔，为双向 8 车道，而且这条路建筑质量很高，2005 年荣获了全国建筑行业最高奖——鲁班奖。

我们现在驶上了舜耕路，也就是说我们很快就要到达大家下榻的酒店——

舜耕山庄了。

【任务评价】

市容景观导游评价表

第 _____ 组　组长：______			
内容	分值 / 分	自我评价	小组评价
口头表达	10		
体态语言	10		
语音语调	10		
讲解内容	30		
讲解技巧	30		
仪容仪表	5		
礼节礼貌	5		
总评（星级）			
建议			
现场导游基本要求： 1. 语言通顺、口齿清楚。 2. 语音语速适中。 3. 讲解内容全面、正确、生动。 4. 仪容仪表整洁大方，礼貌礼节良好。 星级评价： ★（59 分及以下）　★★（60～69 分）　★★★（70～79 分） ★★★★（80～89 分）　★★★★★（90 分及以上）			

【任务拓展】

围绕市容讲解要领，分析济南市容导游词。

项目7　山地景观导游

【项目导读】

风景名山是指具有自然美的典型山岳景观和渗透着人文景观美的山地空间的综合体。我国的风景名山数量众多，千姿百态，分布广泛，是祖国壮美河山的代表。以山体的宏观形态及岩性特征为基础，综合考虑景观美学与人文特征，可将我国的风景名山分为花岗岩名山、岩溶山水、丹霞风光、其他地质成因的名山和历史文化名山等类型。如何欣赏不同类型山地景观，为游客提供生动、形象、富有个性的山地景观导游讲解服务呢?

【案例导入】

一来自广东的退休教师旅游团到山东泰山旅游，导游小赵应提供怎样的导游讲解服务?

任务一　山地景观讲解要领

【任务目标】

通过本次任务的学习，学生应掌握山地景观讲解主要内容，学会山地景观讲解技巧并在导游讲解中灵活运用。

【任务描述】

小赵接到任务后，首先根据老年游客的特点，制订带团计划，随后整理泰山景区导游词，重点突出泰山花岗岩地貌景观和封禅文化景观。

【任务分析】

小赵的工作思路是正确的。山地景观主要欣赏的是山的造型和岩层构造以及自然风化所形成的鬼斧神工。但是由于山地景观类别不同，所以要从不同的角度对中国山地景观的知识进行导游。

泰山不但在自然特征上具有雄伟的美，而且体现了中华民族几千年的历史文化，包含了中华民族深刻的美学思想。

【任务实施】

一、从地质角度对山地景观导游

明代文学家杨慎曾对我国山地做了概括而又形象的描述："玲珑剔透，桂林之山也；巉嵯窳窆，巴蜀之山也；绵延磅礴，河北之山也；俊俏巧丽，江南之山也。"由于不同地区山地岩性和内外引力的作用，我国山地形成了不同的地貌景观。

1. 花岗岩地貌

花岗岩名山，主峰突出，山岩陡峭险峻，气势宏伟，岩石裸露，多奇峰、深壑、怪石，球状风化作用突出可形成"石蛋"（最典型的为"风动石"）。中国花岗岩地貌分布广泛，如黄山、华山、泰山等。

2. 丹霞地貌

因最先发现在广东仁化丹霞山，故名丹霞地貌。沙砾岩结晶大，易风化，但若局部成分有变化，则抗风化力较强，即容易形成中尺度的造型。武夷山、齐云山大部分景区都属于此种地貌。

3. 岩溶地貌

又称为喀斯特地貌，地面可形成熔岩孤峰、石林、石牙、漏斗等，地下则为地下河与溶洞，是观赏价值极高的地貌形态。桂林阳朔及云南石林是其典型代表。

4. 火山地貌

是火山爆发后残留物质所形成的一种地貌景观。由酸性喷出岩所形成，带有流纹结构的被称为流纹岩地貌，其中以雁荡山最为有名；而由基层喷出岩通过裂隙或中心喷发而形成的，是玄武岩地貌，如五大连池。

5. 砂岩地貌

就山体而言，主要是砂岩峰林峡谷地貌。代表为湖南武陵源。

6. 冰川地貌

主要由冰川的侵蚀和堆积作用形成。冰川地貌代表为四川贡嘎山、甘肃祁连山。

二、按山地景观在旅游业中所起的作用导游

我国的极高山、高山绝大部分分布于兰州、成都、昆明一线以西，而中低山地则绝大部分分布于兰州、成都、昆明一线以东，这是受我国整个地势结构西高东低的影响而形成的。正是由于这一影响，决定了东西部山地对旅游发展的影响，或者说在旅游业中所起的作用具有各自的特性。

首先，就极高山而言，主要分布在我国的青藏高原，其中包括世界第一高峰西藏境内的珠穆朗玛峰和世界第二高峰新疆境内的乔戈里峰。这些极高山由于恶劣的气候条件及独特的高原冰雪环境，虽然有着奇异瑰丽的冰雪景观，却也只有让众多普通游客望而却步。只有那些具有超人毅力、素质和经验的探险者或登山运动员，才有机会登顶。但这并不说明这些山没有旅游价值。正是在这一座座高耸入云的山脉中，埋藏着无数沧海变桑田的珍贵地质资料，具有很高的科考价值。征服极高山，不仅仅是人类征服自然、超越自我的精神展现，更成为人类认识自然、发展自我的重要途径。

高山旅游作为我国近几年山地旅游，是发展最为迅速的一部分。这些山地海拔虽然较高，具有一定危险性，但由于各方面条件的改善，安全系数大大增加。加之本身高山气候垂直变化显著，导致高山植被类型垂直变化显著，形成了高山景观的垂直变化现象。例如我国的横断山区，形成“一山有四季，十里不同天”的垂直景色。这些山绝大部分时间不但可以欣赏到植被景观，而且可以一览难得的冰川、冰雪景观，如云南丽江的玉龙雪山等。再者，这些山不仅仅有简单的观光旅游，而且有休闲旅游加以补充，大大提高了旅游活动的含金量。如四川的西岭雪山每年冬季都开辟滑雪场，以供游人滑雪。

中低山旅游则是我国历来山地旅游的重要部分。除了本身气候条件和攀登难度适宜外，还因为其大部分都处在经济开发较早、人口稠密的东部地区，正所谓“近水楼台先得月”，因而很多中低山自古以来就是我国的旅游胜地，如五岳、黄山、庐山等。

三、从人文的价值角度导游

中国名山遍布神州大地，每一座名山，几乎都与历史文化紧密相连，在拥

有天赋的自然美的基础上，加上千百年来人类的开发与维护，文人骚客的诗词歌赋，僧侣高人的驻足留迹，使得自然美在人文的烘托下，发出更为绚丽的光彩。因而，导游员在讲解过程中，要充分重视自然与人文内容，才能不落俗套，不会止于浅表。

1. 传统文化与名山

中华文明五千年，源远流长，在漫长的历史长河中，发生的重大历史事件、涌现出的英雄人物层出不穷，留下的历史文化遗迹更是比比皆是，在建筑、园林、陵墓、书法、传说、诗词歌赋等各个方面记载了中华民族发展的过程。对它们的认识与了解，不仅仅是对山地的真实反映，也是对山地景物的提升。五岳、黄山、庐山，无不是在中华历史文化长时间的熏陶下，由单一的风景名山转化为历史文化名山。

文化不但塑造了名山，同时也是我们了解名山的有效手段。比如，诗词歌赋能够帮助人们加深对自然美的欣赏，丰富自然景物的美的意蕴，使人们从单纯的自然风景中体会到一种诗情画意，既有感性的形象美，又有了理性的含蓄美。杜甫的《望岳》使人们不但对泰山形态有所了解，同时又产生了“一览众山小”的大气。再如，苏轼的《题西林壁》，不仅写实，更上升到了哲学的高度，对人的认识具有积极的指导意义。当然，在中国传统文化中，也有许多负面的东西，因此要求我们在讲解时做到取其精华，去其糟粕，去伪存真，以科学的态度去传播知识，宣传我们的历史文化。

2. 宗教与名山

自古名山僧占多，山不在高，有仙则灵。在中国众多名山中，隐藏着众多的寺庙。山因为寺而显得更有灵气，寺因山而显得更神秘，形成了中国历代旅游的基本模式——游山玩水，寻古访寺。这一模式至今仍然有很强的存在意义。究其原因，主要有以下两点：

（1）中国的宗教，特别是最具中国特色的佛、道两家宗教价值观，对自然环境的保护有积极作用。这两大宗教由于其避世、隐居山林的思想，成为中国名山的最主要“占据者”。

（2）寺庙建筑大多依山而建，其中包括殿、堂、塑像、壁画等，调动了游人的审美视觉，与自然景观和谐交融，充实了游人对自然景观的审美感受。再加上寺庙中的塑像、字画，提供给游人思悟的空间，在自然美与人为美之中获得审美品位的提升。在讲到名山宗教时，我们应该用马克思主义唯物史观来对待，在尊重宗教信仰自由的前提下反对唯心主义和宿命论，用健康的心态来对待宗教传统文化。

3. 其他人文因素与名山

在中国人文领域方面，除了传统文化和宗教文化与名山联系很紧密外，还有一些因素也对名山产生重要影响。如中国近代革命、社会主义建设或某些重大事件等。南京的钟山，正因为中山陵的存在，才使得它更加庄严肃穆，人们在观赏山林景色的同时，可以感受和了解中国民主主义革命的伟大先驱孙中山先生的光辉业绩，从而引发对先烈的缅怀。

四、从美学特征导游

山地风景中蕴藏着各式各样的美，这些美表现为丰富的形式。19世纪著名的现实主义画家库尔贝说过："美的东西是在自然中，而它以最多种多样的现实形式呈现出来。"所以，风景美都是以具体形象展现出来的，自然风景中美的形式主要有：形象美、色彩美、动态美、朦胧美——这些美的形式构成了风景美，而且是风景美的主要特征。

山地景观最显著的特征是形象异彩纷呈，千姿百态。正是这各种各样的形象吸引着游客，使他们获得美的享受。而山地形象美的特征也是极其丰富的，我们可以从"雄、秀、奇、险、幽"五个方面进行归纳和讲解。

1. 雄

雄是一种壮观、壮美、崇高的形象。我国很多名山高峻壮观，显出一种雄伟、崇高的形象。泰山雄伟的形象在五岳中是首屈一指的，被誉为"泰山天下雄"。泰山位于辽阔的齐鲁腹地，以磅礴之势凌驾于山东的丘陵之上，故显得特别高大雄伟。汉武帝游泰山时赞曰："高美、极美、大美、特美、壮美。"杜甫《望岳》诗中有"会当凌绝顶，一览众山小"的名句。泰山之美正是由于它"宏大""雄伟"的形象而显示出来的。这些雄伟、壮观的形象引起人们审美感受的特征是：赞叹、震惊、崇敬、愉悦。

2. 秀

秀是自然风景中最常见的一种审美形态。秀的主要特征是柔和、秀丽、优美。四川峨眉山是我国佛教四大名山之一，是著名的旅游胜地。峨眉山山林葱茏，色彩碧翠，山石很少裸露，线条柔和流畅，山明水秀，是我国风景区中典型的秀美形象，自古以来被誉为“峨眉天下秀”。风景中秀美的形象给人以甜美、安逸、舒适的审美享受。游览观赏这样的风景，总是使人感到幸福愉快，使人的性情得到陶冶，情绪得到安慰。

3. 奇

有的山体，由于本身独具一格而产生奇特的美感形象。在我国山地中奇特的形象当然首推黄山。黄山有“四绝”：奇松、怪石、云海、温泉。奇松千姿百态，苍郁挺拔；黄山怪石星罗棋布，竞相崛起；烟云似锦如缎，飘荡于千山万壑，变幻无穷；加之终年喷涌的温泉，令人拍手称奇！故黄山自古被称为“震旦中国第一奇山”。另外，雁荡山水之奇也是尽人皆知，因构成山水的流纹岩断裂发育经风化而形成了奇特地貌，康有为于 1927 年游雁荡山后称：“雁荡山水雄伟奇特，甲于全球。”

4. 险

险是自然风景中一种形象特征，对游客极富吸引力。游客都有一种好奇心，越是险的地方越想攀登，越是奇的风景越想观赏。华山素有“华山天下险”之称，常言说“自古华山一条道”，就是指华山的险峻。鸟瞰华山，犹如天柱拔起，在秦岭山前诸峰之中，四壁陡起，几乎与地面垂直。游客需手扶铁索，手脚并用，可谓真正的“爬”山。另外，庐山的仙人洞、黄山的天都峰、九华山的天台、峨眉山的金顶都是我国极其险峻的山峰。

5. 幽

幽，是一种美，是一种意境，也是一种审美特征。幽具有极其广泛的内涵，幽也是通过具体的形象展现出来的。青城山的风景非常优美，其山林之美的最大特点就体现在一个“幽”字上，所以素有“青城天下幽”的美誉。宏观青城，就像是一个天然陶铸成的大青瓷瓶，幽雅古朴。当游客沿山间小路上山，两侧苍松翠竹，碧绿成荫，溪泉清澈见底，潺潺入耳，偶尔传来鸟鸣声，“鸟鸣山更幽”，真有一种幽深莫测的神秘感。这种幽深的意境美，使游客感到无限的安逸、舒适、悠闲自得。

当然很多山地，不止一种形象美的特征，如黄山，既有奇的特征，而其天都峰又有险的特征，奇险交错，更增添了山的韵味。

山地景观除了形态美以外，色彩美也是一个重要原因。这些色彩主要是在四季和阴阳交替时由树木花草、烟岚云霞及日月之光构成。韩拙在《山水纯全集》一书中说：“春山艳冶而如笑，夏山苍翠而如滴，秋山明净而如洗，冬山惨淡而如睡。”春山如翡，夏山如翠，秋山如金，冬山如银，便是自然景观的季象变化所呈现出来的色彩美。五彩缤纷的自然色彩给游客带来欢乐和幸福，带来赏心悦目的灵感，乃至令人振奋和神往。

除上述形象美、色彩美之外，山岳景观还与流水飞瀑、云雾和动植物等要素组合，赋予人们动态、朦胧和听觉上的美感享受，导游员在讲解时也要正确适时引导游客感受。

【任务拓展】

围绕山地景观导游讲解要领，写一篇泰山景区导游词。

任务二　山地景观导游词范例

【任务目标】

通过本次任务的学习，学生掌握山地景观导游词范例，灵活运用山地景观讲解技巧。

【任务描述】

导游小刘带领一青少年旅游团到黄山旅游，她应该提供怎样的导游讲解服务？

【任务分析】

小刘应根据青少年的特点安排旅游线路，设计导游词。请分析小刘的导游词。

【任务实施】

“五岳归来不看山，黄山归来不看岳。”黄山位于安徽省南部黄山市，面积1200平方千米，划入风景区的精华部分面积154平方千米，为国家重点风景名胜区之一，1990年12月以文化和自然的双重身份被联合国教科文组织列入《世界遗产名录》。黄山，誉称“天开画图”，以伟奇幻险著称。泰山之雄伟，华山之峻峭，衡岳之烟云，庐山之飞瀑，雁荡之巧石，峨眉之清凉，黄山无不兼而有之。

黄山为典型的花岗岩峰林地貌，其岩体垂直发育充分，断裂和裂隙纵横交错，形成瑰丽的洞穴。奇松、巧石、云海、温泉被称为黄山“四绝”。

一、沿途可以做山体环境介绍，注意准确恰当

黄山地处亚热带，气候温和，雨量充沛，自然环境得天独厚，生态保护完整，是绿色植物王国，植被覆盖率达82.6%，野生植物有1450种。黄山古木参天，名木众多，以古、大、珍、奇、多著称于世。黄山野生动物资源也特别丰富，已知鱼类24种，两栖类20种，爬行类38种，鸟类170种，脊椎动物300种，有重要的科考价值和旅游价值。

二、特色介绍，介绍过程注意鲜明生动，由抽象化到具体化

1. 山峰

36大峰，威武雄壮，冠绝群伦；36小峰，秀气横溢，多彩多姿。千米以上的高峰共有77座，其中最著名的当数三大主峰：登峰造极的天都峰，真好造化的莲花峰，长空一色的光明顶。

天都峰，位于黄山东南部，海拔1810米，是黄山群峰中最为壮观的，古称“群山都会”。登峰远眺，云山相接，俯视群山，千峰竞秀。“任他五岳归来客，一见天都也叫奇”“不上天都峰，玩山一场空”。天都峰以前极其难登，“飞鸟难落脚，猿猴愁攀登”“何年白日骑鸾鹤，踏碎天都峰上云”。但后人精心凿成石道，终于圆了游客的登峰造极之梦想。在天都峰顶四周铁锁链上挂满了各式各样的锁，是年轻的情侣或夫妇携手扣上的连心锁，象征永结同心，表示对爱情的忠贞；还有大小不一、相互连接的全家福锁，或专为小孩系的长命锁；仔细观察，世界各国的锁都有，简直成了锁的“联合国”。中外旅游文化的交流被锁定在这黄山之上，成为世人心目中的美好回忆与永久纪念。

2. 奇松

无峰不石，无石不松，无松不奇。百龄以上的古松数以万计，巨松高万丈，小松不盈尺。或立、或卧、或俯、或仰、或盘、或挂，百态千姿，美的奇，奇的绝，那样的仪态万千，那样的挺拔苍劲，那样的雍容大度，挺拔、潇洒，富有朝气，富有神韵。黄山松是植物学上一个独立的树种，经千百年演化而饱经寒暑锤炼，不怕风吹雨打、冰雪欺压。它的根或穿石而下，或绕石而过，或长在石缝中，或长在裸石上，或盘结在悬崖峭壁之上，或挺立于峰沿绝壁之上。为了寻找水源，黄山松根部不断深入到岩体深处有水的断层，所以根长往往超过树身数倍；根部还能将岩石的氮磷吸收，并把花岗岩中的营养取为己用。因此，黄山名松得天独厚，稳稳地立足在坚固的岩石上，根深叶茂，四季常青。“大雪压青松，青松挺且直，要知松高洁，待到雪化时。”条件越是艰苦卓绝，生命力则越是蓬勃旺盛，这正是中华民族勇于拼搏的真实风格的写照。迎客松、送客松、蒲团松、凤凰松、棋盘松、接引松、麒麟松、黑虎松、探海松、卧龙松被誉为“黄山十大名松”。

迎客松位于玉屏楼前，树龄 800 年，高 9.91 米，树干中部伸出长达 7.6 米的两大侧枝展向前方，恰似一位好客的主人，伸展双臂欢迎来宾。它热情而又稳重，好客却不谦卑，亲切略带矜持。迎客松一片至诚，形象已作为贴画，挂于北京人民大会堂的安徽厅内，国家领导人经常在迎客松画前接见各国嘉宾，从而使迎客松成为中国人民与世界各国人民友谊的美好象征。

[点评：上一段讲解中，体现了表层美向内层美的延伸，从而给人以动人的感受]

3. 巧石

巧石争崛叠布，犹如神工天成，形象生动，构成一幅幅绝妙的天然图画。步移景移，妙趣横生，给宁静的山以活力，好像无数的明珠撒落峰海之中，千姿百态，逼真逗趣，似人、似物、似禽、似兽，惟妙惟肖。且每一个巧石都与其特定的环境巧妙糅合，构成一处处完美自然景观，这立体的画，无声的涛，令人心驰神往。大者石林耸峙，石笋罗列；小者玲珑剔透，造化精巧。景区有名可指的怪石有120多处，著名的有“金鸡叫天门”“松鼠跳天都”“猴子观海”“飞来石”等。飞来石位于黄山西部飞来峰上，从光明顶、天海、西海等处可见。两大岩石之间接触面很小，上面的巨石似从天外飞来，故名飞来石。从北海向西海的索道中观赏，石侧成桃状，故又名仙桃峰。“何处飞来不可踪，岩阿面上白云封，想伊也爱黄山好，来为黄山添一峰。”

[点评：上段讲解，形象生动，且有“横看成岭侧成峰”的感悟]

4. 云海

黄山峰峦高大，谷深林密，雨水充沛，因而造化出气象万千的云海，一年有三分之二的时间都是云蒸霞蔚。黄山云海的脾气是喜怒无常的，时而是风平浪静的一片平畴，时而成为推波涌浪的大海，时而像奔泻千里的急流，时而似倾注山谷的瀑布，千变万化，日日不同，时时不同。当你穿过低云，便感觉到自己像身处云雾缭绕的仙境之中。当你置身云海之上，俯瞰下界，眼前又是一番景象：云铺深壑，絮插危岩，汪洋无际。“妙在非海而似海”，那远近的峰峦隐现在云端之上，如大海岛屿，而这虚无缥缈的云海忽而平静，忽而荡漾，忽而上下，忽而左右。这是否预示着人生也是这样起起落落的呢？仙人晒鞋、仙人踩高跷、仙女抚琴等景色都与此有关。

[点评：上段讲解，体现了“山以云为依，云以山为体”的特征，也是自然美最直接的感悟，观赏时注意动静结合]

5. 温泉

黄山温泉，又名汤池、汤泉、朱砂泉，位于紫云峰下。此泉水质以含重碳酸为主，常年水温42℃，久旱不涸，久雨不溢。每小时出水量48吨，水质清纯，可饮可浴，对消化、神经、心血管、新陈代谢、运动系统中的某些疾病有一定的治疗功效，并有助于消除疲劳。温泉地区，除有温泉浴池以外，还有室内温泉游泳池，即使严冬季节，亦可尽情畅游。

[点评：上段讲解，简明、清楚]

三、独特的“黄山文化”

黄山有使人陶醉的魅力，富有诗意和含蓄深邃的意境，显示出天然的完美和谐，拥有极大的文化美。黄山哺育了各个时代的艺术家，艺术家们又赋予黄山以艺术的生命。

1. 黄山画派的风格特点

（1）以黄山为蓝本，师法自然，“敢言天下是我师”“搜尽奇峰打草稿”。师法黄山山水，表现黄山的奇特风貌和诗情画意的艺术境界。

（2）寄情于黄山的山峰美景，追求意境的创造，为山水画提供取之不尽的生活源泉。

（3）黄山群峰气魄雄壮，是中国山水画的底本，处处皆图画，观赏这幅天然的图画大卷，就会明了“重重悉见”的中国山水画散点透视法的科学道理。这也是黄山画派作品的构图特点。

（4）黄山整体美、形态美的优美环境是中国山水画表现的范本。

2. 黄山诗歌及传说

黄山的自然美景吸引了历代文人墨客，他们歌颂这雄伟瑰丽的自然景色，产生了浩如烟海、灿若明星的诗文。自唐到清，描绘黄山的散文有几百篇，诗词有2万余首。如：徐霞客的《游黄山日记》，叶圣陶的《黄山三天》，都体现了黄山优异绝伦的景色。

黄山的故事传说是颇为吸引人的，相传轩辕黄帝曾在此修炼成仙，就留下了轩辕洞、上升洞、炼丹洞等胜迹。另外，李白醉酒、仙人指路、仙女绣花等传说也为黄山笼罩了一层神秘面纱。

3. 黄山石刻

黄山的摩崖石刻，体现了壮观的文化特色。主要景区有摩崖石刻200处，其特点是：

（1）它们分布在道路的近旁，与游览路线紧密结合，游人可以就近欣赏，增加游兴。

（2）均刻在石壁上，与山体结合在一起，浑然天成。

（3）均是赏景之后的有感而发，有的是描写景色的，如“奇景天成”；有的是对某些胜景和地名的记载，如“琴台”“梅屋”等；有的是观景后的哲理，如“不垢不净”“大巧若拙”；有的富含诗情画意，如“万山拜其下，孤云卧此中”。

（4）篆、隶、行、草、楷，百花齐放，琳琅满目。

黄山石刻既增添了古朴典雅的艺术气氛，又帮助游人领悟自然美景，启发人们的联想，激发游人触景生情，陶冶情操，启迪人生，荡涤胸襟，美化心灵。石刻及它所表现的深邃意境，是中国文化和中国自然山水的融合与渗透，体现了中华民族特有的审美意识，反映了中国自然景观的民族特色。

【任务评价】

山地景观导游评价表

第_____组　组长：______			
内容	分值 / 分	自我评价	小组评价
口头表达	10		
体态语言	10		
语音语调	10		
讲解内容	30		
讲解技巧	30		
仪容仪表	5		
礼节礼貌	5		
总评（星级）			
建议			

现场导游基本要求：
1. 语言通顺、口齿清楚。
2. 语音语速适中。
3. 讲解内容全面、正确、生动。
4. 仪容仪表整洁大方，礼貌礼节良好。

星级评价：
★（59分及以下）　★★（60～69分）　★★★（70～79分）
★★★★（80～89分）　★★★★★（90分及以上）

【任务拓展】

分析上述黄山导游词。介绍泰山景区花岗岩地貌或泰山封禅文化。

项目 8 水体景观导游

【项目导读】

“山无水不活，水无山不媚”“因山而峻，因水而秀”，这充分体现了水的魅力。水作为一项重要的旅游资源，是构景的基本要素。由于水体的存在，造就了地表千姿百态的自然景观。水体对于自然景观形成的重要作用是它最深层次的美感，也是最容易被人们忽视的美感。

【案例导入】

一来自广东的退休教师旅游团在山东济南游览泉城景观，导游小赵应提供怎样的导游讲解服务？

任务一 水体景观讲解要领

【任务目标】

通过本次任务的学习，学生应掌握水体景观讲解主要内容，学会水体景观讲解技巧并在导游讲解中灵活运用。

【任务描述】

小赵接到任务后，首先根据团队的特点，制订带团计划，随后整理济南泉水景区导游词，从泉城的成因到泉文化都做了翔实的介绍。

【任务分析】

小赵的工作思路是正确的。水是构景的要素之一，水景观是风景的重要观赏对象，很多风景区都有多种水景观类型，按不同类型的水景观进行导游，便于讲解和对比。

【任务实施】

从表象美感特征看，水体景观在其他自然要素的作用下，不仅有形、有色、有味、有声、有动、有静，更有其特有的美感——影。水面可以倒映出地面上的景物，实物虚影上下辉映，可谓是世间美丽的画面。水体不仅能构成美丽的景观供人们观赏，同时还是开展水上运动的最佳场所。水体景观包括江河景观、湖泊景观、海洋与海滨景观、泉水景观等。

一、按水景观类型导游

1. 江河景观

江河是地球的血液，是重要的水源，也是交通大动脉，他们因其壮美的河谷景色、悠久的历史文化而成为重要的旅游资源。由于江河是地形和气候的综合产物，所以不同江河、不同河段的地理环境特点和社会历史背景各有差异。对此，导游员要有充分认识并注意对比讲解。

2. 湖泊景观

湖泊是陆地上最大的水体。湖泊种类很多，按不同分类方法有不同类型。湖泊景观绝不仅仅是湖泊水体本身，更重要的是以它为核心的各种自然构景要素和各种人文构景要素所组成的各个景点和综合景象。代表性的湖泊有西湖、滇池、日月潭、千岛湖等。

3. 涌泉景观

泉指的是地下水的天然露头。泉水达到一定的规模，就可形成泉水景观。泉的分布特点与气候、地形、地质、水文条件等有密切关系。根据泉的不同情况，可以分为许多种类。

4. 瀑布景观

中国地形复杂，河川众多，因而瀑布众多。瀑布是最活跃、最生动、也是陆地上最壮观的水景。一个完整的瀑布，一般是由溪流、跌水和深潭三部分构成，具有形、色、声的美学效果。

5. 海洋景观

海洋是世界上广大连续水体的总称。在现代旅游业中，提倡的“3S”（sun、

sea、sand）旅游资源都与海滨有关。特别是海岸带，是海洋旅游的重要场所。海滨宜于开展观景、疗养、度假、海浴、海上运动以及品尝海鲜等，故海滨多成为旅游胜地。

二、从水的美学特征进行讲解

水是构景的基本要素，在构景中均有形、影、声、色、光、味、奇等形象生动的特点。导游员如能正确掌握这些特点，把自然美和人文美有机地结合起来，将这些美感特征介绍给游客，定会提高游客兴致，将其导入情景交融的境界。

1. 形态美

海洋、江河、流泉、瀑布一般以动态为主，湖泊则以静态为主，也有受到地形和季节的影响呈现动中有静、静中有动的特点。因此，在江河湖海中形态美的导游讲解能对游客产生很强的吸引作用。如“西子三千个，群山已失高，峰岳成岛屿，平地卷波涛”，把千岛湖的形态惟妙惟肖地勾勒了出来。又如“黄河之水天上来，奔流到海不复回”，写出了黄河一泻千里、气势磅礴的壮阔场景。同样，“五百里滇池，奔来眼底”，道尽了滇池的浩渺与辽阔。形态美的讲解，不仅能使游客在游览中欣赏到自然景观美，而且还能受到历史文化美的熏陶。

2. 倒影美

倒影美是讲解江河湖海的第二个特点。由于水是无色的透明体，所以在光线的作用下，万物与人皆成影。山石树木，蓝天白云，飞禽走兽，乃至人的活动都会在水中形成倒影，从而形成水上水下、岸边桥头、实物虚影的相互辉映，构成奇趣无穷的画面。如李白在《峨眉山月歌》中写的“峨眉山月半轮秋，影人平羌江水流”，就是描写了诗人看到峨眉山的上空半轮秋月，月影倒映在流动不息的平羌江上，意境非常幽雅宁静。还有九寨沟镜湖等具有的“鸟在水底飞，鱼在天上游”的倒影景观美等。

3. 声音美

水体运动所发出的各种声音，给游客造就了特定的情与境，因而声音美也是导游江河湖海的第三大特点。声音能让游人在旅游过程中获得重要的乐趣，如泉水的叮咚声、溪流的潺潺声、瀑布的轰鸣声、海啸的雷鸣声等，各有节奏。有些景象虽无声音，人们却似感到声音的存在，达到“此时无声胜有声”的效果，如“无边落木萧萧下，不尽长江滚滚来”将长江宏伟壮观的景色、磅礴的气势一语写尽，给人无限遐想。

4. 色彩美

水本无色，但透入水中的光线，通过水分子的选择吸收和散射，则会出现不同的颜色，给人以色彩美的享受。如渤海、黄海呈黄色，东海呈蓝色，南海呈深蓝色，黄河呈黄色，黑龙江呈黑褐色，鸭绿江呈鸭绿色，九寨沟的五彩池、五花海和火花海等则呈现出多种色彩。

5. 光泽美

水体自身的运动，在光线的作用下，能产生美妙无比的光学现象，令人赏心悦目。著名的“水光潋滟晴方好”，就是描写西湖晴空中湖水光像的绝句；又如三潭印月景象，就是月光、烛光、水光的交相辉映，形成“天上月一轮，水中影成三”的美丽景色；宋代范仲淹称洞庭湖景色是“上下天光，一碧万顷”；而丽江古城中的万家灯火让本已浪漫的“小桥流水”再添万种风情。可以这样说，水体在日光、月光和灯光的作用下呈现出来的各种光学景象是非常美妙神奇的。

6. 水味美

水本是无色、无味、无臭的液体，有些未被污染的江河湖海水质清冽甘甜，还含有丰富的微量元素，如青岛崂山矿泉水、杭州虎跑泉水、济南的趵突泉等均为甘甜醇厚的泉水，成为酿酒、泡茶和饮料加工的理想水源。

7. 奇特美

水体的最后一个造景功能是奇特美，这是自然界的一些奇特现象造成的。如安徽寿县的“喊泉”，其涌泉量与人声音大小成正比；四川广元的“含羞泉”，一遇震动，泉水便似害羞的姑娘，悄然隐去，待安静后泉水复出。云南大理有“蝴蝶泉”，其他地方还有“笑泉”“水火泉”“色泉”等，都是因奇特现象而成趣景的。还有的水体，含有丰富的矿泉，具有可饮、可浴、可看、可赏的作用，如庐山温泉、五大连池药泉等，成为我国著名的矿泉理疗康复旅游区。导游员在进行江河湖海等水体景观的导游时，能正确运用造景功能的形态美、倒影美、声音美、色彩美、光像美、水味美、奇特美来加以讲解，把握其内在特征，就一定能丰富介绍内容，激发游客的情趣，提高人们的审美能力。

三、突出“水文化”

水文化作为中华文化的重要组成部分，内容博大精深，是一个庞大的文化体系，是民族文化中的一座宏伟大厦。水文化有一个彼此交错联系、具有科学体系的内在结构。

1. 物态水文化

物态水文化是一种以物质形态存在的比较直观的水文化，而且是融入了人类体力和脑力劳动的自然物，主要包括水形态、水环境、水工程、水工具等。水的不同自然形态都会形成不同的水文化。这种水文化都是人们心理感受的一种表达或人们的一种精神寄托。水环境是指人们的视觉、听觉、嗅觉等感观到的人自身以外其他客体存在的印象。

水形态和水环境不仅给人们不同使用价值的意义，而且也给人们审美价值的作用。水工程是指古今的一切水工程建筑。他们是水文化的一种重要载体。

2. 行为水文化

这是一种劳动者与劳动对象相结合过程中形成的水文化。是人们在水事活动和社会实践中形成的水文化，主要包括饮水、治水、用水、亲水等方面的文化。

饮水是人的生存之本、健康之本，有着丰富的文化内涵。治水文化是指在治水建设过程中的各种文化行为。用水文化主要是阐明节约用水和水资源可持续利用的文化意义。亲水文化主要是讲人水和谐的文化意义。人们喜水、乐水、利用水域开展一系列的水上运动和水上旅游等，这些都是水文化的重要内容。

3. 精神水文化

精神水文化是水文化的核心。精神水文化主要包括水哲学、水精神、水文艺、水著作、水风俗等。

4. 地域水文化

地域水文化是水文化在空间上存在的基本形式，是一种各具特色的文化个体。不同地域文化主要包括黄河、长江、淮河、海河、珠江、松辽河、内陆河等流域的水文化。

5. 时代水文化

时代水文化是水文化在时间上存在的基本形式。任何文化都是历史文化的继承和积淀，不同历史时期的水文化有不同的特征，反映水文化深厚底蕴和发展的历史轨迹。

四、全面了解水体的风格与差异

同为水景，但因为水的类型不同，如海水、江水、河水、湖水、泉水、溪水等带给人们的景致也不同。

（1）水体类型不同，美的风格不同。自古以来，人们一直觉得海洋浩瀚无际、碧波万顷、怒潮澎湃、深邃奥妙，唐代诗人白居易的“海漫漫，直下无底旁无边”的诗句，就是这种望洋兴叹的写照。的确，碧蓝无垠的海水、洁白飞溅的浪花、汹涌澎湃的怒潮，能给人以视野开阔、极目天涯之感，能使人精神振奋、思潮澎湃、催人奋进。而流泉、溪涧、小湖，则多给人以秀丽、幽美之感。江河大湖常介于两者之间，江河虽有“孤帆远影碧空尽”的意境，但终不及海洋带给人们的意境真切与强烈。某些海岸虽然也具有秀丽幽美的景色，但终不如泉、溪、小湖带给人的恬静与浓厚。所有这些，都是由于它们各自水体类型不同的缘故，所以，同为水体，其类型不同，美的风格不同。

（2）同一水体类型，但因各自组合条件不同，其美的意境也不同。

以湖泊为例，湖泊面积大小不同，给人的美感不同。大的湖泊能给人以畅旷的美感，所以古人用“帆影点点，烟波浩渺”来描述太湖风光；用“落霞与孤鹜齐飞，秋水共长天一色”来赞美鄱阳湖的绝妙景色。小的湖泊多给人以清秀的美感，所以，苏轼用“欲把西湖比西子，浓妆淡抹总相宜”来赞美西湖，此外，人们还用“一面明镜”“一颗明珠”等来形容清澈的小湖。

再以河流为例，无论黄河、长江、珠江等江河，虽然皆有源头和入海口，但由于受各自地貌、气候、植被等自然地理环境条件的影响，其各自的水文特点不同，故各条江河均各有其特色。如唐朝诗人王之涣在《登鹳雀楼》中描述“白日依山尽，黄河入海流。欲穷千里目，更上一层楼”，成为描写黄河壮阔场面的千古绝唱。即使同一条江河，因地段不同，所造景致也不同，如长江三峡中瞿塘雄、巫峡秀、西陵险，美的具体内容是有差异的。其他如海洋、流泉、瀑布也均无例外。

五、从景观类型讲解其特征

海洋景观——突出海滨的伟岸、辽阔。

江河景观——景色多姿、类型丰富。河流景观具有远观、近观、动观三种不同的景观特色。远观，看其形、赏其色；近观，听其声、赏其态；动观，则是沿河观景或是感受激流的刺激。由于河流的线状特点，具体讲解程序及讲解方法建议如下：河流概况的讲解突出综合性，讲出要点即可，因此建议采用概述法或突出重点法；风景河段的讲解注重突出独特性，必须细讲，因此建议采用突出重点法、画龙点睛法或者触景生情法。

湖泊景观——大湖泊的旷畅，小湖泊的清秀，高山之巅湖泊的神秘、奥妙、幽静、清澈。湖泊旅游景观的讲解必须注意综合展示其特点，结合相关的人文资源进行介绍，并注重湖泊文化的展示与湖泊审美与游览体验。

瀑布景观——瀑布景观的讲解必要抓住其主要特点，同时结合人文、典故、诗文、民俗、气候等相关要素。

泉水景观——在导游讲解泉水景观功能、功效时，导游员可以适当延伸讲解介绍中国的茶文化、酒文化，向游客讲解介绍中国的名茶与名酒。

【任务拓展】

根据水体景观讲解要领选择山东一处水体景观写一篇导游词，要求突出景观的美学特征。

任务二　水体景观导游词范例

【任务目标】

通过本次任务的学习，学生掌握水体景观导游词范例，灵活运用水体景观讲解技巧。

【任务描述】

导游小刘带一夏令营团游览山东全线，按照行程在济南要参观趵突泉景区，她应该提供怎样的导游讲解服务？

【任务分析】

小刘应根据夏令营的特点安排旅游线路，设计导游词。请分析小刘的导游词。

【任务实施】

趵突泉景区

各位朋友，大家好：

今天我们要去的地方是济南三大名胜之一的趵突泉。趵突泉公园位于济南市中心，南靠千佛山、东临泉城广场，北望大明湖，面积约158亩。趵突泉公园是一座以泉水为主的自然山水公园，为济南七十二名泉之冠，被誉为“天下第一泉”。趵突泉又名槛泉，为泺水之源，至今已有二千七百年的历史，泉水一年四季恒定在18℃左右。趵突泉公园以观泉、赏鱼、品茶、山石、文化为特色；以小巧玲珑、步移景异，清洁幽静，古朴典雅而著称。

现在我们看到这座白墙灰瓦、出檐卷山、卷棚式的民族风格建筑的大门就是趵突泉公园东门。大门正中匾额上“趵突泉”三个贴金大字，是1959年郭沫若同志写的。进了大门，首先映入大家眼帘的是一迎门假山，大家知道为什么要迎着大门建假山吗？这是古代造园的一种手法，叫作“障景”法，也就是说以山为主，迎门叠石，似透非透，成为公园门口处的自然屏障，与石后的溪流构成环水行之势，同园中其他景物相分离。这座假山的石块全部采自济南南部山区，石质，色泽，纹理都可以同江苏无锡的太湖石相媲美。假山下有一山洞，洞顶和入口处采用了大块石，用悬挂的手法形成巨石悬挂的逼真壮观景色。洞壁上又留出适当的空隙，便于采光和空气的通畅。此乃济南假山中的佳作，受到园艺家极高的赞誉。

过了晴雨桥，大家再往前走就能看到这块石姿优美、纹理自然、高四米、重八吨的龟石了。它最初为元代著名的散曲家张养浩所收藏。张养浩酷爱自然山川，弃官归隐济南后以山猿、野鹤、山石为友。此龟石有“皱、瘦、透、秀”

的特点，在此与它合影，取长寿延年的吉祥之意。（好，给大家几分钟时间合影留念）

请大家随同我一起往前走，现在我们来到的是马跑泉。为什么叫马跑泉呢？据说北宋时期的抗金将领关胜的战马刨出来的，故得此名。

再往前走，我们就来到了漱玉泉景区。“漱玉泉”三字是已故济南书画家关有声的手笔。“漱玉泉”三字的来历有几种说法。一种说法是，在古代人们常把女子的牙齿称之为“玉”，女词人李清照常在此打扮梳洗而得名；另一种说法是因李清照著有的集子《漱玉集》；还有一种说法是从“漱石枕流”这个成语化来的，说哗哗的泉水刷玉石。我们现在看到的是李清照纪念堂，建于1979年，纪念堂两旁是郭沫若先生写的对联。挂在门厅内的匾额“一代词人”也是郭沫若手书的。李清照是我国南宋时杰出的女词人，号易安居士，济南人。

再往西走，就到了金线泉处。金线泉同趵突泉、黑虎泉、珍珠泉并称为济南四大名泉。“金线”的形成，是由于两岸泉水相对涌流，流势均衡。当太阳照射到池底，平静的水面上，就会显示出一条聚成的水线，金光闪亮，像游丝一般，忽隐忽现，随波荡漾，蜿蜒多变。宋代著名文学家曾巩曾有幸在月光的映照下看到“金线”，而元代诗人元好问多次游历金线泉，却不可得，甚为遗憾。

再继续往西走，我们就来到了尚志堂。尚志堂，也叫“金线书院”，由金线泉而得名。旧时指官家或私人藏书和讲学的地方。大家注意到院中的这块太湖石了吗？它叫“待日峰”，原为张养浩收藏，在一点五米左右高的石身上，布满了圆月形成或弯月形透洞数处，每当皓月高悬之夜，石形和透洞在月光照射下，映入石前池水中，更显得玲珑剔透，秀美无比。

出尚志堂西行，便到了泺源堂。泺源堂，前有抱厦，突出水面，栋梁彩缓，黄瓦红柱，形体雄伟。大家请看抱柱上的诗刻：“云雾润蒸华不注，波涛声震大明湖。”此句是元代著名文学家赵孟对趵突泉奇景的最好写照。

泺源堂的北面的建筑是娥英殿，是为纪念虞舜的两位妃子娥皇、女英而建的祠。娥英祠北面是三大殿景区。三大殿院内的花格透墙上，镶嵌着30余方石刻，是历代名人的佳作诗篇。特别值得一提的是，院内的这尊罕见的“双御碑”，记载了康熙三临、乾隆二临趵突泉的题词诗文，标示了趵突泉的地位。

我们现在已经来到趵突泉景区，站在来鹤桥上。大家请抬头看这一朱漆木牌坊上的字“蓬山旧迹”，另一面是“洞天福地”。据传说，过去人们曾把趵突泉的三股水柱，比作蓬莱仙山，即在神话中的三座神山：蓬莱，方丈，瀛洲。想登蓬莱山求仙的人到处寻找仙山，当他们来到趵突泉边，看到三股水注，其状如山且不能攀登，猛然醒悟，仙景在此，故立“蓬山旧迹”坊。如果你到泉东面望鹤亭茶社，一边品茶，一边赏泉，则有“润泽春茶味更真”的诗意。

趵突泉泉池呈长方形，东西长三十米，南北宽二十米，周围绕以石栏。池边俯视，一泓碧水，清如明镜；三泉涌涛，喷雪溅玉；势如鼎沸，声若雷鸣；水草袅袅，鱼翔浅底；绿叶红鳞，辉映其间。历代文人学者都对趵突泉留下了诸多咏赞，如元代散曲家张养浩“三尺不消平地雪，四时尝吼半空雷”。而能再现趵突泉泉水全貌的，还是清代文学家蒲松龄的《趵突泉赋》。济南“家家泉水，户户垂杨”的独特景色是怎么形成的呢？济南的泉水，来源于济南市区以南，锦绣川以北的广大地区，这些地区的岩石是约四亿年以前形成的一层很厚的、质地比较纯粹的石灰岩。这种石灰岩地区，地表有溶沟、溶槽，地下有漏斗、溶洞、暗河以及钟乳石，便于大量的雨水和地表水渗入地下。山区的石灰岩层，以大约三十度的斜度，由南向北倾斜，大量的地下潜流，神出鬼没地向济南运动。刚好，在大明湖往北，地下岩石变成了坚固的火成岩，大量的地下水流到这里，碰到火成岩的阻挡，拦蓄起来，越积越多，水泄不能，必须寻找出路。而在济南旧城一带，地势低洼，有的地方甚至低过了地下水的储水面，地下水便穿过地表，夺门而出，形成了众多泉水。趵突泉泉水甘美，用以沏茶，色如琥珀，幽香袭人，极为爽口。据说乾隆下江南时，出京带玉泉水，到济南时带趵突泉水，以备饮用。

站在观澜亭上，可以看到亭前水中的石碑，上刻“趵突泉”三字，是明代胡缵宗书写的，如果你细心点也许会发现“突”字少了上面的那一点。亭后的石刻“第一泉”三字是清代王钟霖书写，“观澜”石刻二字是明代张钦书写。泉池南面的水榭、漏窗，半壁廊与北岸泺源堂相互衬托，形成对景。

现在我们已经来到沧园和白雪楼景区。沧园，原名叫“勺沧园”，取“沧海一勺”之意。这里原是明代著名诗人“后七子”之一李攀龙的读书处，“勺沧”的名字，表达了人们向李攀龙学习的心愿。明万历年间，按察使叶梦熊曾在沧园西侧建“白雪楼”，纪念李攀龙。现在的沧园是三厅一围廊，两个跨院，流溪随园，楼阁玲珑，雕梁画栋，彩漆纷呈，院中培植的名种名花异木、盆景，已形成独具特色的庭院风格。园内人工修造的大型山石盆景，造型自然，点缀以罗汉松、红叶、黑松等树桩植物，给人以美的享受。

朋友们我们已经穿过了枫溪区，又回到了趵突泉公园东门口，今天讲解就到这里。讲解不妥之处，请多多包涵并留下你们的宝贵意见。

谢谢大家！

【任务拓展】

一位导游在介绍郑州黄河游览区概况时这样说道：郑州黄河游览区给人们最大的哲学思考是黄河精神。黄河发源于青海巴颜喀拉山北麓，流经9个省区，在山东垦利县流入渤海，全长5464千米，是我国第二大河。黄河源远流长，不拒细流，沿途接纳无数大小支流，形成浩浩荡荡的巨流，象征着中华民族大团结的精神；黄河流经我国地势的第一、二、三级阶梯，尽管沿途有无数高山、峡谷、断崖和绝壁，但它始终奔腾澎湃，冲过千山万壑，奔流到海不复回，象征着中华民族不怕艰险、勇往直前的民族气概。

黄河是世界上含沙量最大的河流，塑造成了华北平原，为中华民族的生存和发展，提供了广大而肥沃的空间；又以她的乳汁哺育了中华民族，并使中华民族在她的怀抱里创造了悠久的历史和灿烂的文化；她滋润了万物，给大地带来了勃勃生机，给人类带来了无限财富。

分组讨论：

（1）这两段导游词的最大特色是什么？

（2）在自然景观导游时，如何加深讲解的意境，升华讲解的主题？

【任务评价】

水体景观导游评价表

第 ____ 组　组长：______			
内容	分值/分	自我评价	小组评价

（续表）

口头表达	10		
体态语言	10		
语音语调	10		
讲解内容	30		
讲解技巧	30		
仪容仪表	5		
礼节礼貌	5		
总评（星级）			
建议			

现场导游基本要求：
1. 语言通顺、口齿清楚。
2. 语音语速适中。
3. 讲解内容全面、正确、生动。
4. 仪容仪表整洁大方，礼貌礼节良好。

星级评价：
★（59 分及以下）　★★（60～69 分）　★★★（70～79 分）
★★★★（80～89 分）　★★★★★（90 分及以上）

项目 9　建筑景观导游

【项目导读】

建筑和人有着十分密切的关系，建筑是随着人类逐渐走向文明而不断发展变化的。随着旅游业的飞速发展，游客对旅游的文化内涵要求越来越高。因此，导游员必须对中国古建筑有较多了解，才能满足客人的精神文化需要，把游客带入一种审美境界之中，让他们获得旅游乐趣。

【案例导入】

导游小徐接待一来自 H 地区的旅游团，游览北京故宫，她应提供怎样的讲解服务？

任务一　建筑景观讲解要领

【任务目标】

通过本次任务的学习，学生应掌握建筑景观讲解主要内容，学会建筑景观讲解技巧并在导游讲解中灵活运用。

【任务描述】

小徐设计如下讲解思路：

（1）午门前讲故宫（历史沿革中明清两朝概况，紫禁城名称的由来，午门及午门广场）。

（2）故宫前朝（太和门及太和门广场，太和殿及广场，中和殿、保和殿）。

（3）故宫后庭（乾清门及乾清门广场、乾清宫、交泰殿、坤宁宫、御花园、神武门）。

（4）故宫后廷处东路（宁寿宫、珍宝馆、宁寿宫全宫中其他建筑、千叟宴、珍妃井）。

（5）故宫后廷内西路主要建筑及御花园（养心殿、储秀宫、御花园）。

【任务分析】

小徐的设计讲解思路是正确的。众所周知，一个导游员，如果不了解古建筑，既缺少话题，又很难做一个受游客欢迎的好导游。

中国古代建筑种类多样，文化内涵丰富，专业性较强，对于导游员来说，做好这方面的导游讲解并不简单，有的导游员面对古建景观时，常常不知从何入手。要做个合格的导游员，把古建景观讲好，除了要掌握必要的古建筑知识外，还要把握导游讲解的方法。

【任务实施】

好的建筑必须包含以下四个要点：实用，坚固，美观，经济。导游员从这几个方面入手去讲解古建筑，可以说是找到了入门的向导。至于其他特色，也都是建立在这四点之上的。

一、中国古代建筑讲解要领

1. 突出建筑的功能性

导游人员在讲解中，紧紧抓住古建筑的实用性功能，就等于握住了打开古代建筑讲解通道的钥匙。建筑的功能性，体现在建筑的基本功能及附加功能上面。导游人员只有突出其最主要的基本功能，才能讲清其附加功能。导游人员在讲解建筑的各种部件时，也要注意突出实用性功能与审美功能的完美结合。

2. 突出建筑的风格特色

同类型的建筑从实用性功能来讲，没有太大的差别，但是，表现出来的风格特色却是大相径庭，导游员就是要在古建筑的游览中，紧紧地抓住其独有的特色，进行讲解介绍。对于那些不太熟悉古建筑的游客来说，他们所看到的建筑，感觉上都是大同小异，没有太大的区别。这样，就容易使游客在游览中游兴递减，乃至影响了旅游服务的质量。

突出建筑的特色，就是要分别从其表现形式、结构内容及其历史价值等方面抓住与众不同的特点进行导游讲解。

从表现形式上看，不同的规模有不同的特色。如宫廷建筑以中轴线为主，重要建筑纵向排列，两边建筑均匀对称，有主有次，等级森严；而四合院的封闭式民居建筑，将房屋结构与庭院空间结合起来，使居住者在有限的地方却有空间扩大的感觉。

从结构内容看，每个整体建筑的基本结构大体相同，但又绝不雷同，只要稍微在结构方面做些变化，就可形成独特的风格。

从历史价值看，不同时代的建筑有着不同的特征，无不深深地打着那个时代的烙印。例如，唐宋时期的木构建筑显出斗拱硕大、出檐深远的特点，给人以雄伟、豪放的感觉；明清时期的建筑则是斗拱变小，出檐较浅，给人以华丽、纤巧的感觉。

导游员在讲解中，就是要突出这些代表该建筑独特艺术价值的内容，才能使游客对所观赏的对象产生一种亲和力和崇敬感。

3. 突出建筑的结构原理

中国古代建筑的结构有着独到的特点。导游人员在讲解时，要紧抓其结构特征，阐明科学原理，让游客真正感觉到中国古建筑文化的博大精深。突出建筑的结构原理，把那些游客感到难以理解、不可思议的内容，用深入浅出的方法在讲解的过程中给予科学的解释。

二、皇家建筑景观讲解

皇家建筑群是古代最高统治者上朝、寝居和游玩的地方，是统治者权威的象征。为了显示自己至高无上的权力和满足自身穷奢极欲的享受，几乎每个君主、皇帝都倾举国之力，集全国能工巧匠，聚全国稀世珍宝，极尽豪华堂皇建造皇家建筑，可以说这些建筑凝聚了我国古代建筑艺术与技能的最高成就和独特风格。

导游在讲解皇家建筑景观时，应能够通过建筑的结构布局，向游客讲解建筑背后的文化和哲学意蕴，体会皇家建筑的内在艺术魅力。我们在讲解时应注意体现皇家建筑的以下几个方面。

1. 群体组合，气势雄伟

建筑曾被黑格尔称为“凝固的音乐”，建筑的美体现在由形体、色彩和质感所组成的可视性三维空间形象中，所以其中的空间组合、体量、比例等都是欣赏建筑艺术的关键要素。

中国的皇家建筑就单个建筑物来讲，其高度并不显得很有气势，它的优势在于组合建筑群所表现出来的整体的雄壮美、对称美、和谐美。如明清的故宫，它的每个建筑都在南北中轴线上展开，最高等级的建筑（正门午门，太和殿等）屋顶最高，间数最多，其他群组依次递降，把宫中大量的院落组成一个轴线突出、主从分明、统一和谐的整体，而院落的大小规模不同和建筑外形的差异使得这多种多样的空间形式在总体的统一和谐中又富于变化，给人一种流动的韵律感。

2. 与环境和谐

中国古代儒家重“柔”，刚柔相易，皇家建筑中高度发达的木结构技术就是这种求柔的体现。

3. 礼仪性和象征性

中国的礼制思想，有一个重要内容，就是崇敬祖先，提倡孝道，祭祀土地神和粮食神。

要欣赏中国的古建筑，必须先了解其礼仪性的特点，而礼仪性又是通过象征的手法表现在建筑物上的。中国古代统治者的特权地位非常显著，其皇家建筑在礼仪性和使用象征手法方面尤其突出。

【任务拓展】

按照小徐设计的讲解思路选择一条线路，写出故宫导游词。

任务二　建筑景观导游词范例

【任务目标】

通过本次任务的学习，学生掌握建筑景观导游词范例，灵活运用建筑景观讲解技巧。

【任务描述】

小徐按照事先设计的游览线路有条不紊地开始故宫之行，一路上从故宫建筑群的功能，风格特色以及结构布局一一介绍，并穿插讲解宫廷趣味轶事，把游客带入中国宫殿建筑恢宏庞大的意境中。

【任务分析】

小徐的导游讲解能够根据建筑特点安排旅游线路，设计导游词，体现小徐丰富的专业知识和扎实的专业技能。

【任务实施】

北京故宫

游客朋友们，大家好！

欢迎来到首都北京，在这里每一块砖都是历史，每一条路都是故事，每一缕穿过古城墙的阳光都是诗篇，她的每一景象都让人叹为观止。

“不睹皇居壮，安知天子尊。”唐代诗人骆宾王这句诗，把世人对帝王宫殿的尊崇与好奇表现得淋漓尽致。

今天将游览的是世界上规模最大、保存最完整的帝王宫殿建筑——北京故宫。

故宫，原名紫禁城，是明清两代的皇宫，从公元1420年建成到1911年中国封建王朝终结，近五百年中，先后有24位皇帝生活居住在这里，演绎出一幕幕兴衰史剧。作为世界上现存规模最大、最完整的古代木结构建筑群，它不仅是中国古代建筑的经典之作，而且还蕴含着丰富的中国传统文化。在规划设计上，充分体现了儒家的礼制，反映了皇权至上的伦理观念。这红墙黄瓦的深宅大院，就像一本厚重的书，记录了中国两千多年封建社会最后的辉煌与没落。

您看，她在北京城中央，坐北朝南，平面呈长方形，占地七十二万平方米，整座宫殿沿着一条南北向中轴线排列，并向两旁展开，左右对称。这条中轴线贯穿整个北京旧城，充分体现皇权至上的封建思想。

故宫，分为两大部分，南为政治活动区，即外朝；北为生活区，即内廷。按阴阳五行说，南方从火，含生长之意，属阳性，是适合从政的地方；北方从水，属阴含收藏之意，是适合寝居之地。这种布局恰好体现了这一核心内容，同时又使得故宫界限分明，不可随便逾越，体现了等级分明、内外有别的观念。

朋友们，在故宫有这样一处建筑，她是皇家举行重大典礼的地方，它位于故宫中轴线的显要位置，是故宫建筑群的核心，来自天南海北的游客到故宫参观都是为了要一睹它的尊容，您知道它是那座建筑？对，这就是太和殿，民间称其为金銮殿，是北京故宫里最高、最大、最美、最尊的一座宫殿。

我们穿过午门，跨过太和门，远处太和殿的高大形象迎面扑来，殿前的庭院是宫城内最大的广场。这里空荡荡的，气氛异常庄严肃穆，目的是为了突出太和殿的威严庄重。走近太和殿，高高的白石台基和栏杆遮住雄伟的大殿，抬头望去只能见到门窗上部和双层殿檐及殿顶，在白石台基的烘托下，太和殿威严神秘气氛更加浓厚，而两旁的建筑远远低于太和殿，形成众星捧月之势，保证了太和殿的独尊地位。宫殿的长宽比例也被精心设计成九比五，代表着帝王的九五之尊，拥有至高无上的权力和地位。皇权的威力通过建筑间接地给人以威慑感。在这个号称世界之最的大殿里，布置却相当简单。在基台的烘托下，皇帝的宝座是唯一的主角。目光所及之处，皇权的威严辐射到每一个角落。

游客朋友们，如果我们把故宫建筑比作一首辉煌壮丽、跌宕起伏的乐章，太和殿就是这部乐章中的高潮。漫步其中，令人折服。

进入内廷，紫禁城建筑的乐章从阳刚的高潮乐段进入阴柔的慢板，又是怎样一番景象呢。

请大家稍事休息，10 分钟后集合，继续我们的故宫之行，谢谢大家！

（2012 年全国旅游职业院校导游大赛参赛作品）

【任务拓展】

根据建筑景观讲解要领选择山东一处建筑景观写一篇导游词，要求突出建筑景观的风格特色。

【任务评价】

建筑景观导游评价表

第 ______ 组　组长：______			
内容	分值 / 分	自我评价	小组评价
口头表达	10		
体态语言	10		
语音语调	10		
讲解内容	30		
讲解技巧	30		
仪容仪表	5		
礼节礼貌	5		
总评（星级）			
建议			

（续表）

现场导游基本要求： 1. 语言通顺、口齿清楚。 2. 语音语速适中。 3. 讲解内容全面、正确、生动。 4. 仪容仪表整洁大方，礼貌礼节良好。 星级评价： ★（59分及以下）　★★（60～69分）　★★★（70～79分） ★★★★（80～89分）　★★★★★（90分及以上）

项目10　园林景观导游

【项目导读】

中国是世界上园林艺术起源较早的国家之一，有三千年的历史。中国的造园艺术以其独特的空间艺术语言体现了中华民族崇尚平和谐调、淡泊宁静的精神，在世界园林艺术中享有盛名，有“世界园林之母”的美誉。

【案例导入】

苏州素有“园林之城”美誉，苏州园林源远流长，明清全盛时200多处园林遍布古城内外，苏州古典园林以其古、秀、精、雅、多而享有“江南园林甲天下，苏州园林甲江南”之誉，是苏州独有的旅游资源。

作为导游应该怎样设计讲解思路，引导游客感受园林之美？这就需要掌握园林景区导游讲解要领。

任务一　园林景观讲解要领

【任务目标】

通过本次任务的学习，学生应掌握园林景观讲解主要内容，学会园林景观讲解技巧并在导游讲解中灵活运用。

【任务描述】

一位导游在讲解苏州沧浪亭名称由来是这样说：诗人苏舜钦丢官流放于苏州，买下这块地，傍水筑亭，作为自己的别墅。他给此园起名为沧浪亭，是有感于《孟子》中“沧浪之水清兮，可以濯我缨；沧浪之水浊兮，可以濯我足”的寓意。水清，比喻政治清明；水浊，比喻政治腐败；缨是为官的标志，足是下野的象征。这首沧浪歌表达了儒生“在朝则经世济用，在野则洁身自好”的处世哲学，恰与苏舜钦当时的处境和情绪合拍。所以，他题园为“沧浪亭”，自号为“沧浪翁”，闲居园内，纵情山水，饮酒赋诗，以抒不平。

【任务分析】

虽然人们经常游览园林，但很多人并不知道在园林里看什么？园林的美到底在那里？我国园林景观丰富多样，导游在讲解园林景观时，应注意运用多种讲解方法，以展现园林景观的艺术魅力。

【任务实施】

一、园林景观讲解方法

1. 移步换景讲解

景点导游员带领游客游览园林，一般都要采用移步换景的导游讲解方法。这种讲解法，要求景点导游员在入园处先概括地介绍一些园林的基本情况、基本要点，如名称由来、背景、面积、主要景点、欣赏价值、园林特点等。然后带领游客顺次参观游览，边看边讲。但移步换景不仅是循序渐进的游览，更重要的是要产生步移景异之感，讲究的是游览讲解中“起承转合”的章法，像音乐或戏剧一样，有开端、发展、高潮和结局。

2. 变换角度讲解

在园林导游中，就某一景物，还要善于从不同的角度对游客进行导游讲解。对同一景点，可引导游客远眺、近看、仰观、俯视，然后从不同的角度讲解。正所谓“横看成岭侧成峰，远近高低各不同”。同一处景点、同一处山水还会因四季之分而不同，景点导游员也要注意引导游客想象四季不同的景色，带领游客进入不同的艺术境界。北宋画家郭熙在《山川训》中说：“山水之烟岚，四时不同。春山淡冶而如笑，夏山苍翠而如滴，秋山明净而如妆，冬山惨淡而如睡。”四季景色不同，带给游客的感受乃至情绪也就不同。

3. 造园手段讲解

为深化了解中国园林的艺术魅力，介绍一些造园手段也是常用的导游讲解方法。常用的造园构景手法主要有借景、点景、藏景、对景、框景、漏景、抑景、夹景几种。

4. 将知识融入讲解

在园林导游讲解中，往往会涉及一些建园背景、历史事件、历史人物及园中一些楹联等知识内容，这种讲解方法即知识融入讲解法。文化层次较高的游人，很看重这种讲解方法。有的园林的建园背景不仅富有知识性，而且还有故事性，如穿插加以讲解，往往会起到引人入胜的效果。通过这样的导游讲解，不但了解园林景点诗词的由来和意境，还使游人增长许多知识，提高文化修养。另外，在讲解中，还应注意触景生情和寓情于景等讲解方法，力求生动活泼，使游人得到启示和教益。

二、园林讲解注意事项

导游人员在带领游客游览园林时，要考虑园林的游览特点，注意在路线的选择和讲解上符合园林的游览规律。

1. 路线选择要合理

园林游览的路线选择十分重要。有的园林有管理者设计好的路线，并且指示标志明显，为游人游览提供了方便。有的园林则要由导游选择游览路线，这就需要导游员认真对待。游览路线的选择要考虑这么几点。

第一，符合园林游览的审美特点。曲折、迂回是园林景区路径的特点，可以使游客有“曲径通幽”之感。在有不同的几条线路的情况下，导游员应满足游客“入山唯恐不深，入林唯恐不密”的审美心理，选择幽美的、能将各个景区有机地串联起来的路线。

第二，选择观赏路线要考虑步步深入、引人入胜，要能达到步移景异的观赏效果。导游人员要做到心中有数，哪些地方需重点讲解，哪些地方是一带而过，使游客的游兴始终处于饱满的状态。

第三，在选择路线时要考虑最佳的观赏角度、观赏距离与观赏方法，了解最能体现园林艺术意境的有关因素。

2. 讲解语言要生动

园林艺术表现了中国传统文化的较高成就，在自然美与人文美的和谐中达到了较高的意境，因此导游员的讲解要能与园林的美学价值相适应，让游客既看到了美的景观，同时也听到了美的介绍，达到一种完美的统一。导游人员的讲解语言要生动、形象，也就是用词要准确，形容要恰当，境界要流畅，有较强的节奏感、音韵感。如果说，讲华山时，是面对着粗犷大汉的话，讲园林就要像面对着一位娴静的姑娘。总之，讲解语言要与游览对象一样能令游客愉悦。

3. 讲解方法要灵活

由于园林有着特殊的艺术表现形式，所以导游员在讲解时就要灵活地运用各种讲解方法，以满足游客的审美心理需求。

（1）启发式讲解方法：园林的意境美是由造园者与观赏者共同创造的，游客在观赏的同时要不断地调动其知识文化积累，进行二次创作，产生联想，感悟道理，从悦耳悦目的初级审美阶段上升到悦神的最高境界。因此，导游员在讲解中，要启发游客的二次创作的热情，鼓励游客参与对匠心独运的艺术思考与理解，提出问题，促其思考。如在实用功能方面，在精神表现方面，在创作动机方面，多向游客提些为什么，鼓励其参与。

（2）画龙点睛讲解法：园林建筑的布局体现了设计者与建筑师的良苦用心，表现出意想不到的艺术效果。导游人员的讲解，就应该强调那些产生突出效果的地方，使游客能够身临其境地体验园林艺术的奥妙。比如，颐和园中的南湖岛及未废弃前的藻鉴堂和治镜阁岛的布局，对昆明湖湖面进行了合理的分割，使空旷的湖面变得层次丰富，给人的视觉以美的享受。同时三岛又分别象征海中的蓬莱、方丈、瀛洲三座仙山，这种“一水三山”的造园布局，寄托着封建帝王祈求长生不老的追求。如果在讲解时，能再联系圆明园中的“一水九州”的布局进行比较，则讲解就更为生动了。

（3）欲扬先抑讲解法：园林中有些景点表现手法较为直白，游客不需要听导游介绍也大概明白。但是，导游人员如能采用欲扬先抑的讲解方法进行讲解，就能把原本平淡无奇的景点讲得有声有色，从而引起游客的兴趣，增加景点自身的魅力。

要能做这样的讲解，当然需要导游员对园林艺术有较多的了解，有良好的艺术修养和语言修养。园林艺术是物质文化和精神文化的双重体现，是创造者及其所处时代留下的文化凝聚体，是物化了的文化心理和审美意识。中国独特的地理条件和人文背景孕育出的自然景观对中国古典园林产生了重要的影响。中国古典园林作为一个园林体系，在世界园林中卓尔不群。

【任务拓展】

一位导游员在讲解园林艺术中造园艺术的种种特点时是这样说的：中国人造园，讲究以少胜多，以实带虚，经得起想象。由局部想象出全体，由具体形象感受到园艺家的志趣和追求，从而让我们感受到一个小庭院，一片大天地，隽永耐看，含蓄动人。在中国园林中，一般都设置厅堂、亭榭、游廊。说是室外吧，分明有门有窗，有顶；说是室内吧，却又满目苍翠，山水入怀。曲折的云墙是围还是引？是引，何以阻隔了人们的视线；是围，却又引导我们寻路探幽，渐入佳境。粉墙上的花窗是挡还是透？说是透，为何又要用墙挡；说是挡，为何又要用窗泄。几块太湖石组合堆叠的是盆景还是丘壑？是丘壑，为何那么玲珑剔透，无风无云；是盆景，却又可登可探，有山野之气。缓缓流出围墙的曲水，是尽头还是源头？说是尽头吧，为什么却又源源不绝，绵绵而去，藏入了石缝，一会儿又出现于石边；说是源头吧，却又为什么悄然而逝，一去不返？若说有尽，却往往绝处逢生，别有洞天，步移景异；若说无尽，却又发现自己已经到了围墙根上……凡此种种， 都显示出中国园艺家们的高妙艺术， 让我们处处感受到了中国园林的含蓄。

请分析上述导游词有哪些特点？

任务二　园林景观导游词范例

【任务目标】

通过本次任务的学习，学生掌握园林景观导游词范例，灵活运用园林景观讲解技巧。

【任务描述】

苏州拙政园导游词：现在从园门进去便是东花园。入园后，首先映入眼帘的是东花园的主厅“兰雪堂”。“兰雪”二字出自李白“春风洒兰雪”之句，有清香高洁、超凡脱俗之意。厅堂面宽三间，中间屏门上有一幅漆雕画，是拙政园的全景图。从图上看，拙政园分为三个部分：东部，曾取名为“归园田居”，以田园风光为主；中部，称为“复园”，以池岛假山取胜，也是拙政园的精华所在；西部，称为“补园”，以清代建筑为主。整个院子没有明显的中轴线，也不对称，但错落有致，疏密得体，近乎自然，是苏州园林中布局最为精巧的一座。

【任务分析】

中国园林艺术包含了深刻而丰富的美学思想，具有很高的游览和观赏价值。它的最高境界就是明代计成在《园冶》一书中所指出的“虽由人作，宛自天开”，这也是中国园林建筑的最高法则。

【任务实施】

江苏苏州园林

“月落乌啼霜满天，江枫渔火对愁眠。姑苏城外寒山寺，夜半钟声到客船。”

游客朋友，大家好！

想必您一定读过张继的这首《枫桥夜泊》吧！诗里的“姑苏城”指的便是我们美丽的古城苏州。欢迎大家到苏州来旅游。有人说，“江南园林甲天下，苏州园林甲江南”，来到苏州，当然不能不欣赏它享誉世界的园林艺术。

苏州园林，以私家园林为主，起始于春秋，成熟于宋代，鼎盛于清代。现在保存完整的各色园林有六十多处，分别代表了我国宋、元、明、清江南园林的风格。苏州园林以其古、秀、精、雅等特色成为中华民族独特的艺术瑰宝。1997 年，被列入《世界遗产名录》。

苏州园林讲究亭台轩榭的布局、假山池沼的配合以及花草树木的映衬。在有限的空间里，造园家们通过叠山理水、栽植花木以及运用大量的匾额、楹联、书画、雕刻等来反映古代哲理观念、文化意识和审美情趣，从而形成充满诗情画意的山水园林，使人“不出城廓而获山水之怡，身居闹市而得林泉之趣”，达到“虽由人作，宛若天成”的艺术境地。

游客朋友们，今天要游览的是位于苏州古城东北的拙政园，它是苏州园林中面积最大的古典山水园林，被誉为“中国园林之母”。

大家看前面砖砌墙门的正上方，有砖雕贴金的“拙政园”三个字。拙政园始建于明代正德四年。明代御史王献臣因官场失意还乡，以大弘寺址拓建为园，借西晋潘岳《闲居赋》“拙者之为政”句意，取名为“拙政园”。 拙政园的花园分东园、中园、西园三部分。

游客朋友们，在游览过拙政园东园之后，我们现在来到的是中园。中园是拙政园的主体部分和精华所在，按景色大致可分为三个部分。

首先请看以池岛假山为主的第一部分。假山上的“悟竹幽居”，山顶的“待霜亭”和“雪香云蔚亭”点缀其上。从东面看，一山高过一山；从南面看，一山连接一山；从西面看，一山压倒众山，具有中国山水画的传统构图特色，也体现了“横看成岭侧成峰，远近高低各不同”的意境。

中园的第二部分，景色以荷花池水为中心，围绕水面有荷风四面亭、香洲、小沧浪和远香堂等景点。

大家看这座三开间的水阁名叫“小沧浪”，它南窗北槛，两面临水，跨水而居，构成一个娴静的水院。“小沧浪”出自《楚辞·渔父》。“沧浪之水清兮，可以濯我缨；沧浪之水浊兮，可以濯我足。”吟诵着熟悉的诗句，我们的眼前仿佛又浮现出屈原与渔父对话的情景。在渔父看来，世道清廉，可以出来为官；世道浑浊，可以与世沉浮。这是一种“与时推移”的处世哲学。当然，我们也看到了屈子“宁可葬身鱼腹，也不蒙受世俗的尘埃”的高贵品质。

在远香堂的东南角，深藏着一组各具特色的小建筑，闲庭别院，这里被称为拙政园中的“园中园”，因种有枇杷而得名“枇杷园”。这是中园的第三部分。

游客朋友们，伴着明媚的春光，我们仿佛徜徉于美妙的山水画卷之中，感受着“天人合一”的和谐与惬意。

好了，接下来是自由活动时间，二十分钟以后在“别有洞天”的圆洞门前集合，去继续我们的西园快乐之旅！

（2012年全国旅游职业院校导游大赛参赛作品）

【任务评价】

园林景观导游评价表

第 _____ 组　组长：______			
内容	分值 / 分	自我评价	小组评价
口头表达	10		
体态语言	10		
语音语调	10		
讲解内容	30		
讲解技巧	30		
仪容仪表	5		
礼节礼貌	5		
总评（星级）			
建议			
现场导游基本要求： 1. 语言通顺、口齿清楚。 2. 语音语速适中。 3. 讲解内容全面、正确、生动。 4. 仪容仪表整洁大方，礼貌礼节良好。 星级评价： ★（59 分及以下）　★★（60～69 分）　★★★（70～79 分） ★★★★（80～89 分）　★★★★★（90 分及以上）			

【任务拓展】

根据园林景观讲解要领选择山东一处园林景观写一篇导游词，要求突出园林景观的风格特色。

项目11　博物馆（展馆）景观导游

【项目导读】

随着人们文化素质和欣赏水平的提高，博物馆已经成为旅游参观的热点，尤其是欧美国家的旅游团，每到中国的一个城市旅游，几乎都会把当地的博物馆作为重要的参观浏览对象，可以说，博物馆是一种高品位的文化旅游资源。

【案例导入】

人们说在西安旅游是“三分看，七分听”，对导游讲解水平的要求非常高。小林接待一来自中国台湾的旅游团游览西安时，就遇到了问题。

任务一　博物馆（展馆）讲解要领

【任务目标】

通过本次任务的学习，学生应掌握博物馆（展馆）讲解主要内容，学会博物馆（展馆）讲解技巧并在导游讲解中灵活运用。

【任务描述】

在参观秦始皇兵马俑博物馆时，小林将游客带入博物馆参观后，客人们纷纷抱怨看不出名堂。

【任务分析】

显然，导游小林是对秦始皇兵马俑博物馆的知识准备不足导致游客的不满。众所周知，我国历史悠久，中华民族在漫长的历史进程中创造了光辉灿烂的文化，保存下来的历史文化遗产极为丰富，它们记载着中华民族数千年来的发展轨迹和发明创造。博物馆就是收集和珍藏珍贵历史文物的场所，起着保护和展示文化与自然遗产、开展社会教育的作用。

【任务实施】

博物馆的游览和讲解都明显地表现出与其他旅游景观的不同特点，导游员在进行博物馆讲解服务中要注意以下几点。

一、做好知识准备

博物馆中丰富的藏品蕴涵着深厚的文化，涉及方方面面的知识，个别展品还可能要求有一定的专门知识。博物馆内容的丰富，要求导游人员要有广博的知识，对各方面的知识都有所了解；馆藏内容文化内涵的综合性、连贯性，要求导游人员要有系统的知识，既要了解 “点”，又要知道“线”，既要掌握审美知识，又要了解科学原理；博物馆内容的专业化，又决定了导游人员在某些方面知识的专门化，不但知其然，而且要知其所以然。导游员不能只是简单地说“这是什么”“那是什么”，这样讲，游客是难以满足的。导游员应当去学习、去研究、去解决。这种学习研究的目的明确，带有明显的针对性，绝非是学术研究或科学考证。要善于利用别人的研究成果，把它转化为讲解内容并讲给游客，做到“外行看我们很内行，内行看我们不外行”。

二、熟悉陈列内容

博物馆的藏品十分丰富，有的多达数万件，但并不是所有的藏品都能成为陈列品，只有经过挑选的、能反映陈列主题思想的藏品，才能成为陈列品。一般地说，进入陈列室的陈列品都是本馆藏品最有价值的。陈列品的陈列顺序、陈列类别揭示着陈列品内在的本质、价值和馆藏者所要表达的主题思想。这就需要导游人员对博物馆的展品陈列有一个基本的了解，熟悉陈列品的种类、所在位置、陈列顺序以及其所揭示的主题思想。除此之外，还要根据游客的审美兴趣，熟悉陈列品的吸引力及讲解效果。只有熟悉了博物馆的陈列内容，在导游讲解中才能做到心中有数，并且根据旅游团的特点进行选择性的参观及讲解。

三、客观讲解，据题发挥

博物馆的展品是具体的实物和生动的艺术品，体现了较强的客观性。这些事物具有强大的说服力，是对历史、科学、文化等方面成就的最有力的注释。导游人员要根据展品实物有针对性地进行讲解，切忌偏离具体的客观对象去讲其他不着边际的内容。比如，在面对青铜的大鼎时，可能会由此引出“一言九鼎”，但不应该抛离观赏物而大讲特讲有关传说故事。任何发挥都应以客观对象为基础，做到“据题发挥”，放得开，收得住。比如，在参观青铜器，涉及嵌错装饰工艺时，可从最早的纹饰到嵌错，再到鎏金等装饰工艺的发展，以及装饰图案的美学价值等讲起，这样的“据题发挥”，可以使游客由点及面地了解有关知识，收到较好的效果。

四、深入浅出，通俗易懂

博物馆的许多展品，都具有较高的学术价值，蕴涵着深奥的科学道理，也正是这个特点，才使其具有了非同一般的教育功能。导游人员的讲解不是做科学报告，因此，要把那些本来深奥的内容，用浅显的语言讲出来，这是导游人员在博物馆导游中所应特别注意的。深入浅出、通俗易懂的讲解方法，是导游员准确地传达审美信息的最有效的方法。

五、知识性、趣味性并重

博物馆展品所蕴含的学问有时是令人无法想象的，如自然界一块普通的石头，被存放到了地质博物馆里，也许它就是某一地区地质历史的最典型的代表；一块动物化石，里面所包含的也许是某个物种的生命演变历史。这些都是导游人员要向游客介绍的知识点。但是，这些知识的讲解不是单纯的、枯燥的介绍，而是要将趣味性融入讲解过程中。如果导游员只是一味强调知识性，就有可能陷入授课式或报告式的讲解误区中。导游员应当用形象生动、幽默风趣的语言把枯燥平淡的知识包装在里面，采用丰富多彩的方式方法表述，让游客感到参观博物馆既增长了知识，也充满了乐趣。

【任务拓展】

请分析秦始皇兵马俑博物馆导游词的主要特点。

任务二　博物馆（展馆）导游词范例

【任务目标】

通过本次任务的学习，使学生掌握博物馆（展馆）导游词范例，灵活运用博物馆（展馆）讲解技巧。

【任务描述】

小林吸取这次带团教训，利用业余时间多次到秦始皇兵马俑博物馆实地考察，并且学习相关的历史知识充实自己，不断修改导游讲解词，分析团队特点，做到生动有趣地介绍历史知识，将趣味性融入讲解过程中，使游客感到参观博物馆既增长了知识，也充满了乐趣，同时也赢得了游客的一致赞扬。

【任务分析】

小林在认识到自己讲解博物馆的不足之处后，能够从知识准备、导游讲解等方面进行改正，并且根据旅游团的特点进行选择性的参观及讲解。

【任务实施】

陕西秦始皇兵马俑博物馆

各位游客，大家好：

欢迎您来到古城西安，这是一个充满历史遗存的城市。它就像一部活的史书，记录着中华民族的沧桑巨变。西安古迹、文物众多，其中秦兵马俑就是最早被列入《世界文化遗产名录》的著名古迹。

法国总统希拉克曾说过："不看金字塔，不算真正到过埃及。不看秦俑，不算真正到过中国。"

那今天就请大家跟我一起走近兵马俑，去感受它那独特的艺术魅力吧。

秦兵马俑博物馆位于陕西省临潼区境内，是秦始皇陵东侧的一组大型陪葬坑，它以恢宏磅礴的气势，威武严整的军阵，形态逼真的陶俑，向人们展示着古代东方文化的灿烂和辉煌，被誉为世界第八大奇迹。

现在展现在我们面前的就是1号坑，它是整个兵马俑中发掘较完整的一个，其规模也最大。其面积14260平方米。坑中士兵成整齐的军队阵列，它生动真实地展示了秦代步兵和车兵联合编队的场面。坑的最东端是面向东的武士，他们是部队的前锋。它的后面为部队的主体，他们被排成38路纵队，站在11个坑道里。在坑道的南北西三面各有一列面向外的武士，他们分别是部队的右翼、左翼和后卫。

在这埋有约6000个真人大小的陶俑，目前已清理出的有1000多个。秦俑一经面世，就以它撼人心魄的艺术魅力倾倒了无数现代人，千人千面的陶俑形象之美，令人回味无穷。

看，在战车后面的这位身披鱼鳞甲，头戴鹖冠，脚穿方口翘尖履，他就是气宇不凡、魁梧稳健的将军。

我们继续前行，再看那位，同样身披鱼鳞甲，而头戴双板长冠，脚穿方口翘头履，他就是威武刚毅、身经百战的军吏。

再看这一列，他们的装束基本相同，都外披铠甲，下穿短裤，腿扎裹腿，头挽发髻，脚穿方口齐头履，他们就是神情各异、生动传神的士兵。

他们或年轻幼稚，或老练沉稳，或憨厚质朴，或聪明机警，或开朗洒脱，或神情凝重。

再看陶马，形象更是逼真传神，马头方正，昂首张口，两耳竖立，双目圆瞪，四蹄攒地，矫健有力。这兵马俑的阵势排列不愧是一支雄壮的钢铁部队。虽然历经了两千多年的寒暑，依旧威风凛凛，忠心耿耿，所向无敌的捍卫家园，让人肃然起敬。

各位游客，面对着这些整齐的兵马俑，您是否能想象出，当年的秦始皇是如何的威风，如何的豪迈，想必这位旷代君主就是在这些彪悍勇猛、训练有素的军队的簇拥下一举荡平六国，完成了统一中国的千秋霸业。

置身于这庞大的军阵，我们不禁要问，是谁统领着它们驰骋疆场？又是谁与他们联合作战，征战南北呢？答案将在我们接下来游览的2号和3号坑揭晓。

如今，2000多年过去了，秦始皇已成为历史，但这秦兵俑依旧透着不可侵犯的凛凛威严。面对气势雄壮的兵马俑，中国著名戏剧大师曹禺先生写下了兵马俑词：

兵马俑，兵马俑，昔时兵马今时俑，铁甲映雪战旗红。马骁腾，兵士猛，带长剑兮挟秦弓，岂甘千古埋土中。

这就是对兵马俑最好的讴歌，也是华夏先人强大精神的一种写照，愿这种精神永远照耀着茁壮的中华民族。谢谢大家。

（2012年全国旅游职业院校导游大赛参赛作品）

【任务评价】

博物馆（展馆）导游评价表

第 ____ 组　组长：____			
内容	分值 / 分	自我评价	小组评价
口头表达	10		
体态语言	10		
语音语调	10		
讲解内容	30		
讲解技巧	30		
仪容仪表	5		
礼节礼貌	5		
总评（星级）			
建议			
现场导游基本要求： 1. 语言通顺、口齿清楚。 2. 语音语速适中。 3. 讲解内容全面、正确、生动。 4. 仪容仪表整洁大方，礼貌礼节良好。 星级评价： ★（59分及以下）　★★（60～69分）　★★★（70～79分） ★★★★（80～89分）　★★★★★（90分及以上）			

【任务拓展】

根据博物馆（展馆）景观讲解要领，选择山东一处博物馆（展馆）写一篇导游词，要求突出博物馆（展馆）的特色具有一定趣味性。

项目12　专项（特色）旅游景观导游

【项目导读】

近年来，随着我国经济快速增长和人们生活水平不断提高，旅游业呈现持续快速发展的良好势头。在这一背景下，人们的旅游行为呈现出个性化、多元化的发展趋势，旅游产品开发也开始朝着多元化方向发展，传统的观光旅游产品已不能满足人们更高层次的旅游需求，各类专项旅游产品正呈现出方兴未艾的发展势头。

【案例导入】

9月27日是世界旅游日。在这一天，2013中国休闲乡村发展（蓬莱）峰会在山东省蓬莱市召开。此次峰会以“美丽中国建设与休闲乡村发展”为主题，引领中国休闲乡村的发展潮流与风向，促进中国乡村旅游与国际接轨。当晚，代表们在最具东方神韵的个性化葡萄酒庄——君顶酒庄喷泉广场欣赏了“仙境蓬莱”乡村中国风音乐会。

任务一　专项（特色）旅游讲解要领

【任务目标】

通过本次任务的学习，学生应掌握专项（特色）旅游景观讲解主要内容，学会专项（特色）旅游景观讲解技巧并在导游讲解中灵活运用。

【任务描述】

2014 年 3 月 7 日，山东省举办乡村旅游师资培训班，培训期间，老师们学习乡村旅游相关知识，并实地考察了山东省乡村旅游示范点——淄博市淄川区梦泉村。

【任务分析】

专项（特色）旅游产品是在知识经济来临和旅游市场竞争日趋激烈的背景下形成和发展的，是一种新兴的旅游形式。它是在观光旅游和度假旅游等常规旅游基础上的提高，是对传统常规旅游形式的一种发展和深化，因此是一种更高形式的特色旅游活动产品。“专项旅游”通常也被称为“专题旅游”“特色旅游”。因此，专项（特色）旅游对导游要求标准更高，需要导游提供个性化的讲解服务。

【任务实施】

一、专项（特色）旅游的概念及分类

专项旅游是指人们以某项主题或专题作为自己的核心旅游活动。在专项旅游活动过程中，人们对于旅游行为具有明显的指向性，是为了满足自身的某一特殊需要。专项旅游是在观光旅游和度假旅游等常规旅游基础上的提高，是对传统常规旅游形式的发展和深化，因此是一种更高形式的特色旅游活动产品。

专项旅游包括文化旅游、艺术旅游、节庆民俗旅游、修学旅游、乡村旅游、探险旅游、生态旅游、红色旅游、工业旅游、农业旅游、自驾车旅游、社会旅游等。

二、项目（旅游线路）特点

（1）旅游项目和线路设计具有新奇性，线路和项目的设计具有历史感和现代感相结合的巧妙构思，具有某种程度上的体验性。

（2）旅游项目和线路能够使游客展示自己的能力，包括体力、耐力、应付突发事件的能力以及心理素质，使其能有一种检验自己能力的满足感。

（3）所设计的许多项目，一方面，应该给游客提供尽可能完善的服务；另一方面，又留有许多让游客自主参与的余地。

三、文化旅游

1. 概念

文化旅游是通过旅游实现感知、了解、体察人类文化具体内容之目的的行为过程。泛指以鉴赏异国异地传统文化、追寻文化名人遗踪或参加当地举办的各种文化活动为目的的旅游。寻求文化享受已成为游客当下的一种风尚。

2. 导游员讲解注意事项

（1）注意形象。导游员形象设计符合文化特色，尽量使自己融入这个特色之中，增加讲解的信服感。

（2）语言得当。配以适当的诗文和古典故事吸引游客。

（3）做好充足的知识储备。

（4）根据讲解内容配合适当手势和肢体语言。

（5）留下悬念，再告知答案，使游客印象更深刻。

（6）个性化讲解。针对不同职业以及不同文化层次的人，进行不同的设计，细化讲解内容。

四、节庆民俗旅游

1. 概念

节庆旅游是指利用地方特有的文化传统和民俗特色，举办意在增强地方吸引力的各种节日、活动，使游客在停留期间具有较多的参与机会，亲身体验当地民众生活事项，在精神上获得一种享受，得到知识和营养，实现自我完善的旅游目的。节庆民俗旅游属于人文景观旅游的范畴，具有地域性、神秘性、文化性、体验性、经济性等特点。

2. 导游讲解要求

（1）努力成为节庆、民俗方面的“专家”，将相关知识融汇于导游讲解中。

（2）灵活运用声像辅助法、歌舞表演法、虚实结合法、触景生情法等讲解方法和技巧。

（3）适当运用民族语言或方言于导游讲解中，以展现当地特色和传统文化。

（4）能针对不同旅游团的特点，采用灵活的讲解方法，选取最能体现当地特色和民族特色的民俗风情，在保证安全游览的同时，让游客体验一种全新的生活。

（5）自觉宣传、传承民族文化、地方文化以及民间工艺，提升旅游地形象。

【任务拓展】

淄博市淄川区梦泉村是山东省乡村旅游示范点。整个景区分梦泉山庄休闲区、孟姜女文化区、齐长城游览区、福寿文化区、寻古探幽区、农家乐民俗风情区、原生态自由采摘区和梦泉拓展训练区。请选择一处景区介绍。

任务二　专项（特色）旅游导游词范例

【任务目标】

通过本次任务的学习，学生应掌握专项（特色）旅游景观导游词范例，灵活运用专项（特色）旅游景观讲解技巧。

【任务描述】

某年8月的一天，导游赵先生接待了一个20人的德国旅游团来青岛旅游。客人们在参观青岛啤酒博物馆时，显得格外兴奋，停留的时间也很长，期间他们向赵先生提出了很多问题，从青岛啤酒厂的建厂历史到酿酒设备、原料来源，赵先生针对大家的问题一一进行了讲解，直至客人提不出问题为止。虽然赵先生当时觉得很累，但是通过接待这样的旅游团，却提高了自己的讲解能力。

【任务分析】

导游讲解需要导游人员以丰富的旅游资源为题材，以兴趣爱好各异的游客为对象，对自己掌握的各类知识进行再加工提炼，用简洁明快的语言进行的一种意境的再创造。

专项旅游内容丰富，类别多样，导游员只有做好充分知识准备，突出主题，站在客人的角度准备讲解内容和回答问题，才能够赢得游客的喜爱。

【任务实施】

国家4A级工业旅游示范点——青岛啤酒博物馆

各位朋友，要想了解青岛，就要先了解青岛的啤酒，因为百年的青岛，也有了百年的青啤，它见证着这座城市的变化和成长，同时也见证青岛人性格的成长，这一切成就着青岛这个品牌城市的崛起。因为啤酒使青岛人多了几分内秀，多了几分灵气，也多了几分豪情。因此我想对大家说，了解青岛的文化就是了解青岛的啤酒文化，啤酒是带你走近青岛、了解青岛最好的礼物。接下来我想为大家推荐来青岛必看的，国家首批4A级工业旅游示范点青岛啤酒博物馆。

青岛啤酒博物馆是在青岛市市北区登州路56号的青岛啤酒一厂旧址基础上建立起来的，主要包括最早的糖化大楼和办公楼两部分。其厂房都保持了当年德国人设计的旧貌，内部结构为砖木和混凝土交杂。走进展馆就好像回到了20世纪初期，老式的设备丝毫没有陈旧的归属感，产于20世纪初期的西门子公司的电机变速箱依然如故，成了镇馆之宝。如果现在通上电源，它依然可以技走天下。现在这种设备在全世界仅存两台，另外一台在南美，已经成为破铜烂铁。后来德国西门子公司曾花巨资想回收这台机器，都被几代厂领导婉言谢绝了。因为领导们知道，它包含了几代工人细心维护的心血，见证了青岛人扎实、肯干、朴实的工作作风和爱厂如家的奉献精神！

青岛啤酒博物馆中最具价值的核心区域当属第一区域——百年历史和文化。在这里，顺着时空的脉络，大家可以通过详尽的图文资料，来了解啤酒的神秘起源、青啤的悠久历史和青啤数不胜数的荣誉，以及青岛国际啤酒节、国内外重要人物来青啤参观访问的情况。还有许多从欧洲和全国收集的文物、图片、资料和青岛啤酒各阶段的实物也是这一区域的展示精华。而祖辈曾在青啤工作过的德国、日本友人专门捐献的文物史料，使得这一展区更加引人入胜。

生产工艺流程区域展示的是老建筑物、老设备及车间环境与生产场景，同时，在生产流程中的每一个代表性部位放置有放像设备，介绍青岛啤酒的生产流程及历史沿革。为重现历史原貌，博物馆在老糖化车间的老发酵池设置了工人生产劳动雕塑模型，复制出老实验室场景和工人翻麦芽的场景。

在中途的休息处，我还为大家准备了刚下线的原浆啤酒。我相信只有在青岛您才会有这样的口福，而且是在啤酒一厂里，这里的酒基本上都是出口的，它的发酵期和工艺和对内销的酒有所不同。原浆啤酒是鲜啤酒的一种，与一般啤酒不同的是，原浆啤酒在加工过程中省略了严格过滤工序，因此啤酒中的美味及营养被完全地保存下来，虽在外观上没有一般啤酒的纯净色泽，但其味道的醇美和原汁原味更让人回味不已。

如果在中途您只是小酌一杯试试品质的话，那接下来在多功能区域的一层，您可以在此品尝多种不同质地的新鲜青岛啤酒，畅饮一番。激情青啤，激情人生，让我们大家一起走近它吧！

【任务评价】

专项（特色）景观导游评价表

第______组　组长：______			
内容	分值 / 分	自我评价	小组评价
口头表达	10		
体态语言	10		
语音语调	10		
讲解内容	30		
讲解技巧	30		
仪容仪表	5		
礼节礼貌	5		
总评（星级）			
建议			

（续表）

现场导游基本要求： 1. 语言通顺、口齿清楚。 2. 语音语速适中。 3. 讲解内容全面、正确、生动。 4. 仪容仪表整洁大方，礼貌礼节良好。 星级评价： ★（59分及以下）　★★（60~69分）　★★★（70~79分） ★★★★（80~89分）　★★★★★（90分及以上）

【任务拓展】

根据专项（特色）旅游的讲解要领选择山东专项（特色）旅游景观写一篇导游词，要求突出专项（特色）旅游景观的特色，具有一定趣味性。

Module 4

模块 4

景点导游技巧模拟

【模块导读】

讲解是导游的看家本领，导游讲解服务可以提高导游服务质量，导游讲解的好坏关系到导游服务质量的高低。有水平的导游讲解能增强客人的满意度，导游也正是通过高水平的讲解、渊博的知识来树立自己在游客心目中的第一形象。

精彩的导游讲解，需要更多的技巧、更长的时间去训练。在平日学习中，通过模仿职业情景给学生一种身临职业情景的真实感，提供多次重复练习的机会并随时进行过程评价。

【教学建议】

（1）设置工作任务，团队合作分工完成。

（2）设置模拟场景，模拟演练提高学生的实践能力。

【关键词】

景观内容　讲解技巧演练

项目 13　走进青岛——欢迎词及青岛市容景观导游

【项目导读】

每一座城市都有自己独特的气质。青岛是一座富有魅力的城市，她迷人的姿态、动人的色彩、优美的旋律，让生活在这座城市里的人们感到自豪，从而热爱她，维护她，建设她；让来到青岛的游客感到舒畅，从而欣赏她，赞美她，留恋她。

【案例导入】

某旅行社接待一来自S市的房地产考察团，客人于4月5日乘飞机抵达青岛进行为期3天的参观考察，期间入住青岛香格里拉大酒店。

任务一　欢迎词及青岛市容景观主要内容及讲解思路

【任务目标】

通过本次任务的学习，学生应掌握青岛市容景观的主要内容，创作具有自己风格的市容景观讲解词，为导游讲解做好知识准备。

【任务描述】

导游员小刘于5日下午在接到S市的房地产考察团后，带领客人乘车从流亭机场前往下榻饭店——青岛香格里拉大酒店，途中小刘要致欢迎词并做青岛市容导游。小刘将如何进行途中导游?

【任务分析】

不同的导游在导游风格上都有不同的特点，不同的团队导游讲解需求也不相同。因此，在设计欢迎词和市容导游词时要突出自己的风格，兼顾团队特点，避免千篇一律。

【任务实施】

市容导游讲解的内容应围绕游客的需求、兴趣和沿途风光景点来组织。

该团是一房地产考察团，从流亭机场前往香格里拉大酒店，途中导游员根据旅游车的行进路线介绍旅游地的市容市貌，使游客对旅游目的地城市建设情况有一定的了解。具体内容包括:

（1）欢迎词。

（2）市容特色。标志性的建筑物、沿途经过的旅游景点等。

（3）城市概貌。旅游目的地的地理情况、人口、城市规划等。

（4）历史沿革。城市历史、著名历史事件、遗留下来的自然和人文旅游资源等。

（5）经济文化。旅游目的地的面积、人口、优势产业、总体经济实力、地方文化及土特产品等。

【任务拓展】

某旅行社接待一来自 A 市的旅行团，客人于 4 月 5 日乘火车抵达青岛，进行为期 3 天的观光游览，期间入住黄海宾馆。假如你是该团导游，将如何进行青岛市容沿途导游？

任务二　欢迎词及青岛市容景观模拟演练

【任务目标】

通过本次任务的学习，使学生掌握青岛市容景观的讲解思路和流程，运用恰当的讲解方法模拟、演练市容景观导游，提高导游讲解技能。

【任务分析】

由 5 人一组，搜集资料，现场踩点，制作 PPT，分角色模拟讲解。

【任务实施】

走进青岛项目操作任务书

项目内容	走进青岛市容导游	计划工作时间	3	责任教师	
学习班级		小组编号		小组成员名单	
项目任务	1. 学生分组收集青岛地理环境、发展历史、经济等资料并进行相应整理。 2. 对有关青岛概况的导游词进行创作、修改。 3. 对青岛概况进行模拟实地导游讲解。				
注意事项	1. 安全提示。 2. 服务程序与标准提示。				
提交的作品	1. 青岛市容导游导游词电子版和打印稿各一份。（要求学生必须独立创作） 2. 总结报告：生生互评，组组互评。（要求包含特色及优缺点分析）				

（续表）

<table>
<tr><td rowspan="3">项目实施过程</td><td>一、方案设计及工作规划
1. 设置情景（流亭机场到香格里拉），激发学生强烈的求知欲望。
2. 将学生分为四组，分别从青岛的地理环境、发展历史、经济发展、旅游资源四方面内容入手，收集、分析并整理资料。（注：每组仅负责其中一项内容）
3. 各组推选代表展示成果，全体同学评价，小组之间互评。
4. 各组整合青岛概况各部分资料，深化知识，创作导游词，设计讲解顺序。（实训过程）
5. 各组代表介绍各自内容，并展示创作结果。（操作过程）
6. 教师分析点评，及时纠错，情感共鸣。（穿插于操作过程）</td></tr>
<tr><td>二、操作实施
1. 以青岛发展四部分内容作为主线，分析探究青岛概况导游讲解的相关内容。
2. 以学生为中心，将学生分为四组：
第一组：探究我的家乡地理环境特色表现在哪几方面，突出重点进行讲解。
第二组：探究青岛既年轻又古老的历史，突出重点进行讲解。
第三组：探究如今的青岛经济地位和特色，突出重点进行讲解。
第四组：探究青岛的美（特色旅游资源），突出重点进行讲解。
3. 教师提出要求和注意事项，引导学生观察、分析、思考、拓展。
4. 教师针对实训中存在的问题，给予及时纠正、点评。</td></tr>
<tr><td>三、操作过程
1. 各组选派代表展示成果。
2. 学生及时辨析，补充说明，总结归纳。
3. 教师纠错、点评，师生情感共鸣。</td></tr>
</table>

【任务评价】

项目操作评价表

<table>
<tr><td>项目</td><td colspan="4">导游规范</td><td colspan="4">内容组织</td><td colspan="4">语言表达</td><td colspan="4">礼貌仪表</td><td colspan="4">应变能力</td><td colspan="4">PPT 制作展示</td><td colspan="4">综合评价</td></tr>
<tr><td>等级</td><td>A</td><td>B</td><td>C</td><td>D</td><td>A</td><td>B</td><td>C</td><td>D</td><td>A</td><td>B</td><td>C</td><td>D</td><td>A</td><td>B</td><td>C</td><td>D</td><td>A</td><td>B</td><td>C</td><td>D</td><td>A</td><td>B</td><td>C</td><td>D</td><td>A</td><td>B</td><td>C</td><td>D</td></tr>
<tr><td>学生自评</td><td></td><td></td><td></td><td></td><td></td><td></td><td></td><td></td><td></td><td></td><td></td><td></td><td></td><td></td><td></td><td></td><td></td><td></td><td></td><td></td><td></td><td></td><td></td><td></td><td></td><td></td><td></td><td></td></tr>
</table>

（续表）

小组互评	一																												
	二																												
	三																												
	四																												
教师评价																													

附：项目操作评价标准

导游规范	熟知并能正确运用导游服务规范，导游服务程序正确完整。（20 分）
内容组织	讲解内容全面、正确，条理清晰，详略得当，重点突出；讲解方法运用得当；讲解生动、有感染力；回答提问准确、熟练。（25 分）
语言表达	普通话标准，语速适中；用词准确、恰当、有分寸；内容有条理，富有逻辑性；表情及其他身体语言运用得当。（20 分）
礼貌、仪表	穿着打扮得体、整洁，言行举止大方，符合导游员礼仪礼貌规范。（5 分）
应变能力	思维反应敏捷，情绪稳定，考虑问题周到；能够妥善、及时处理突发事件及特殊问题。（20 分）
团队合作	分工明确，沟通协调，配合默契，工作积极主动。（5 分）
PPT 制作演示	画面清晰，导游讲解词注解内容与画面紧密结合，影音文件效果恰当。（5 分）

第（　）组　　组长签名：

附录：

评价等级标准	A 等	B 等	C 等	D 等
导游规范	20～18 分	18～14 分	14～12 分	12 分以下
内容组织	25～22 分	22～16 分	16～15 分	15 分以下
语言表达	20～18 分	18～14 分	14～12 分	12 分以下

（续表）

礼貌、仪表	5 分	4 分	3 分	3 分以下
应变能力	20～18 分	18～14 分	14～12 分	12 分以下
团队合作	5 分	4 分	3 分	3 分以下
PPT 制作演示	5 分	4 分	3 分	3 分以下
综合评价	100～85 分	85～70 分	69～60 分	60 分以下

项目 14　山海奇观—崂山景观导游

【项目导读】

在青岛和海分不开的是山。青岛的山多，而且多有名气。有着“海上名山第一”美誉的崂山，文人墨客钟情的小鱼山，或者普通百姓口中的浮山、大泽山、大珠山，城里郊外，延绵起伏。

说起崂山，人们很容易想起唐代诗人李白的赞誉：“我昔东海上，崂山餐紫霞。”而蒲松龄老先生的“崂山道士”又给这座山蒙上许多神秘色彩。这座在我国 18000 千米海岸线上的唯一一座高度在千米以上的山峰，是祖国大地上的绮丽瑰宝。

【案例导入】

导游员小赵接待一来自江西的教师旅游团，计划在青期间游览崂山太清宫风景区。

任务一　崂山景观主要内容及讲解思路

【任务目标】

通过本次任务的学习，学生掌握青岛崂山景观的主要内容，创作具有自己风格的崂山景观讲解词，为导游讲解做好知识准备。

【任务描述】

小赵在接到任务后，针对教师团队特点，设计游览线路，整理崂山讲解词。

【任务分析】

崂山是我国著名的海上名山，花岗岩地貌，道教圣地。围绕上述特点，在设计崂山景区导游讲解时要突出崂山特色并兼顾团队需要，避免千篇一律。

【任务实施】

山地景观导游讲解的内容应突出山地特色，围绕游客的需求、兴趣和沿途风光景点来组织。

该团成员是由教师组成的，从下榻酒店前往崂山太清景区，途中导游员根据旅游车的行进路线穿插介绍沿线景点及崂山概貌。具体内容包括：

一、市容特色

标志性的建筑物、沿途经过的旅游景点等。

二、从形态美的角度导游

（1）山地景观的形象讲解。

（2）山地景观的象形讲解。

三、从相映美的角度导游

（1）从水体植物的相映美的角度导游。

（2）从景观变化的相映美角度导游。

四、从人文美的角度导游

（1）传统文化与名山。

（2）宗教与名山。

【任务拓展】

崂山景区分为南线、东线、中线三条可以进山的汽车路线和一条海上观光线路。请选择其中一条线路设计导游讲解思路。

任务二　崂山景观模拟演练

【任务目标】

通过本次任务的学习，学生掌握青岛崂山景观的讲解思路和流程，运用恰当的讲解方法模拟、演练崂山景观导游，提高导游讲解技能。

【任务分析】

由 5 人一组，搜集资料，现场踩点，制作 PPT，分角色模拟讲解。

【任务实施】

崂山太清宫景区项目操作任务书

项目内容	崂山太清宫景区	计划工作时间	4	责任教师	
学习班级		小组编号		小组成员名单	
项目任务	1. 学生分组收集崂山太清宫的景区推介、追本溯源、旅游景点及景区特色等资料并进行相关整理。 2. 对崂山太清宫的导游词创作、修改。 3. 对崂山太清宫进行模拟实地导游讲解。				
注意事项	1. 安全提示。 2. 服务程序与标准提示。				
提交的作品	1. 崂山太清宫导游词电子版和打印稿各一份。(要求学生必须独立创作) 2. 总结报告：生生互评，组组互评。（要求包含特色及优缺点分析）				

（续表）

<table>
<tr><td rowspan="2">项目实施过程</td><td>一、方案设计及工作规划
1. 播放崂山风光图片，激发学生强烈的求知欲望。
2. 将学生分为三组，分别从崂山风景区概况、太清宫的由来—太清宫牌坊—正门—钟楼—鼓楼—元辰阁—元君阁—仪门—三官殿—黄杨树—龙头榆—逢仙桥—康有为诗刻—丘祖殿—文昌殿—财神殿、三清殿—关岳祠—蒲松龄写书亭—神水泉—三皇殿—海印寺遗址内容入手，收集、分析并整理资料。（注：每组仅负责其中一项内容）
3. 各组推选代表展示成果，全体同学评价，小组之间互评。
4. 各组整合崂山太清宫三部分资料，深化知识、创作导游词、设计旅游线路。（实训过程）
5. 各组代表介绍线路设计，并展示创作结果。（操作过程）
6. 教师分析点评，及时纠错，情感共鸣。（穿插于操作过程）</td></tr>
<tr><td>二、操作实施
1. 以崂山概况和三大殿作为主线，分析探究导游讲解相关内容。
2. 以学生为中心，将学生分为三组：
第一组：讲解崂山风景区概况
第二组：讲解太清宫的由来—太清宫牌坊—正门—钟楼—鼓楼—元辰阁—元君阁—仪门—三官殿—黄杨树—龙头榆—逢仙桥—康有为诗刻—丘祖殿—文昌殿—财神殿
第三组：讲解三清殿—关岳祠—蒲松龄写书亭—神水泉—三皇殿—海印寺遗址
3. 教师提出要求和注意事项，引导学生观察、分析、思考、拓展。
4. 教师针对实训中存在的问题，及时给予纠正、点评。
三、操作过程
1. 各组选派代表展示成果。
2. 学生及时辨析，补充说明，总结归纳。
3. 教师纠错、点评，师生情感共鸣。</td></tr>
</table>

【任务评价】

项目操作评价表

项目	导游规范				内容组织				语言表达				礼貌仪表				应变能力				PPT 制作展示				综合评价				
等级	A	B	C	D	A	B	C	D	A	B	C	D	A	B	C	D	A	B	C	D	A	B	C	D	A	B	C	D	
学生自评																													
小组互评 一																													
小组互评 二																													
小组互评 三																													
小组互评 四																													
教师评价																													

附：项目操作评价标准

导游规范	熟知并能正确运用导游服务规范，导游服务程序正确完整。（20 分）
内容组织	讲解内容全面、正确，条理清晰，详略得当，重点突出；讲解方法运用得当；讲解生动、有感染力；回答提问准确、熟练。（25 分）
语言表达	普通话标准，语速适中；用词准确、恰当、有分寸；内容有条理，富有逻辑性；表情及其他身体语言运用得当。（20 分）
礼貌、仪表	穿着打扮得体、整洁，言行举止大方，符合导游员礼仪礼貌规范。（5 分）
应变能力	思维反应敏捷，情绪稳定，考虑问题周到；能够妥善、及时处理突发事件及特殊问题。（20 分）
团队合作	分工明确，沟通协调，配合默契，工作积极主动。（5 分）
PPT 制作演示	画面清晰、导游讲解词注解内容与画面紧密结合、影音文件效果恰当。（5 分）

第（　）组　　组长签名：

附录：

评价等级标准	A 等	B 等	C 等	D 等
导游规范	20～18 分	18～14 分	14～12 分	12 分以下
内容组织	25～22 分	22～16 分	16～15 分	15 分以下
语言表达	20～18 分	18～14 分	14～12 分	12 分以下
礼貌、仪表	5 分	4 分	3 分	3 分以下
应变能力	20～18 分	18～14 分	14～12 分	12 分以下
团队合作	5 分	4 分	3 分	3 分以下
PPT 制作演示	5 分	4 分	3 分	3 分以下
综合评价	100～85 分	85～70 分	69～60 分	60 分以下

项目 15　巡海踏浪——海滨景观导游

【项目导读】

康有为曾经用八个字来描述魅力的青岛：“红瓦、绿树、碧海、蓝天。”这是青岛的色彩之美，从视觉上对青岛的直观感受。

【案例导入】

青岛海滨风景区位于青岛市区南部沿海一线，其风光特色为汇山、海、城于一体，融自然与人工为一炉，是国家级风景名胜区中少数位于城市中心的风景区。海映山更觉碧，山靠水愈显清。

任务一　青岛海滨景观主要内容及讲解思路

【任务目标】

通过本次任务的学习，学生掌握青岛海滨景观的主要内容，创作具有自己风格的海滨景观讲解词，为导游讲解做好知识准备。

【任务描述】

为使游客更深刻感受青岛海滨风光特色，某旅行社推出青岛海滨风光一日游，具体线路：栈桥—天后宫—海军博物馆—小青岛—鲁迅公园—小鱼山—第一海水浴场—八大关（有“万国建筑博览会”之称，是青岛的精华所在）—太平角—音乐广场—五四广场—车游东海路雕塑街—奥林匹克帆船中心—极地海洋世界。

【任务分析】

上述线路设计包含青岛海滨的主要景观，突出了青岛海滨特色，展现了青岛老城区风貌，感受青岛新城区的变迁。

【任务实施】

海滨景观导游讲解的内容应突出海滨风景特色，围绕游客的需求、兴趣和沿途风光景点来组织。

一、从直接观赏的角度导游

（1）形态美。

（2）倒影美。

（3）声音美。

（4）色彩美。

（5）光泽美。

二、从文化欣赏的角度导游

（1）力量。

（2）温柔。

（3）纯洁 。

（4）无私。

三、从依托的角度导游

（1）海洋导游。

（2）江河导游。

（3）水乡导游。

（4）新旧城区对比。

【任务拓展】

设计一条突出青岛海滨景区建筑与海相交融的游览线路，思考导游讲解思路。

任务二　青岛海滨景观模拟演练

【任务目标】

通过本次任务的学习，学生应掌握青岛海滨景观的讲解思路和流程，运用恰当的讲解方法模拟、演练海滨景观导游，提高导游讲解技能。

【任务分析】

由 5 人一组，搜集资料，现场踩点，制作 PPT，分角色模拟讲解。

【任务实施】

青岛海滨风景区项目操作任务书

<table>
<tr><td>项目内容</td><td>青岛海滨景区</td><td>计划工作时间</td><td>2</td><td>责任教师</td><td></td></tr>
<tr><td>学习班级</td><td></td><td>小组编号</td><td></td><td>小组成员名单</td><td></td></tr>
<tr><td>项目任务</td><td colspan="5">1. 学生分组收集海滨景区的地理位置、历史发展、主要旅游景点等资料并进行相关整理。
2. 对有关海滨的导游词进行创作、修改。
3. 对海滨进行模拟实地导游讲解。</td></tr>
<tr><td>注意事项</td><td colspan="5">1. 安全提示。
2. 服务程序与标准提示。</td></tr>
<tr><td>提交的作品</td><td colspan="5">1. 海滨景区导游词电子版和打印稿各一份。（要求学生必须独立创作）
2. 总结报告：生生互评，组组互评。（要求包含特色及优缺点分析）</td></tr>
</table>

（续表）

项目实施过程	一、方案设计及工作规划 1. 播放直播海滨景区，创设情景，激发学生强烈的求知欲望。 2. 将学生分为四组，分别从景区的概况、线路等内容入手，收集、分析并整理资料。（注：每组仅负责其中一项内容） 3. 各组推选代表展示成果，全体同学评价，小组之间互评。 4. 各组整合海滨景区的资料，深化知识，创作导游词，设计旅游线路。（实训过程） 5. 各组代表介绍线路设计，并展示创作结果。（操作过程） 6. 教师分析点评，及时纠错，情感共鸣。（穿插于操作过程）
	二、操作实施 1. 以学生为中心，将学生分为四组： 第一组：探究景区基本概况等讲解知识和重点突出的讲解内容。 第二组：探究主要景点等讲解知识和重点突出的讲解内容。 第三组：探究新、老城区特色及区别。 第四组：探究景区讲解知识和重点突出的讲解内容。 2. 教师提出要求和注意事项，引导学生观察、分析、思考、拓展。 3. 教师针对实训中存在的问题，给予及时纠正、点评。
	三、操作过程 1. 各组选派代表展示成果。 2. 学生及时辨析，补充说明，总结归纳。 3. 教师纠错、点评，师生情感共鸣。

【任务评价】

项目操作评价表

项目		导游规范				内容组织				语言表达				礼貌仪表				应变能力				PPT 制作展示				综合评价				
等级		A	B	C	D	A	B	C	D	A	B	C	D	A	B	C	D	A	B	C	D	A	B	C	D	A	B	C	D	
学生自评																														
小组互评	一																													
	二																													
	三																													
	四																													

（续表）

教师评价																													

附：项目操作评价标准

导游规范	熟知并能正确运用导游服务规范，导游服务程序正确完整。（20 分）
内容组织	讲解内容全面、正确，条理清晰，详略得当，重点突出；讲解方法运用得当；讲解生动、有感染力；回答提问准确、熟练。（25 分）
语言表达	普通话标准，语速适中；用词准确、恰当、有分寸；内容有条理，富有逻辑性；表情及其他身体语言运用得当。（20 分）
礼貌、仪表	穿着打扮得体、整洁，言行举止大方，符合导游员礼仪礼貌规范。（5 分）
应变能力	思维反应敏捷，情绪稳定，考虑问题周到；能够妥善、及时处理突发事件及特殊问题。（20 分）
团队合作	分工明确，沟通协调，配合默契，工作积极主动。（5 分）
PPT 制作演示	画面清晰、导游讲解词注解内容与画面紧密结合、影音文件效果恰当。（5 分）

第（　）组　组长签名：

附录：

评价等级标准	A 等	B 等	C 等	D 等
导游规范	20～18 分	18～14 分	14～12 分	12 分以下
内容组织	25～22 分	22～16 分	16～15 分	15 分以下
语言表达	20～18 分	18～14 分	14～12 分	12 分以下
礼貌、仪表	5 分	4 分	3 分	3 分以下
应变能力	20～18 分	18～14 分	14～12 分	12 分以下
团队合作	5 分	4 分	3 分	3 分以下
PPT 制作演示	5 分	4 分	3 分	3 分以下
综合评价	100～85 分	85～70 分	69～60 分	60 分以下

项目 16　人间仙境——蓬莱阁景观导游

【项目导读】

“海上有仙山，山在虚无缥缈间”，似乎就是蓬莱阁的真实写照。蔚蓝天空下蓬莱阁古建筑群远远看去好似在诉说着无尽的故事，吸引着人们想要更近一些去聆听、感受蓬莱阁的古韵与神秘，于是迫不及待地走在通往仙境的小路上。蓬莱阁古建筑群的美，不仅仅体现在它依山傍海气势恢宏上，更体现在它的砖瓦间，这些小小的构件巧妙的组合在一起，构成一幅赏心悦目的图画，只有置身其中，才能发现它的美。

【案例导入】

小张全家利用周末自驾去蓬莱旅游，在经过 4 个小时的车程后，终于来到蓬莱，走进了传说中的蓬莱阁。从外面看，蓬莱阁气势磅礴，令人神往，在导游的带领下，小张一家参观了龙王宫、蓬莱阁以及其他很多的阁。游览结束，小张觉得虽然蓬莱阁有很深的文化底蕴，却不理解，觉得没啥意思。

作为全国 5A 级景区，蓬莱阁有着悠久的历史、独特的建筑风格。为什么小张一家却觉得没意思呢?

任务一　蓬莱阁景观主要内容及讲解思路

【任务目标】

通过本次任务的学习，学生应掌握蓬莱阁景观的主要内容，创作具有自己风格的蓬莱阁景观讲解词，为导游讲解做好知识准备。

【任务描述】

一月的一天，蓬莱阁景区导游吴珍正在为几名游客做讲解。尽管天气寒冷，她还是讲得一丝不苟。在讲解中，吴珍发现游客对蓬莱的历史文化很感兴趣，便在规定的讲解内容之外，又细心地给他们讲述了蓬莱当地的风俗习惯，得到游客的交口称赞。

【任务分析】

精湛技艺的练就，离不开平时的认真钻研。从事导游工作以来，吴珍坚持每天苦练语言基本功，练就了过硬的业务技能，多次参加全省乃至全国的比赛。从一个初出茅庐的小姑娘到“烟台市金牌导游员”，再到中央电视台“挑战主持人”中的“导游之星”，她用自己的执着和努力完成了一个又一个华丽转身。

【任务实施】

中国古代建筑种类多样，文化内涵丰富，专业性较强，游客在对古建筑不了解情况下，是无法理解其独特魅力的，因此，对导游讲解的要求就高，为此导游员应注意以下几方面：

（1）突出建筑的功能性。

（2）突出建筑的风格特色。

（3）突出建筑的结构原理。

【任务拓展】

围绕古建筑讲解要领，设计蓬莱阁景区导游词。

任务二　蓬莱阁景观模拟演练

【任务目标】

通过本次任务的学习，学生应掌握蓬莱阁景区的讲解思路和流程，运用恰当的讲解方法模拟、演练蓬莱阁景观导游，提高导游讲解技能。

【任务分析】

由 5 人一组，搜集资料，现场踩点，制作 PPT，分角色模拟讲解。

【任务实施】

蓬莱阁景区项目操作任务书

项目内容	蓬莱阁景区	计划工作时间	3	责任教师	
学习班级		小组编号		小组成员名单	
项目任务	1. 学生分组收集蓬莱阁的景区推介、追本溯源、旅游景点以及景区特色等资料并进行相关整理。 2. 对有关蓬莱阁的导游词创作、修改。 3. 对蓬莱阁进行模拟实地导游讲解。				
注意事项	1. 安全提示。 2. 服务程序与标准提示。				
提交的作品	1. 蓬莱阁导游词电子版和打印稿各一份（要求学生必须独立创作）。 2. 总结报告：生生互评，组组互评（要求包含特色及优缺点分析）。				
项目实施过程	一、方案设计及工作规划 1. 设置问题，激发学生强烈的求知欲望。 2. 将学生分为四组，分别从蓬莱阁的追本溯源、蓬莱阁、天后宫、龙五宫、吕祖殿、三清殿、弥陀寺及其附属建筑。以及景区推介和景区特色四项内容入手，收集、分析并整理资料。（注：每组仅负责其中一项内容） 3. 各组推选代表展示成果，全体同学评价，小组之间互评。 4. 各组整合蓬莱阁四部分资料，深化知识、创作导游词、设计旅游线路。（实训过程） 5. 各组代表介绍线路设计，并展示创作结果。（操作过程） 6. 教师分析点评，及时纠错，情感共鸣。（穿插于操作过程）				

（续表）

项目实施过程	二、操作实施 1. 以六个典型的建筑景点作为主线，分析探究导游讲解相关内容。 2. 以学生为中心，将学生分为四组： 第一组：探究追本溯源等讲解知识和重点突出的讲解内容。 第二组：探究蓬莱阁、天后宫、龙五宫等讲解知识和重点突出的讲解内容。 第三组：探究吕祖殿、三清殿、弥陀寺等讲解知识和重点突出的讲解内容。 第四组：探究景区推介和景区特色等讲解知识和重点突出的讲解内容。 3. 教师提出要求和注意事项，引导学生观察、分析、思考、拓展。 4. 教师针对实训中存在的问题，给予及时纠正、点评。
	三、操作过程 1. 各组选派代表展示成果。 2. 学生及时辨析，补充说明，总结归纳。 3. 教师纠错、点评，师生情感共鸣。

【任务评价】

项目操作评价表

项目	导游规范				内容组织				语言表达				礼貌仪表				应变能力				PPT 制作展示				综合评价				
等级	A	B	C	D	A	B	C	D	A	B	C	D	A	B	C	D	A	B	C	D	A	B	C	D	A	B	C	D	
学生自评																													
小组互评	一																												
	二																												
	三																												
	四																												
教师评价																													

附：项目操作评价标准

导游规范	熟知并能正确运用导游服务规范，导游服务程序正确完整。（20分）
内容组织	讲解内容全面、正确，条理清晰，详略得当，重点突出；讲解方法运用得当；讲解生动、有感染力；回答提问准确、熟练。（25分）
语言表达	普通话标准，语速适中；用词准确、恰当、有分寸；内容有条理，富有逻辑性；表情及其他身体语言运用得当。（20分）
礼貌、仪表	穿着打扮得体、整洁，言行举止大方，符合导游员礼仪礼貌规范。（5分）
应变能力	思维反应敏捷，情绪稳定，考虑问题周到；能够妥善、及时处理突发事件及特殊问题。（20分）
团队合作	分工明确，沟通协调，配合默契，工作积极主动。（5分）
PPT制作演示	画面清晰，导游讲解词注解内容与画面紧密结合，影音文件效果恰当。（5分）

第（　）组　组长签名：

附录：

评价等级标准	A等	B等	C等	D等
导游规范	20～18分	18～14分	14～12分	12分以下
内容组织	25～22分	22～16分	16～15分	15分以下
语言表达	20～18分	18～14分	14～12分	12分以下
礼貌、仪表	5分	4分	3分	3分以下
应变能力	20～18分	18～14分	14～12分	12分以下
团队合作	5分	4分	3分	3分以下
PPT制作演示	5分	4分	3分	3分以下
综合评价	100～85分	85～70分	69～60分	60分以下

项目 17　孔孟之乡——曲阜三孔景观导游

【项目导读】

这是一座历史名城，五千年岁月留下多少先人足迹，五千年时光哺育亿万华夏子孙；这是一座文化名城，东方文化在这里薪火相传。游曲阜知天下，孔子故里欢迎您!

【案例导入】

两千多年前，一位伟大的圣人降临在了山东曲阜，他周游列国将思想传播到大江南北，“仁义礼智”的观念影响着一代又一代的中国人。趁着清明假期前来曲阜“三孔”，走进历代衍圣公读书习礼、吟诗作赋的地方，定会被浓郁的文化气息所感染。

任务一　曲阜三孔景观主要内容及讲解思路

【任务目标】

通过本次任务的学习，学生掌握曲阜“三孔”景观的主要内容，创作具有自己风格的三孔景观讲解词，为导游讲解做好知识准备。

【任务描述】

2014 年 3 月 16 日，中国台湾地区台中市参访团来曲阜三孔景区祭拜孔子，并观看了祭孔大典。

【任务分析】

在曲阜浩瀚的文物古迹中，最为人们所熟知的还是孔庙、孔府、孔林，并称“三孔”。它是一组与孔子文化联系最为密切的景区，是后世人们追思孔子、祭祀孔子的场所，也是承载孔子思想、延展儒家文化的载体。

参访团的嘉宾们一路仔细聆听儒学典故，感受这一脉相承的传统文化，对曲阜作为海峡两岸交流基地的地位给予了充分认同。当祭孔大典的礼乐奏响时，嘉宾们肃然起敬，表达对孔子的尊崇及远方游子对家乡的眷恋。

【任务实施】

由三孔组成的园林景观，资源丰富多样，导游应根据团队特点和需求，选择运用多种讲解方法，以展现园林景观的艺术魅力。建议采用以下方法：

（1）移步换景讲解。

（2）变换角度讲解。

（3）造园手段讲解。

（4）将知识融入讲解。

另外，导游人员在带领游客游览大型景观时，要考虑游览特点，选择合适的线路，讲解要符合游览规律。

【任务拓展】

来自中国台湾的某中学暑假访学夏令营到曲阜参观访学，请设计游览线路、安排游览内容。

任务二　曲阜三孔景观模拟演练

【任务目标】

通过本次任务的学习，学生应掌握曲阜三孔景观的讲解思路和流程，运用恰当的讲解方法模拟、演练曲阜三孔景观导游，提高导游讲解技能。

【任务分析】

由 5 人一组，搜集资料，现场踩点，制作 PPT，分角色模拟讲解。

【任务实施】

曲阜三孔景观项目操作任务书

项目内容	曲阜三孔景区	计划工作时间		责任教师	

（续表）

<table>
<tr><td>学习
班级</td><td></td><td>小组
编号</td><td></td><td>小组成员
名单</td><td></td></tr>
<tr><td>项目
任务</td><td colspan="5">1. 学生分组收集曲阜三孔景区的资料并进行相关整理。
2. 创作曲阜三孔景区导游词。
3. 对曲阜三孔景区进行模拟实地导游讲解。</td></tr>
<tr><td>注意
事项</td><td colspan="5">1. 安全提示。
2. 服务程序与标准提示。</td></tr>
<tr><td>提交
的作
品</td><td colspan="5">1. 曲阜三孔景区导游词电子版和打印稿各一份。（要求学生必须独立创作）
2. 总结报告：生生互评，组组互评。（要求包含特色及优缺点分析）</td></tr>
<tr><td>项
目
实
施
过
程</td><td colspan="5">一、方案设计及工作规划
1. 设置问题，激发学生强烈的求知欲望。
2. 将学生分为两组，分别从曲阜三孔景区概述和景区内主要景观入手，收集、分析并整理资料。
3. 各组推选代表展示成果，全体同学评价，小组之间互评。
4. 各组整合各自收集的资料，深化知识，创作导游词，设计旅游线路。（实训过程）
5. 各组代表介绍线路设计，并展示创作结果。（操作过程）
6. 教师分析点评，及时纠错，情感共鸣。（穿插于操作过程）</td></tr>
<tr><td rowspan="2">项
目
实
施
过
程</td><td colspan="5">二、操作实施
1. 以曲阜三孔景区概述和景区内主要景观作为主线，分析探究导游讲解相关内容。
2. 以学生为中心，将学生分为两组：
第一组：讲解曲阜概述。
第二组：讲解孔府、孔庙、孔林等景观。
3. 教师提出要求和注意事项，引导学生观察、分析、思考、拓展。
4. 教师针对实训中存在的问题，给予及时纠正、点评。</td></tr>
<tr><td colspan="5">三、操作过程
1. 各组选派代表展示成果。
2. 学生及时辨析，补充说明，总结归纳。
3. 教师纠错、点评，师生情感共鸣。</td></tr>
</table>

【任务评价】

项目操作评价表

项目	导游规范				内容组织				语言表达				礼貌仪表				应变能力				PPT 制作展示				综合评价			
等级	A	B	C	D	A	B	C	D	A	B	C	D	A	B	C	D	A	B	C	D	A	B	C	D	A	B	C	D
学生自评																												
小组互评 一																												
小组互评 二																												
小组互评 三																												
小组互评 四																												
教师评价																												

附：项目操作评价标准

项目	评价标准
导游规范	熟知并能正确运用导游服务规范，导游服务程序正确完整。（20 分）
内容组织	讲解内容全面、正确，条理清晰，详略得当，重点突出；讲解方法运用得当；讲解生动、有感染力；回答提问准确、熟练。（25 分）
语言表达	普通话标准，语速适中；用词准确、恰当、有分寸；内容有条理，富有逻辑性；表情及其他身体语言运用得当。（20 分）
礼貌、仪表	穿着打扮得体、整洁，言行举止大方，符合导游员礼仪礼貌规范。（5 分）
应变能力	思维反应敏捷，情绪稳定，考虑问题周到；能够妥善、及时处理突发事件及特殊问题。（20 分）
团队合作	分工明确，沟通协调，配合默契，工作积极主动。（5 分）
PPT 制作演示	画面清晰，导游讲解词注解内容与画面紧密结合，影音文件效果恰当。（5 分）

第（　）组　组长签名：

附录：

评价等级标准	A 等	B 等	C 等	D 等
导游规范	20～18 分	18～14 分	14～12 分	12 分以下
内容组织	25～22 分	22～16 分	16～15 分	15 分以下
语言表达	20～18 分	18～14 分	14～12 分	12 分以下
礼貌、仪表	5 分	4 分	3 分	3 分以下
应变能力	20～18 分	18～14 分	14～12 分	12 分以下
团队合作	5 分	4 分	3 分	3 分以下
PPT 制作演示	5 分	4 分	3 分	3 分以下
综合评价	100～85 分	85～70 分	69～60 分	60 分以下

项目 18　红色风情——台儿庄古城导游

【项目导读】

“风依船，柳依岸，梦中的水乡不曾改变……月河街，爱河巷，复活的古城今夜无眠。”每当人们走在台儿庄古城的青石板路上，耳边就会听到这首歌曲《梦回台儿庄》。这就是现在的台儿庄，它不再只是人们心中的运河古城、抗战名城，而早已成为一个充满着勃勃生机的文化名城。让我们一起走进台儿庄，领略这座古城特有的文化风貌。

【案例导入】

为了重温那段沉重而又辉煌的历史记忆，感受古城风貌，感受生命激情，感悟民族精神，小王带着上中学的儿子到台儿庄旅游。

任务一 台儿庄古城景观主要内容及讲解思路

【任务目标】

通过本次任务的学习，学生掌握台儿庄古城景观的主要内容，创作具有自己风格的台儿庄古城景观讲解词，为导游讲解做好知识准备。

【任务描述】

通常情况下，游览台儿庄古城的主线为：游客中心—水陆通衢—扶风堂—翠屏学馆—天后宫—运河奏疏馆—兰婷书寓—运河酒文化馆—关帝庙。

【任务分析】

台儿庄古城有着厚重独特的文化积淀。来到台儿庄古城，既观赏了古运河，又体验了战地现场的英气雄魂，不免触发了思古幽情，在享受了时尚生活的同时，还领略了多元文化的交融荟萃。台儿庄古城既有一种沧桑豪迈，又有一种让人放松的古朴和典雅。

【任务实施】

博物馆是一种高品位的文化旅游资源。我国历史悠久，保存下来的地上、地下的历史文化遗产极为丰富，它们记载着中华民族数千年来的发展轨迹和发明创造。博物馆讲解应从以下几方面考虑：

（1）做好知识准备。

（2）熟悉陈列内容。

（3）客观讲解，据题发挥。

（4）深入浅出，通俗易懂。

（5）知识性、趣味性并重。

【任务拓展】

根据台儿庄主要游览景点，设计旅游线路，制定讲解思路。

任务二　台儿庄古城景观模拟演练

【任务目标】

通过本次任务的学习，学生应掌握台儿庄景观的讲解思路和流程，运用恰当的讲解方法模拟、演练台儿庄景观导游，提高导游讲解技能。

【任务分析】

由 5 人一组，搜集资料，整理素材，制作 PPT，分角色模拟讲解。

【任务实施】

台儿庄景观项目操作任务书

项目内容	台儿庄景区	计划工作时间		责任教师	
学习班级		小组编号		小组成员名单	
项目任务	1. 学生分组收集台儿庄景区的资料并进行相关整理。 2. 创作台儿庄景区导游词。 3. 对台儿庄景区进行模拟实地导游讲解。				
注意事项	1. 安全提示。 2. 服务程序与标准提示。				
提交的作品	1. 台儿庄景区导游词电子版和打印稿各一份。（要求学生必须独立创作） 2. 总结报告：生生互评，组组互评。（要求包含特色及优缺点分析）				
项目实施过程	一、方案设计及工作规划 1. 设置问题，激发学生强烈的求知欲望。 2. 将学生分为两组，分别从台儿庄景区概述和景区内主要景观入手，收集、分析并整理资料。 3. 各组推选代表展示成果，全体同学评价，小组之间互评。 4. 各组整合各自收集的资料，深化知识、创作导游词、设计旅游线路。（实训过程） 5. 各组代表介绍线路设计，并展示创作结果。（操作过程） 6. 教师分析点评，及时纠错，情感共鸣。（穿插于操作过程）				

（续表）

<table>
<tr><td rowspan="2">项目实施过程</td><td>二、操作实施
1. 以台儿庄景区概述和景区内主要景观作为主线，分析探究导游讲解相关内容。
2. 以学生为中心，将学生分为两组：
第一组：组织画舫游古城、观光车游览。
第二组：组织水上游古城、城内游览。
3. 教师提出要求和注意事项，引导学生观察、分析、思考、拓展。
4. 教师针对实训中存在的问题，给予及时纠正、点评。</td></tr>
<tr><td>三、操作过程
1. 各组选派代表展示成果。
2. 学生及时辨析，补充说明，总结归纳。
3. 教师纠错、点评，师生情感共鸣。</td></tr>
</table>

【任务评价】

项目操作评价表

<table>
<tr><td colspan="2">项目</td><td colspan="4">导游规范</td><td colspan="4">内容组织</td><td colspan="4">语言表达</td><td colspan="4">礼貌仪表</td><td colspan="4">应变能力</td><td colspan="4">PPT 制作展示</td><td colspan="4">综合评价</td></tr>
<tr><td colspan="2">等级</td><td>A</td><td>B</td><td>C</td><td>D</td><td>A</td><td>B</td><td>C</td><td>D</td><td>A</td><td>B</td><td>C</td><td>D</td><td>A</td><td>B</td><td>C</td><td>D</td><td>A</td><td>B</td><td>C</td><td>D</td><td>A</td><td>B</td><td>C</td><td>D</td><td>A</td><td>B</td><td>C</td><td>D</td></tr>
<tr><td colspan="2">学生自评</td><td></td><td></td><td></td><td></td><td></td><td></td><td></td><td></td><td></td><td></td><td></td><td></td><td></td><td></td><td></td><td></td><td></td><td></td><td></td><td></td><td></td><td></td><td></td><td></td><td></td><td></td><td></td><td></td></tr>
<tr><td rowspan="4">小组互评</td><td>一</td><td></td><td></td><td></td><td></td><td></td><td></td><td></td><td></td><td></td><td></td><td></td><td></td><td></td><td></td><td></td><td></td><td></td><td></td><td></td><td></td><td></td><td></td><td></td><td></td><td></td><td></td><td></td><td></td></tr>
<tr><td>二</td><td></td><td></td><td></td><td></td><td></td><td></td><td></td><td></td><td></td><td></td><td></td><td></td><td></td><td></td><td></td><td></td><td></td><td></td><td></td><td></td><td></td><td></td><td></td><td></td><td></td><td></td><td></td><td></td></tr>
<tr><td>三</td><td></td><td></td><td></td><td></td><td></td><td></td><td></td><td></td><td></td><td></td><td></td><td></td><td></td><td></td><td></td><td></td><td></td><td></td><td></td><td></td><td></td><td></td><td></td><td></td><td></td><td></td><td></td><td></td></tr>
<tr><td>四</td><td></td><td></td><td></td><td></td><td></td><td></td><td></td><td></td><td></td><td></td><td></td><td></td><td></td><td></td><td></td><td></td><td></td><td></td><td></td><td></td><td></td><td></td><td></td><td></td><td></td><td></td><td></td><td></td></tr>
<tr><td colspan="2">教师评价</td><td></td><td></td><td></td><td></td><td></td><td></td><td></td><td></td><td></td><td></td><td></td><td></td><td></td><td></td><td></td><td></td><td></td><td></td><td></td><td></td><td></td><td></td><td></td><td></td><td></td><td></td><td></td><td></td></tr>
</table>

附：项目操作评价标准

导游规范	熟知并能正确运用导游服务规范，导游服务程序正确完整。（20分）

（续表）

内容组织	讲解内容全面、正确，条理清晰，详略得当，重点突出；讲解方法运用得当；讲解生动、有感染力；回答提问准确、熟练。（25 分）
语言表达	普通话标准，语速适中；用词准确、恰当、有分寸；内容有条理，富有逻辑性；表情及其他身体语言运用得当。（20 分）
礼貌、仪表	穿着打扮得体、整洁，言行举止大方，符合导游员礼仪礼貌规范。（5 分）
应变能力	思维反应敏捷，情绪稳定，考虑问题周到；能够妥善、及时处理突发事件及特殊问题。（20 分）
团队合作	分工明确，沟通协调，配合默契，工作积极主动。（5 分）
PPT 制作演示	画面清晰，导游讲解词注解内容与画面紧密结合，影音文件效果恰当。（5 分）

第（ ）组 组长签名：

附录：

评价等级标准	A 等	B 等	C 等	D 等
导游规范	20～18 分	18～14 分	14～12 分	12 分以下
内容组织	25～22 分	22～16 分	16～15 分	15 分以下
语言表达	20～18 分	18～14 分	14～12 分	12 分以下
礼貌、仪表	5 分	4 分	3 分	3 分以下
应变能力	20～18 分	18～14 分	14～12 分	12 分以下
团队合作	5 分	4 分	3 分	3 分以下
PPT 制作演示	5 分	4 分	3 分	3 分以下
综合评价	100～85 分	85～70 分	69～60 分	60 分以下

项目19 好客山东——青岛专项（特色）旅游导游

【项目导读】

近年来，山东省在提出“文化圣地，度假天堂”形象口号的基础上，进一步凝练并创建了“好客山东”这一具有深厚文化内涵和突出竞争优势的地域旅游品牌。围绕品牌，山东各地市每年都会举办许多大型专项旅游、节庆活动，提升山东旅游核心竞争力。

【案例导入】

当“夏天”和“青岛”两个词偶然邂逅，人们最先想到的就是一年一度的青岛国际啤酒节。青岛国际啤酒节始创于1991年，是亚洲最大的啤酒盛会，历届都有数十个国家和地区及国内的啤酒厂家参加，来自全国各地的游客达百余万人。

每年八月的青岛，就是这一年一度的盛会中把全部的热情展现在世人的面前。青岛国际啤酒节成为青岛一张活力四射的城市名片。

任务一 青岛专项旅游景观主要内容及讲解思路

【任务目标】

通过本次任务的学习，学生应掌握青岛专项旅游景观的主要内容，创作具有自己风格的青岛专项旅游景观讲解词，为导游讲解做好知识准备。

【任务描述】

某旅行社推出“对酒当歌，青岛啤酒一日游”旅游线路：青岛啤酒博物馆—登州路啤酒一条街—台东商业步行街。

【任务分析】

啤酒对于青岛是象征，更是灵魂。啤酒仿佛是青岛的血液，生生不息。到了青岛，不喝青岛啤酒是说不过去的。追溯那抹馥郁的啤酒花香，一起醉眼看青岛吧。该线路的设计就是围绕青岛啤酒之都的城市名片设计的。

【任务实施】

专项旅游通常包括文化旅游、艺术旅游、节庆民俗旅游、修学旅游、乡村旅游、探险旅游、生态旅游、红色旅游、工业旅游、农业旅游、自驾车旅游、社会旅游等。节庆活动属于人文景观旅游的范畴，他们都具有非常典型的地域性、文化性、体验性、经济性等特点。为此，导游人员在讲解时应重点突出以下几点：

（1）做好充足的知识储备。特别是针对地域性强的内容应通俗易懂。

（2）灵活运用讲解方法和技巧，突出专项旅游的特色。

（3）适当运用地方方言于导游讲解中以展现当地特色和传统文化。

（4）在确保安全情况下，让游客亲身体验一种全新的生活。

（5）自觉宣传、传承民族文化、地方文化以及民间工艺，提升旅游地形象。

（6）个性化讲解。针对不同职业以及不同文化层次的人，进行不同的设计，细化讲解内容。

【任务拓展】

近年来，到曲阜的修学旅游团持续升温，越来越多的人把学习和体验中国传统文化的目的地锁定在这座具有数千年历史文明的“东方圣城”。请设计“游学曲阜，快乐成长”专项旅游活动。

任务二　青岛专项旅游景观模拟演练

【任务目标】

通过本次任务的学习，学生应掌握青岛专项旅游的讲解思路和流程，运用恰当的讲解方法模拟、演练专项旅游导游，提高导游讲解技能。

【任务描述】

工业旅游是近几年流行的一个新名词。山东是我国的工业大省，拥有一大批在全国占有重要地位的著名企业，开展工业旅游的资源十分丰富。

2004 年 4 月 5 日，全国工农业旅游示范点验收工作会议在青岛市召开。青岛啤酒集团成为全国验收工业旅游项目的样板。随后，青岛海尔、青岛港、青岛华东葡萄酒庄园等先后通过国家旅游局的验收，被授予首批“全国工业旅游示范点”称号。请设计一条工业旅游线路。

【任务分析】

由 5 人一组，搜集资料，整理素材，制作 PPT，分角色模拟讲解。

【任务实施】

工业旅游项目操作任务书

项目内容	工业旅游	计划工作时间		责任教师	
学习班级		小组编号		小组成员名单	
项目任务	1. 学生分组收集青岛知名企业工业旅游的资料并进行相关整理。 2. 创作青岛知名企业工业旅游导游词。 3. 对工业旅游导游词进行模拟实地导游讲解。				
注意事项	1. 安全提示。 2. 服务程序与标准提示。				

（续表）

提交的作品	1. 青岛知名企业工业旅游导游词电子版和打印稿各一份。（要求学生必须独立创作） 2. 总结报告：生生互评，组组互评。（要求包含特色及优缺点分析）
项目实施过程	一、方案设计及工作规划 1. 设置问题，激发学生强烈的求知欲望。 2. 将学生分为三组，分别从不同企业工业旅游内容入手，收集、分析并整理资料。 3. 各组推选代表展示成果，全体同学评价，小组之间互评。 4. 各组整合各自收集的资料，深化知识，创作导游词，设计旅游线路。（实训过程） 5. 各组代表介绍线路设计，并展示创作结果。（操作过程） 6. 教师分析点评，及时纠错，情感共鸣。（穿插于操作过程）
	二、操作实施 1. 以青岛知名企业工业旅游的开展情况作为主线，分析探究导游讲解的相关内容。 2. 以学生为中心，将学生分为三组： 第一组：青岛海尔集团、青岛啤酒股份有限责任公司、青岛港任选其一进行讲解。 第二组：青岛海尔集团、青岛啤酒股份有限责任公司、青岛港任选其一进行讲解。 第三组：讲解青岛华东葡萄酿酒有限公司、青岛京华旅游观光工场有限公司、青岛贝雕工艺品厂、青岛双星股份有限公司工业旅游的开展。 3. 教师提出要求和注意事项，引导学生观察、分析、思考、拓展。 4. 教师针对实训中存在的问题，给予及时纠正、点评。
	三、操作过程 1. 各组选派代表展示成果。 2. 学生及时辨析，补充说明，总结归纳。 3. 教师纠错、点评，师生情感共鸣。

【任务评价】

项目操作评价表

项目	导游规范				内容组织				语言表达				礼貌仪表				应变能力				PPT 制作展示				综合评价				
等级	A	B	C	D	A	B	C	D	A	B	C	D	A	B	C	D	A	B	C	D	A	B	C	D	A	B	C	D	
学生自评																													
小组互评	一																												
	二																												
	三																												
	四																												
教师评价																													

附：项目操作评价标准

导游规范	熟知并能正确运用导游服务规范，导游服务程序正确完整。（20 分）
内容组织	讲解内容全面、正确，条理清晰，详略得当，重点突出；讲解方法运用得当；讲解生动、有感染力；回答提问准确、熟练。（25 分）
语言表达	普通话标准，语速适中；用词准确、恰当、有分寸；内容有条理，富有逻辑性；表情及其他身体语言运用得当。（20 分）
礼貌、仪表	穿着打扮得体、整洁，言行举止大方，符合导游员礼仪礼貌规范。（5 分）
应变能力	思维反应敏捷，情绪稳定，考虑问题周到；能够妥善、及时处理突发事件及特殊问题。（20 分）
团队合作	分工明确，沟通协调，配合默契，工作积极主动。（5 分）
PPT 制作演示	画面清晰，导游讲解词注解内容与画面紧密结合，影音文件效果恰当。（5 分）

第（　）组　组长签名：

附录：

评价等级标准	A 等	B 等	C 等	D 等
导游规范	20～18 分	18～14 分	14～12 分	12 分以下
内容组织	25～22 分	22～16 分	16～15 分	15 分以下
语言表达	20～18 分	18～14 分	14～12 分	12 分以下
礼貌、仪表	5 分	4 分	3 分	3 分以下
应变能力	20～18 分	18～14 分	14～12 分	12 分以下
团队合作	5 分	4 分	3 分	3 分以下
PPT 制作演示	5 分	4 分	3 分	3 分以下
综合评价	100～85 分	85～70 分	69～60 分	60 分以下

Module 5

模块 5
导游应变技能演练

【模块导读】

在旅游过程中难免会遇到各种各样的问题和事故，任何问题或事故的发生都会给旅游活动的开展带来不同程度的障碍，也会给导游服务工作增添麻烦和困难。如果导游对这些问题和事故处理不得力或不妥当，就会造成游客的不快和烦恼，甚至痛苦，也直接影响到旅行社的形象和声誉。

本模块主要针对导游服务过程中常遇到的事故和问题，提出预防和解决的基本原则和措施，从而培养和提高导游的沉着、果断、灵活、务实的应急、应变能力。

【教学建议】

（1）通过旅游案例，引导学生分析、讨论问题和事故发生的原因、预防及处理。

（2）利用表格、分类法、比较法引导学生熟练掌握知识，能够举一反三。

（3）设置场景，模拟演练提高学生的实践能力。

【关键词】

旅游常见问题和事故　旅游安全事故

项目 20　旅游团接送故障的预防与处理

【项目导读】

在实际接待过程中，往往由于旅行社工作环节的差错、导游人员工作责任心的不强、游客的个人原因和一些不可抗拒的因素，导致问题与事故的发生。

不管原因在谁，对问题和事故的处理都是对导游人员工作能力和独立处理问题能力的考验。处理得好，游客满意了，导游的威信得以提高；处理得不好，很可能留下后患，致使旅游活动不能顺利进行。因此，导游员必须要有足够的思想准备，掌握各类事故的预防措施并做好预防工作，尽量避免减少事故的发生。而旅游事故一旦发生后，应沉着、冷静、果断地采取措施，力争把损失与影响减少到最低程度。

【案例导入】

2013 年 9 月 12 日，北京的导游员小程要接待一个 20 人的美国旅游团。该团没有领队，由小程担任他们的全陪。该团旅游的地方很多，参观完北京后，要去杭州、上海、武汉、西安，然后从广州去中国香港，全程 20 多天。

尽管有丰富的带团经验，是名老导游了，小程仍然是如履薄冰。他希望各地的接待导游能和他配合好，让客人在中国玩得开心，取得完美的旅游效果。

任务一　漏接事故的预防与处理

【任务目标】

通过本次任务的学习，学生应熟学会仔细阅读接待计划，熟悉核实交通工具抵站时间的方法，掌握漏接事故的预防与处理的技能。

【任务描述】

某日上午 8:00，杭州某旅行社门市接待人员接到北京组团社电话，原定于第二日晚上 7:50 到达的旅游团，因出发地订票的原因改为第二日上午 11:40 提前到达，须提前接团。门市接待人员因有急事，在未能和旅行社计调联系上的情况下，在计调的办公桌上留下便条告知此事，后离去。计调回社后，没有注意到办公桌上的便条，直到第二日中午 12:00 组团社全陪从火车站打来电话才知此事。请问如果你是地陪，该如何处理？

【任务分析】

旅游团已抵达火车站而无导游迎接的现象，属于漏接事故，造成漏接事故有主观原因也有客观原因。

一、导游人员主观原因造成漏接

（1）工作不细心。没有认真阅读接待计划，对旅游团抵达的日期、时间、地点搞错。

（2）导游人员未按服务程序要求提前到达接站地点。

（3）新旧时刻表交替，导游人员没有查对新时刻表，仍按旧时刻表时间去接旅游团。

（4）导游举牌接站的地点选择不当。

（5）由于某种原因，原定车次、班次变更使旅游团提前到达，但导游人员没有阅读变更通知仍按原计划去接团。

二、客观原因造成漏接

（1）原定班次或车次变更，旅游团提前到达，但本站接待社没有接到上一站接待社的通知。

（2）接待社已接到变更通知，但有关人员没有及时通知该团地陪，造成漏接。

（3）由于交通堵塞或其他预料不到的情况发生，导游未能及时抵达机场（车站、码头），造成漏接。

【任务实施】

发生漏接事故后，导游人员见到游客时应做到：

（1）不管漏接原因在何方，导游人员面对游客的抱怨、发火时，应首先表示歉意。

（2）等游客情绪稍稍平息后，应实事求是地向游客说明情况，并再次表示歉意。

（3）尽快地让游客上车，离开机场（车站、码头）；游客因等不到导游人员而乘坐出租车前往下榻的饭店，导游人员应主动支付相应的费用。

（4）提供高质量的服务。向游客提供热情周到的服务以得到游客的谅解。

（5）在旅行社领导同意后，酌情给游客一定的物质补偿，如赠送纪念品、加菜、加酒水等。

为了防止漏接事故的发生，作为导游人员应认真阅读接待计划，落实有关变更情况；核实交通工具的准确时间；按规范要求提前抵达机场（车站、码头），保证按计划规定提前半小时到达接站地点。作为旅行社有关部门的工作人员，应认真做好交接工作，及时将变更情况通知导游人员。

【任务拓展】

导游突然接到计划变更通知，立即赶往车站迎接某旅游团。当抵达车站时，该团在车站外已等候多时，游客们很不高兴，导游该怎样做才能得到游客的谅解？

任务二　空接事故的预防与处理

【任务目标】

通过本次任务的学习，学生应学会仔细阅读接待计划，熟悉核实交通工具抵站时间的方法，掌握空接事故的预防与处理的技能。

【任务描述】

一美国旅游团原计划于 9 月 16 日早上 7：00 由北京飞往杭州，杭州导游小王按接待计划上的时间前往杭州萧山国际机场，但未接到该旅游团。试分析小王未接到该团的可能原因，并提出相应的处理措施。

【任务分析】

本任务中，地陪小王按预定计划前往机场接站，但没有接到旅游团，这种现象称为空接。空接虽然不经常出现，但一旦发生，往往是一个棘手的问题，一步没处理好，就会环环出问题。造成空接的原因主要有：

（1）接待社没有接到上一站的通知。气候的突然变化或机械故障，飞机没有起飞或滞留在途中某地，上一站旅行社不知道，也就无法通知本站接待社。

（2）上一站旅行社知道，但因应对突发事件，无暇顾及通知本站。

（3）没有通知地陪。接到了上一站的变更通知，但接待人员没能及时通知该团地陪。

（4）游客（主要是散客）因生病、急事，临时取消旅游计划，但没有及时通知旅行社，造成空接。

【任务实施】

一旦发生空接，地陪应按下列步骤处理：

（1）排除漏接。飞机、火车准时抵达，导游人员接不到旅游团（者）时，首先应排除漏接的可能。与旅游团下榻的饭店联系，核实旅游团是否自行到了饭店。

（2）请旅行社查明原因。立即与地接社联系，请其查明原因。

（3）若推迟时间不长，应继续留在接站点等候，迎接旅游团；若推迟时间较长，则要按社内有关部门安排，重新落实接团事宜。

为了防止空接事故的发生，上一站旅行社或全陪应及时将团队临时变更事宜通知下一站接待社；本站接待社也应主动与上一站接待社沟通团队情况；旅行社有关人员在接到上一站变更通知后，应设法立即通知导游人员；导游人员应在接团前再次落实接待计划并按接待计划预定时间提前抵达接站点。

【任务拓展】

广州某旅游团按计划乘CZ6342航班于10月25日16:40飞抵青岛，你作为地陪按照接待规范提前30分钟到机场迎接旅游团。可是，所有的乘客都出站了，也没有见到广州旅游团的影子，你该怎么办？

任务三　错接事故的预防与处理

【任务目标】

通过本次任务的学习，学生应学会仔细阅读接待计划，熟悉核实交通工具抵站时间的方法，掌握错接事故的预防与处理的技能。

【任务描述】

2010年4月的一天，导游小李按照旅行社的安排去机场迎接一个20人的旅游团。人数、团号、国籍一一对上号后，小李就带领游客上车。当车到达饭店门口时，领队突然提出疑问说他们住的不是这家饭店，当领队拿出计划和小李核对时，小李才知道自己接错团了。

【任务分析】

导游错接旅游团属于错接事故，造成错接事故的主要原因是导游接团时没有认真核实团队相关信息。

【任务实施】

发现接错旅游团（者），导游人员应立即报告旅行社，及时采取措施：

（1）若错接发生在同一家旅行社接待的两个旅游团时，导游人员应立即向旅行社领导汇报。经同意后，地陪导游可以不再交换旅游团。

（2）若错接的是不同旅行社的旅游团时，导游人员应立即向旅行社领导汇报，并设法尽快交换旅游团，向游客如实地说明情况和致以诚恳的歉意。

（3）若发现非法导游接走了旅游团（者），地陪应立即报告接待社，请其协助寻找。若找到非法导游，由有关部门予以严肃处理。

为了防止接错团，导游人员一定要提前到达接站地点迎接旅游团。当旅游团所乘交通工具抵达时，认真核实旅游团的领队或全陪姓名、人数、团名（编号）、国内组团社或境外组团社名称、所下榻饭店等。应提高警惕，严防非法导游接走旅游团。

【任务拓展】

“十一”黄金周时间，导游员小孙按照接待计划去机场迎接一个22人的旅游团。班机准时到达，小孙与领队在人数、国籍一一对上号后，带领游客上车。当车到达饭店门口时，领队突然说他们住的饭店不是这一家。这时小孙拿出计划和领队对照后，才知道自己接错团了。

问题：小孙为什么会接错团？怎样才能预防这种事故的发生？接错团后小孙又应如何处理这种情况呢？

任务四　误机事故的预防与处理

【任务目标】

通过本次任务的学习，学生应学会仔细阅读接待计划，熟悉核实交通工具抵站时间的方法，掌握误机事故的预防与处理的技能。

【任务描述】

地陪小赵接待一个 35 人的旅游团，按计划该团将乘晚 7 点的火车去某市。下午参观完最后一个景点已是下午 5 点，小赵带全团到市中心广场并宣布："请大家自由活动，1 小时后集合！"但到集合时间只有 28 人返回，待其他游客都返回后已是 6:45，旅游团匆匆赶到火车站时火车已驶离。如果你是小李，该怎么办？

【任务分析】

旅游团没有按原定车次离开本站，属于误机（车、船）事故。误机事故发生的主要原因：

一、非责任事故

（1）有关人员因工作失误造成误机（车、船）。

航班班次、车次变更或时间提前，有关人员没有及时通知导游人员；票证没有及时送到机场、车站，造成误机（车、船）。

（2）游客自身的原因（重病、受伤、走失等），导致误机（车、船）。

（3）交通事故、汽车在途中抛锚、严重堵车等造成误机（车、船）。

二、责任事故

导游人员记错旅游团离站日期、时间；当日日程安排过紧，活动安排不当，没有安排足够的时间赴机场、车站等，造成旅游团误机（车、船），这是导游人员的责任事故。

在本任务中，导致误车事故的责任在地陪小王，他犯了两个错误：

（1）他同意游客去商场购物，违反了"旅游团离站当天不得让游客自由活动，不带游客去大型商场购物"的纪律。游客进了商场，一旦分散活动，就是再三强调集合时间，不少人还是会因选购中意商品而忘了时间，导游人员应该充分认识到这一点。为了避免游客饭后购物，他可以安排午餐时间略晚，或用餐时间拖得长一点，以免留有足够的时间让游客产生购物欲望；或与计调部门商量更换餐厅，不安排旅游团在靠近大商场的餐厅用午餐。

（2）地陪应该让全陪携票证带旅游团先去车站等候，自己留下寻找游客，而他却让所有的人在旅游车上休息。

【任务实施】

一、误机（车、船）事故的处理

一旦发生误机（车、船）事故，地陪应正确处理：

（1）立即向旅行社领导及有关部门报告。旅行社与机场（车站、码头）联系，争取旅游团乘最近班次的交通工具离开本站，或包机或改乘其他交通工具前往下一站。

（2）稳定游客的情绪。由接待社安排好其滞留期间的食宿和交通车辆以及离站的交通票证等事宜。

（3）及时通知下一站，对日程作相应的调整。

（4）向旅游团的全体游客赔礼道歉。必要时请旅行社领导出面致歉，同时采取相应的补偿措施，力争挽回旅行社的声誉。

（5）查清责任，严肃处理。查清事故责任，并对责任人给予相应的处罚。

（6）写出书面报告。

二、误（车、船）事故的预防

发生误机、误车事故，无论怎样处理，总会有游客不满意，而且这类事故会对旅行社造成经济损失和不良影响。所以，此类事故重在预防，设法杜绝，地陪应做到：

（1）认真核实交通票据和送站地点。导游人员应提前做好与旅行社有关部门核实旅游团离站交通票据的工作，确定班次有无变化。临行前，对交通票据进行核实（计划时间的核实、票面时间的核实、时刻表的核实、问讯核实等“四核实”）。

（2）与各方紧密联系。导游人员要与计调部门和行李员、司机紧密联系，相互配合，共同做好送站工作。

（3）时间安排留有余地。临行前，即使时间较充裕，也不能安排旅游团去闹市区购物或自由活动，不安排旅游团去范围广、地域环境复杂的景点参观游览。

（4）提前到达机场（车站、码头）。地陪要充分考虑各方面的因素，安排充裕的时间提前抵达机场（车站、码头）。乘坐国内航班，提前 1 个半小时抵达机场；乘国际航班出境或去沿海城市的航班提前 2 小时到达机场；乘火车提前 1 小时到达火车站。

【任务拓展】

旅游车上，导游向游客宣布："各位游客，现在是上午十一点，我们将乘车返回石家庄。从邯郸到石家庄大约需要 3 个小时。途中我们将安排两次购物，需 2 小时。"有游客问道："那能赶上今晚的飞机吗？" 导游回答说："没问题！我们下午 4 点左右就能到达石家庄，飞机是晚上 6 时的航班，时间刚好。"可是在距石家庄还有 20 公里时，汽车停了下来。前方路上树立一块牌子："公路塌方，禁止通行。"路政人员正在抢修。经导游了解，抢修至少需要 2 小时。试分析：

（1）这是一起什么事故，因为什么原因造成的？

（2）出现这种情况，导游员应当如何处理？

（3）在实践工作中，怎样做才能避免这种事故的发生？

【任务评价】

旅游团接送故障的预防和处理评价表

第______组　组长：______			
内容	分值 / 分	自我评价	小组评价
漏接事故的预防	10		
空接事故的预防	5		
错接事故的预防	5		
误机事故的预防	15		
漏接事故的处理	20		
空接事故的处理	15		
错接事故的处理	15		
误机事故的处理	15		
总评（星级）			
建议			

（续表）

接送故障的预防和处理的基本要求： 1. 认真细致地核实团队抵达和离开的相关信息。 2. 预防在先，做好各种接送故障的预防工作。 3. 各种接送故障的处理措施切实可行。 4. 做好上下站的衔接工作。 星级评价： ★（59 分及以下）　★★（60～69 分）　★★★（70～79 分） ★★★★（80～89 分）　★★★★★（90 分及以上）

项目 21　旅游安全事故的预防与处理

【项目导读】

没有安全，就没有旅游业的发展。对旅游业来说，旅游安全是一个十分敏感的问题，不仅影响到旅游业的形象和信誉，而且关系到旅游业的生存和发展。

在导游过程中，保障游客的人身、财产安全，是导游服务的头等大事，导游人员对此不能有任何麻痹思想。安全事故一旦发生，后果往往不堪设想，危及游客的生命、财产安全，同时也威胁着导游员自身的安全。因此，导游员在旅游途中要时刻保持高度警惕，努力避免此类事故的发生。

凡涉及游客人身、财产安全的事故均为旅游安全事故。旅行社接待过程中可能发生的旅游安全事故，主要包括交通事故、治安事故、火灾、食物中毒等。

【案例导入】

随着“五一”小长假的结束，在各地旅游景区人数井喷的同时，旅游安全问题也不断出现。

事件 1　凤凰古城塌桥，数十人落水：5 月 1 日晚 9 点 10 分左右，凤凰县桃花岛篝火晚会跨河吊桥因受力桥墩断裂，出现桥面倾斜，从篝火晚会散场的游客经过吊桥时落水。

事件2　中国台湾旅行团在张家界发生车祸：4月29日，在张家界旅游的中国台湾雄狮旅行团发生车祸，造成3人死亡，11人受伤送医院。

事件3　湖北神农架一游客摔伤：4月30日晚11时，随团去神农架旅游的陈先生在景区上厕所时滑倒导致粉碎性骨折。由于当地医院无法进行手术，只能将人送回武汉。

事件4　17名游客广东爬山遭雷击：4月30日下午2时许，广东惠州罗浮山朱明洞景区鹰嘴岩（海拔800米）发生雷击事故，造成16人轻伤，1人伤势较重。

任务一　交通事故的预防与处理

【任务目标】

通过本次任务的学习，学生应掌握交通事故的应急处理方法，学会一些基本的安全救护常识和逃生技巧，做到遇到突发性安全事故临危不惧、不慌乱。

【任务描述】

某旅游团在云南旅游，在丽江到香格里拉的路上，导游与司机正在攀谈着，一个急转弯，前面来了一辆大卡车，旅游车紧急避让，车子撞到路边的山岩上，当场司机和靠窗的两位游客都受伤了。面对这样突如其来的交通事故，作为导游，应如何处理?

【任务分析】

出现交通事故，轻则伤，重则亡，要引起高度重视，把交通安全放在首位。导游人员要提醒与要求驾驶人员执行好安全行车规范，对可能出现的安全隐患，应及时提醒、积极协助、果断阻止。导游人员以高度责任心与负责精神，加强旅游交通事故防范与控制。

（1）在当地的旅游活动中，导游人员一定要与旅游车司机很好配合，协助司机做好安全行车工作。

（2）妥善安排活动日程，为游客前往各游览景点或飞机场、火车站、码头等处留有充分的行车时间，避免驾驶员因时间紧迫、高速行驶造成交通事故。遇有天气恶劣的情况，要对活动日程进行适当调整。

（3）出车前提醒驾驶员检查车况，发现隐患要及时修理，或更换车辆。

（4）提醒司机行车时要注意交通安全，不要开快车，尤其当交通拥挤、时间紧张、在山区行车或在恶劣条件下行车时，要随时注意前方路况，谨慎驾驶。

（5）阻止非本车司机开车；提醒司机不要饮酒；如遇酒后驾车的司机，导游人员应立即阻止，并报告旅行社有关部门，要求改派其他车辆或调换司机。

【任务实施】

在旅游活动过程中，一旦发生交通事故，只要导游人员没有受重伤，神智仍然清楚，就应立即采取措施，沉着、冷静、果断地处理事故，并做好善后工作。具体措施是：

一、立即组织抢救

交通事故发生后，作为导游人员首先不能乱了方寸，应立即组织现场人员抢救受伤者，特别是重伤者。如不能就地抢救，应立即打电话给救护中心，将伤者送往就近的医疗单位抢救。作为导游人员应该具备基本的急救护理常识和技能。

二、保护现场，立即报案

交通事故发生后，不要在忙乱中破坏现场，应指定专人保护现场，并尽快通知交通、公安部门（交通事故报警电话是122），请求派人来现场调查处理。

三、迅速向接待社报告

在安顿好受伤游客后，导游人员应迅速向所在旅行社领导报告事故发生地点、原因、经过及所采取的措施、游客伤亡情况、团内其他游客的反映等，听取领导对下一步工作的指示。

四、做好游客的安抚工作

交通事故发生后，导游人员应及时安定团内其他游客的情绪，若事故不是很严重，有可能的话要组织其他游客继续进行参观游览活动。等事故原因查明后，要慎重地向全团游客说明。

五、协助有关部门做好善后处理工作

导游人员应积极配合交通、治安部门调查事故原因；协助旅行社有关人员处理善后事宜，如事故原因调查、帮助游客向有关保险公司索赔等。

六、写出书面报告

交通事故处理结束后，导游人员要写出事故报告，内容包括：事故的原因和经过；抢救经过、治疗情况；事故责任及对责任者的处理；游客的情绪及对处理的反映等。报告力求详细、准确、清楚（最好和领队联名报告）。

【任务拓展】

某旅游团在前往景区途中，因大雾弥漫能见度低，旅游车与迎面车辆相撞，造成两人重伤、多人轻伤，导游应怎样处理？

任务二　治安事故的预防与处理

【任务目标】

通过本次任务的学习，学生应掌握治安事故的应急处理措施，学会一些基本的安全救护常识和逃生技巧，做到遇到突发性安全事故临危不惧、不慌乱。

【任务描述】

2009 年 4 月 4 日，导游李永泉带领几名散客越野爱好者到三亚南新农场的一片橡胶林开展定向越野活动。到达运动场地后，该团队随即根据活动规则各自散开。16 时许，6 名来历不明的不法分子分乘两辆摩托车，趁爱好者落单之机实施抢劫。其中，两名外国女爱好者被抢走金、银项链各一条。导游李永泉在与歹徒搏斗时，后腰部被划伤，幸无大碍。

导游人员在带团过程中遭遇到治安事故，该如何处理？

【任务分析】

案例涉及游客财物被抢的治安事故。财物被抢给游客带来损失，也会影响其旅游心情，使其对接待地的治安环境产生不安全感。

在接待工作中，导游人员要始终提高警惕，采取有效措施并随时提醒游客，

尽力防止发生治安事故。导游遇到此类治安事件，必须挺身而出，全力保护游客的人身财产安全。

一、入住饭店后做好提醒工作

（1）入住饭店后，提醒游客保管好贵重物品。

（2）向游客讲清外币兑换的有关规定，提醒他们不要私自与他人兑换外币，更不要在偏僻的地方与不熟悉的人兑换外币。

（3）提醒游客不要将自己的房间号告诉不熟悉的人；出入房间一定要锁好房门；晚间，不要有人敲门就贸然开门，以防意外；不要让不熟悉的人和自称饭店维修人员的人进入房间。

二、旅行、游览时导游人员的工作

（1）旅游车行驶途中，不得停车让非本车人员上车，若有不明身份者拦车，提醒司机不要停车。

（2）下旅游车时，提醒游客不要将证件和贵重物品遗留在车上；游客下车后，提醒司机关好车窗、锁好车门，不要让生人上车，不要离车太远；游客返回上车时，导游人员和司机要尽力阻止小商贩上车兜售商品。

（3）参观游览活动时，导游人员要始终和游客在一起，随时注意观察周围环境和游客的行踪，不时清点人数；发现可疑现象，尽力引领游客避开；在人多拥挤的公共场所，要提醒游客不要离开团队，注意保管好自己的证件、财物。

【任务实施】

一旦发生了治安事故，导游人员绝不能置身事外，而要全力保护游客的人身、财物安全。

一、保护游客的安全

遇到歹徒骚扰、行凶、抢劫，导游人员要临危不惧，绝不能临阵脱逃，可能时将游客转移到安全地点；导游人员要勇敢，但不能鲁莽行事，要防备歹徒的凶器，要保护游客的安全，也要保护好自己。

二、组织抢救

若游客受伤，应立即做好必要的伤口处理，尽快送往附近医院；尽可能保护现场。

三、立即报警

立即拨打110报警，公安人员赶到后，导游人员要积极配合、协助侦查。

四、报告接待旅行社

将案情报告接待社领导，情况严重时，请领导到现场指挥处理。

五、妥善处理

治安事故发生后，导游人员要设法稳定游客的情绪，如果后果不是很严重，就应设法继续进行旅游活动；在领导指导下准备好必要证明及相关资料，处理好种种善后事宜；注意破案情况，一有结果，经领队向全团通报。

六、书面报告

写出翔实的书面报告，对游客的重要反映，力争用原话并注明反映者的身份。

【任务拓展】

一旅游团在某地旅游时，部分游客向地陪提出晚上陪他们去唱卡拉OK的要求，地陪以家里有事为由拒绝、把游客送回酒店后就回家了。当天晚上，游客被酒店门口几个别有用心的人带入一家偏僻的个体卡拉OK厅，在返回酒店途中，游客的钱包被不法分子给抢了。请分析：

（1）在该事件中地陪应负什么责任？

（2）地陪应如何妥善处理本案例中游客要求？

任务三　火灾事故的预防与处理

【任务目标】

通过本次任务的学习，学生应掌握火灾事故的应急处理方法，学会一些基本的安全救护常识和逃生技巧，做到遇到突发性安全事故临危不惧、不慌乱。

【任务描述】

10月的一天，某旅游团入住某酒店。深夜，酒店突然发生火灾。由于时值秋季，天气干燥，没有多少时间整个酒店已被笼罩在烟雾中，到处是叫喊声、哭泣声。此时此刻，作为导游应如何处理?

【任务分析】

旅游过程中，火灾事故一般多发生在饭店内，也可能发生在交通工具上或公共活动场所。

饭店晚上失火，游客的生命、财产会遭受严重威胁。导游人员绝不要掉以轻心，也不要因没有经历过而惊慌失措。应对火灾需要采取预防为主的方法，导游人员要时刻观察周围的情况，有针对性地提醒游客防范火灾。

一、做好提醒工作

导游人员应提醒游客不要携带易燃、易爆物品；不在托运的行李中夹带易燃、易爆等违禁物品；提醒游客不在床上吸烟，不乱扔烟头和其他火种。只有这样，才能尽可能地减少火灾。

二、熟悉饭店的安全出口和转移路线

导游员带领游客入住饭店后，导游人员要熟悉所在饭店楼层的太平门、安全通道并向游客详细介绍；提醒他们熟悉客房门上贴的安全路线示意图，掌握失火时应走的路线；提醒游客，一旦发生火灾，不要乘坐电梯，只能从安全通道逃生。

三、牢记火警电话，掌握游客房间号码

导游人员要牢记火警电话 119；掌握领队及全团成员的住房号码，以便失火时及时通知他们。

【任务实施】

饭店发生火灾事故的处理措施：

一、立即报警，组织撤离

一旦发生火灾，导游员要立即报警，采取一切可行的措施通知领队和全体游客迅速撤离。镇定地与工作人员配合，听从统一指挥，组织大家通过安全通道迅速离开火灾现场。火灾逃生时，要轻装、快速、有序，避免摔倒，不盲目跳楼。导游人员撤至安全地带，就要寻找本团游客，让大家聚集在一起。发现有人失踪，就应组织人力尽快寻找；有人受伤，应及时救治。

二、判断火情，引导自救

如果发现火灾已晚，无法逃离火灾现场时，游客要设法自救：

（1）用湿毛巾捂住口鼻，趴在墙根，爬行穿越浓烟，爬到烟少的地方，避免被烟气熏呛烧伤或窒息，可能时打开窗户。

（2）大火封门时，或泼水降温，或用浸湿的衣被封堵塞严，越严实越好。

（3）房内有明火时，或泼水灭火，或用浸湿的被褥包住身体保护自己，等待救援。

（4）若身上着火，可就地打滚将火苗压灭，或用浸湿的衣被压灭火苗。

（5）消防队员到来后，要一面高声喊叫，一面挥舞色彩鲜艳的衣物，争取救援。

三、协助救助受伤人员

游客得救后，导游员应立即配合救援人员抢救伤员，将重伤者立即送往医院。

四、报告领导

立即通知旅行社领导和有关人员，做好善后的准备工作。

五、做好善后事宜，写出书面报告

（1）采取各种措施安定游客的情绪，设法使旅游活动继续进行。

（2）根据旅行社领导的指示，帮助游客解决因火灾造成的生活方面的困难。

（3）采取各种措施，稳定游客的情绪，设法解决报告旅行社。

（4）写出翔实的书面报告。旅行社须立即将事故情况呈报上级有关部门。

【任务拓展】

2013 年 8 月 16 日，青岛某宾馆房间爆满，某旅行团的导游和司机被安排住在了地下室。晚上，旅途劳顿让不少游客迅速进入梦乡。突然，一楼吧台附近燃起明火，阵阵浓烟不断涌出，并在整个一楼大堂内蔓延开来。

8 月 16 日当晚，酒店发生火灾，住在地下室的南通导游和司机不幸身亡。

谈谈你对这次事件的看法。

任务四　食物中毒事故的预防与处理

【任务目标】

通过本次任务的学习，学生应掌握食物中毒的应急处理方法，学会一些基本的安全救护常识和逃生技巧，做到遇到突发性安全事故临危不惧、不慌乱。

【任务描述】

某旅游团在闽西客家土楼游玩后，就在村庄后面的饭店用餐，在回来的路上，多数游客出现腹痛和上吐下泻的现象，有人怀疑是用餐不卫生引起食物中毒。面对这样的情况，作为导游，应如何处理?

【任务分析】

旅游团在游程中出现食物中毒，直接影响旅行社的整体服务质量和声誉。游客身体出现了问题，也不能按照正常状态完成旅游行程，带来的影响是多方面的。面对这样的情况，导游应掌握一些急救处理方法，也要懂得解决此类问题的环节与做法。

（1）严格执行在旅游定点餐厅就餐的规定。

（2）提醒游客不要在小摊上购买食物。

（3）用餐时，若发现食物、饮料不卫生，或有异味变质的情况，导游员应立即要求更换，要求餐厅负责人出面道歉，必要时向旅行社领导汇报。

【任务实施】

（1）游客因食用变质或不干净的食物而发生食物中毒。其特点：①潜伏期短，发病快，且常集体发病。②若抢救不及时，会有生命危险。

（2）发现游客食物中毒，导游应：①设法催吐，让食物中毒者多喝水以加速排泄，缓解毒性。②立即将患者送医院抢救，请医生开具诊断证明。③迅速报告旅行社并追究供餐单位的责任。

【任务拓展】

导游员小赵带领旅游团乘飞机来到海滨城市，到达后马上到预定的餐馆用晚餐。客人们吃海鲜，喝啤酒。晚餐后，游客们在小赵分完房后，都各自回房休息。半夜酒店服务人员把小赵叫醒，几名游客突然感到腹痛，还伴有腹泻、呕吐等症状。小赵分析可能是客人当晚食用了不新鲜海鲜而导致食物中毒。

问题：导游员小赵将如何处理？

【任务评价】

旅游安全事故的预防和处理评价表

第 ____ 组　组长：_____			
内容	分值 / 分	自我评价	小组评价
交通事故的预防	15		
治安事故的预防	10		
火灾事故的预防	10		
食物中毒事故的预防	10		
交通事故的处理	20		
治安事故的处理	10		
火灾事故的处理	10		
食物中毒事故的处理	15		
总评（星级）			
建议			

旅游安全事故预防和处理的基本要求。
1. 认真细致地核实团队抵达和离开的相关信息。
2. 预防在先，做好各种接送故障的预防工作。
3. 各种接送故障的处理措施切实可行。
4. 做好上下站的衔接工作。
星级评价：
★（59 分及以下）　★★（60～69 分）　★★★（70～79 分）
★★★★（80～89 分）　★★★★★（90 分及以上）

项目 22 游客患病、意外受伤、死亡事故的预防与处理

【项目导读】

在旅游期间，游客患病、意外受伤等现象时有发生，这不仅给游客造成一定的经济损失，严重时还会威胁到游客的生命安全，也给导游人员的工作带来不少麻烦和困惑。导游人员应经常关注游客这些方面的问题。

【案例导入】

导游带团各种情况都有可能发生，对此，导游员在上团前就必须有充分的思想准备。带团不仅“身累”，而且“心累”，这是有经验的导游的共同感受。如何预防并妥善处理出现的问题，是导游带团能否顺利的关键。

任务一 游客患病事故的预防与处理

【任务目标】

通过本次任务的学习，学生应掌握游客患病的应急处理本领，熟悉一般疾病的预防常识，培养关照游客的意识和方法。

【任务描述】

导游员小孙带领由旅游团游览中，发现一位年纪比较大的游客面色苍白，精神萎靡，体温较高，小孙非常着急就给游客服用了退烧药，半天后该游客的病症仍然没有消失。

问题：你认同孙导的做法吗？他的处理是否有不妥之处？请带着这个问题继续学习。

【任务分析】

游客在旅游期间时常会发生身体不适或者患病，甚至是突然患重病、病危甚至死亡的事情。因此，为了避免或减少此类的事情发生，导游员应做有心人，安排活动时要考虑到游客的年龄体质等方面的因素，做好预防工作。

一、游客患病的原因

1. 因劳累患病

游客从居住地到旅游目的地，经过长途旅行的奔波，或在准备旅游之前工作非常繁忙没有休息好，加上平时少运动，都会造成在旅途中因为劳累而患病。

2. 因水土不服患病

有些游客往往会因异地水土不服、气候不适应、饮食不习惯、生活规律改变等原因患病。

3. 因年老体弱患病

旅游团中有些游客年纪大、体质弱、行动不便并有慢性病，较难适应旅行生活，导致旧病复发、生病甚至死亡。

4. 因受刺激突发疾病

在旅游期间，有些游客因受到某种刺激，或者休息不够，可能会患突发性疾病，需要住院治疗。

二、游客患病的防护

1. 详细了解团队情况

导游员在接团当天，就应该了解该团游客的全面情况，包括年龄构成和特殊要求等，同时要特别注意团中60岁以上的老人和10岁以下的儿童，患有高血压、心脏病、肺气肿等疾病的游客，较胖或者较瘦的游客，精神不振或者表情抑郁者，行动缓慢、气喘者，面部表情和举止异常者，并给这些游客适度的关心和提醒。

2. 合理安排活动

导游员要根据该团实际情况，合理安排参观游览活动，要留有余地，做到劳逸结合，使游客感到轻松愉快。不要将一天的游览活动安排得太多、太满。更不能将体力消耗大、游览项目多的景点集中安排，要有张有弛。晚间活动的时间不宜安排得过长。参观游览时要照顾到年老体弱者，特别是跋山涉水、雨天雪天，要加倍照顾，以防他们滑倒。

3. 随时提醒游客注意饮食卫生

提醒游客不要随便在地摊上吃东西，不要喝生水，在野外游览时不要随便采摘树上的野果吃。

4. 及时报告天气变化

提醒游客随着天气的变化及时增减衣服水，带雨具等。尤其是干燥季节提醒游客要多喝水，多吃水果。

5. 提醒游客自备常用药

提醒患有慢性病的游客，如高血压、心脏病、糖尿病等的患者，应在出行前准备好常用药品，在旅游过程中防止剧烈运动或暴饮暴食，如有身体不适及时告知导游员。提醒游客自备日常用药，如感冒药、晕车药、创可贴等，一旦出现身体不适，可以及时用药。

【任务实施】

一、游客患一般疾病的处理

在旅游过程中，经常会有游客感到身体不适或患一般疾病，如感冒、发烧、水土不服、晕车、中暑、失眠、便秘、腹泻等，这时导游员应该根据情况采取相应措施处理。

1. 在饭店患一般疾病或感到不适

若游客在饭店感觉身体不适，导游员应劝其及早就医，如果症状较轻，可联系酒店医务室为游客诊疗。当天的游览如果没法参加，导游员要主动前去问候，询问身体状况，以示关心。必要时通知餐厅为其提供送餐服务。需要时，可陪同患者前往医院就医，但应向患者讲清楚所需费用自理，提醒其保存诊断证明和收据。严禁导游员擅自给患者用药。

2. 在旅途中或游览中患一般疾病或感到不适

游客在旅途感觉不适，若症状较轻，应多加关心，照顾其坐在前排或较舒服的位置上。参观游览时，要时刻观察游客的神态、气色，必要时也可请景区医务人员帮忙。若病情较重，可让全陪陪同游客前往医院就医，地陪带领其他游客继续游览，互通信息。游览结束地陪应去医院看望游客。

二、游客突发重病的处理

遇到游客在旅途中、在饭店、在旅游车上突然患病或突患重病时，导游员应全力以赴，采取措施积极抢救。

1. 游客在饭店突发重病的处理

如果游客在饭店休息时患重病，导游员应该和饭店医务室联系，请饭店医务人员及时抢救。如果游客病情较重，应联系车辆将游客送往医院，地陪和领队及游客代表陪同游客前往。如游客需住院治疗，地陪导游员安排妥当后带领团队继续游览，全陪或领队留在医院陪同游客，地陪要将详细情况及时向接待社领导汇报，并请旅行社派人探望。

2. 游客在旅行途中突发重病的处理

在旅行途中游客突然患病，导游员应采取措施就地抢救，请求机组人员、列车员和船员在飞机、火车、轮船上寻找医生并通知下一站急救中心和旅行社准备抢救。

若乘旅游车前往景点途中游客患重病，在征得患者、患者亲友或领队同意后，立即将患重病游客送往就近医院治疗，或拦截其他车辆将其送往医院。必要时，暂时中止旅行，用旅游车将患者直接送往医院。及时将情况通知接待社有关人员。

3. 游客在游览途中突发重病的处理

碰到在参观游览突患重病，不要搬动患病游客，让其就地坐下或躺下，并立即拨打电话叫救护车（医疗急救电话：120）。同时，也可向景点工作人员或管理部门请求帮助，并及时向旅行社领导及有关人员报告。

4. 突发重病救护要点

（1）游客患重病，需要送往急救中心或医院抢救时，需由患者家属、领队或患者亲友陪同前往。如果患者是国际急救组织的投保者，导游员应提醒其亲属或领队及时与该组织在中国的代理机构联系。

（2）在抢救过程中，需有领队或患者亲友在场，并详细记录患者患病前后的症状及治疗情况，并请接待社领导到现场或与接待社保持联系，随时汇报患者情况。

（3）如果需要做手术，须征得患者亲属的同意；如果亲属不在，需由领队同意并签字。

（4）若患者病危，但亲属又不在身边时，导游员应提醒领队及时通知患者亲属。如果患者亲属系外国人士，导游员要提醒领队通知所在国使、领馆。患者家属到达后，导游员要协助其解决生活方面的问题；若找不到亲属，一切按使、领馆的书面意见处理。

（5）有关诊治、抢救或动手术的书面材料，应由主治医生出具并签字，要妥善保存。

（6）地陪应请求接待社领导派人帮助照顾患者、办理医院的相关事宜，同时安排好旅游活动，不得将全团活动中断。

（7）患者转危为安但仍需要继续住院治疗、不能随团继续旅游或出境时，接待社领导、地陪要不时去医院探望，帮助患者办理相关手续。

（8）患者住院和医疗费用自理。如患者没钱看病，请领队或组团社与境外旅行社、其家人或保险公司联系解决其费用问题。

（9）患者在离团住院期间未享受的综合服务费，按协议规定处理。患者亲属在当地逗留期间的一切费用自理。

【任务拓展】

“五一”期间，地陪小张正带领着10位老年游客游览。游客们兴致都很高，可就在此时，其中一位游客突然摔倒在地，脸色发青，看情况病势很严重。熟悉这位老人的其他游客讲，这位老人以前曾患有心肌梗死病，在情绪高涨时偶有发作。于是，小张二话没说，便与领队、全陪及游客商量，让全陪领队立即送患者去医院，自己仍然带游客游览。请问，你认同小张的做法吗？为什么？

任务二 游客意外受伤事故的预防与处理

【任务目标】

通过本次任务的学习，学生应学会意外伤害事故的应急处理方法，培养关照游客的意识和方法。

【任务描述】

导游员小孟按照行程安排带领游客参观赛马场，期间不少年轻人纷纷表示想要骑马，小孟说“骑马很危险，最好不要骑”。可是仍有游客一意孤行。果不其然，其中一位年轻小伙子不慎从马背上摔下来，腿部发生骨折。

问题：这是一起什么事故？导游员小孟应该如何处理呢？请带着这个问题继续学习。

【任务分析】

意外伤害是指在旅游活动期间因为某种原因而突然受到的伤害，有跌伤、摔倒、碰撞、蜂蜇、海滩等。有些情况导游员是无能为力的，只有尽责任努力保护好游客，最主要的是做好安全提示，预防意外伤害事故发生。

（1）导游员在引导游客游览的过程中，应具有高度防范意识，有危险的地方应止步，不能只顾欣赏风景而忽视脚下的路，不要站在悬崖边照相，不要爬陡峭的山峰。

（2）参加水上项目时要穿好游泳衣，划船、登山、潜水一定不能超越警戒线，不要远离人群，并听从救生员的指挥。骑马、登山、潜水要提醒游客量力而行，尤其是老人和小孩，以免造成意外。

（3）注意恶劣天气，如下雨时在餐厅、洗手间出入要提示，上下车时要特别提示，以防跌倒、滑倒。

（4）提醒游客乘坐交通工具要注意遵守交通规则，如坐缆车、摩天轮，要提示家长照顾好自己的小孩，头、手不要伸出窗外；上下车和过马路时要注意安全。

（5）入住饭店要提醒游客注意楼层安全通道的位置，洗澡时要小心防滑。

【任务实施】

游客出现意外伤害事故，如骨折、摔伤时，导游员要进行应急处理，包扎伤口，尽快送医院，全陪或领队应陪同游客到医院救治。医院诊断、治疗后再与有关单位商讨索赔，并写出书面报告。

常见意外受伤的急救方法：

1. 脱臼、扭伤的急救

在旅游过程中猛然跌落、撞击都可能会引起关节脱臼，使受伤部位明显畸形，疼痛剧烈。

肩部脱臼时，救助者应脱去鞋子，用脚撑在伤员腋下，拖动脱臼的肩部，使之复位。

手指脱臼时，可以拽动手指，再慢慢放松，使骨头复位。如有人握牢伤员的腕部，效果更好。此法只可用拇指轻轻一试，如不起作用，则不可再进行下去，以防引起更严重伤害。

2. 摔伤骨折的急救

如果遇到骨折等重伤病人，首先，要判断是否是骨折，在判断不清是否有骨折的情况下，应按骨折来处理。

对有伤口的开放性骨折患者，应立即封闭伤口。最好用清洁、干净的布片、衣物覆盖伤口，再用布带包扎；包扎时，不宜过紧，也不宜过松。如遇骨折端外露，注意不要尝试将骨折端放回原处，应继续保持外露，以免将细菌带入伤口深部引起深部感染。如已将骨折端或脱位的关节复位，应给予注明，并在送医院时向医生交代清楚。止血可采用压迫止血的方法。要记住的是一旦采用布带、绳子捆扎止血时，必须记录扎带的时间，一般不宜超过一小时，以免时间过长导致肢体缺血坏死。一般每一小时需放松止血带至少五分钟。

3. 咬伤、蜇伤

（1）如果游客被蝎、蜂蜇伤，其毒针会留在皮肤内，必须用消毒针将叮在肉内的断刺剔出，然后用力掐住被蜇伤的部分，用嘴反复吸吮，以吸出毒素。

如果身边暂时没有药物，可用肥皂水充分洗患处，然后再涂些食醋或柠檬。万一发生休克，在通知急救中心或去医院的途中，要注意保持呼吸畅通，并进行人工呼吸、心脏按压等急救处理。

（2）被蛇咬伤后的处理：

①不要剧烈奔跑，以减慢人体对蛇毒的吸收和蛇毒在人体内的传播速度，减轻全身反应；记住伤口的形态，详细告知急救的医务人员，如果把蛇打死，则带上死蛇，以便医务人员及时、正确地给以治疗。

②被毒蛇咬伤后，应立即用柔软的绳或带结扎在伤口靠近心脏的一端，以阻断静脉血和淋巴液的回流，减少毒液吸收，防治毒素扩散。

③立即用冷茶、冷开水或泉水冲洗伤口，有条件的话可用生理盐水、肥皂水、双氧水。施行刀刺排毒，用清洁的小苗刀、痧刀、三棱针或其他干净的利器挑破伤口，不要太深，以刺破两个毒牙痕间的皮肤为原则；或在伤口周围的皮肤上用小苗刀挑数孔，刀口如米粒大小，这样就可防止伤口闭塞，使毒液外流。

④刀刺后应马上清洗伤口，并从四周向伤口方向不断挤压 15 分钟左右，挤出毒液。如果伤口里的毒液不能畅通外流，可用吸吮排毒法，采用拔火罐、针筒前端套一条橡皮管来抽吸毒液，无工具时可直接用嘴吸吮（口腔溃疡患者严禁），但必须注意安全，边吸边吐，每次都用清水漱口。具体用什么药内服、外敷，应根据当时、当地能立即得到为原则，灵活运用。

【任务拓展】

一旅游团观看完歌舞表演后，在经过丛林走回饭店的路上，其中一位游客的脚面突然被蜇了一下，小腿便渐渐麻木了。这时，你作为导游人员应该马上采取什么措施呢？

任务三　游客死亡事故的预防与处理

【任务目标】

通过本次任务的学习，学生应掌握游客死亡事故的应急处理措施，培养关照游客的意识和方法。

【任务描述】

导游员小楼接待了来自甘肃的旅游团。第二天登山的过程中，游客孙某突然晕倒，送至医院已经没有呼吸，经诊断属于突发心脏病猝死。如果你是小吴你应该怎么处理?

问题：在这起游客死亡事故中，导游员小楼应该怎样及时处理呢？请带着问题继续学习。

【任务分析】

游客在旅游期间不论什么原因导致死亡，都是一件很不幸的事情。当出现游客死亡的情况时，导游员应沉着冷静，立即向接待社领导和有关人员汇报，并按有关规定办理善后事宜。

导致游客死亡的原因很多，有游客突发病，如心脏病、脑出血、心肌梗死等；游客患急性传染病，如急性传染性黄疸肝炎；游客旧病复发；长时间乘飞机、汽车，导致游客患严重性肺动脉栓塞；交通、治安、灾难性事故。

【任务实施】

在旅游过程中，一旦发生游客死亡，有关人员应沉着冷静，有条不紊地按以下程序进行处理。

一、及时报告旅行社

立即向当地接待社汇报，请旅行社派人来处理。

二、立即通知亲属

如果死者的亲属不在身边，应立即通知亲属前来处理后事；若死者系外国人士，应通过领队或有关外事部门迅速与死者所在国驻华使、领馆联系，通知其亲属来华。

三、取得医生证明

导游员应协助旅行社领导办妥有关证明。请参加抢救的医师向死者的亲属、领队及好友详细报告抢救经过，并出示“抢救工作报告”“死亡诊断证明书”，由主治医班签字后盖章，复印后分别交给死者亲属、领队和旅行社。

四、尸体解剖

对死者一般不做尸体解剖。如果要求解剖尸体，应由死者的亲属或领队，或其所在国驻华使、领馆有关官员签字的书面请求，经医院和有关部门同意后方可进行。

如果死者属非正常死亡，导游员要保护好现场，立即向公安局和旅行社领导汇报，协助查明死因。如需解剖尸体，要征得死者亲属和领队或所在国驻华使、领馆人员的同意，并签字认可。解剖后写出“尸体解剖报告”（无论属何种原因解剖尸体，都要写“尸体解剖报告”）。此外，旅行社还应向司法机关办理“公证书”。

五、向其他团员通报

死亡原因确定后，在与领队、死者亲属协商一致的基础上，请领队向全团宣布死亡原因及抢救、死亡经过情况。

六、遗体的处理

一般以火化为宜。遗体火化前，应由死者亲属或领队，或所在国驻华使、领馆写出“火化申请书”并签字后进行火化。

死者遗体由领队、死者亲属护送火化后，火葬场将死者“火化证明书”交给领队或死者亲属，我民政府部门发给对方携带骨灰出境证明。各有关事项的处理，我方应予以协助。若死者亲属要求将遗体运回国，除需办理上述手续外，还应由医院对尸体进行防腐处理，并办理“尸体防腐证明书”“装殓证明书”；由地方检疫机关发给“外国人运送灵柩（骨灰）许可证”和出境口岸检疫机关发给“尸体灵柩出境许可证”等有关证件，方可将遗体运出境。灵柩要按有关规定包装运输，要用铁皮密封，外廓要包装结实。由死者所在国驻华使、领馆办理一张经由国的通行证，此证随灵柩通行。

七、协助开具有关证明

死者如在生前已办理人寿保险，我方应协助死者亲属办理人寿保险索赔、医疗费报销等有关证明。

八、继续行程

出现因病死亡事件后，除领队、死者亲属和旅行社代表负责处理外，其余团员应由代理领队带领仍按原计划参观游览。至于旅行社派何人处理死亡事故，何人负责团队游览活动，一律请示旅行社领导决定。

九、费用和遗物的处理

有关抢救死者的医疗、火化、尸体运送、交通等各项费用，一律由死者亲属或该团队交付。

死者的遗物由其亲属或领队、死者生前好友代表、全陪或所在国驻华使、领馆有关官员清点造册，列出清单，清点人要在清单上一一签字，一式两份。遗物要交死者家属或死者所在国驻华使、领馆有关人员。接收遗物者应在收据上签字，收据上应注明接收时间、地点、在场人员等。

在处理游客死亡事故时，应注意的问题是必须有死者的亲属、领队、使领馆人员及旅行社有关领导在场。导游员和我方旅行社人员切忌单独行事。有些环节还需有公安局、旅游局、保险公司的有关人员在场。每个重要环节应经得起事后查证并有文字根据，口头协议或承诺均属无效。事故处理后，将全部报告、证明文件、清单及有关材料存档备查。

【任务拓展】

一天早上，旅游团按规定时间集合，地陪发现住在单人房间的王先生房门紧闭，敲门打电话都无人应答。地陪请楼层服务员将房门打开后，发现王先生已经僵卧在床，两人吓得冲出房门跑到楼下大厅。地陪惊慌失措地告诉游客，王先生已死在床上，并马上报告了旅行社，然后心神不安地在大厅里等候旅行社有关人员的到来。

请问：地陪的哪些做法不妥？怎样正确处理此类游客死亡事件？

项目 23 游客走失事故、遗失财物的预防与处理

【项目导读】

在旅游期间，游客走失、财物丢失等现象时有发生，这不仅给游客造成一定的经济损失，还会影响游客游览的心情，也给导游人员的工作带来不少麻烦和困惑。导游人员应告诉游客重视这些方面的问题。

【案例导入】

导游带团各种情况都有可能发生，对此，导游员在上团前就必须有充分的思想准备。带团不仅“身累”而且“心累”，这是有经验的导游的共同感受。如何预防并妥善处理出现的问题，是导游带团能否顺利的关键。

任务一 游客走失事故的预防与处理

【任务目标】

通过本次任务的学习，学生应掌握游客走失事故的处理方法，熟悉如何预防游客走失，培养学生服务意识。

【任务描述】

导游小唐带一老人团去云南。由于是老人团，地陪小唐在旅游途中都格外小心，没想到在世博园里，还是出了点小意外。游览活动结束后，团里少了一位老伯。作为导游应如何处理?

【任务分析】

一、游客走失原因

在参观游览或自由活动时，时常有游客走失的情况。一般来说，造成游客

走失的原因有四种。

（1）导游员没有向游客讲清停车位置或景点的游览路线。

（2）游客对某种现象和事物产生兴趣，或在某处滞留时间较长而脱离团队自己走失。

（3）地陪导游员的讲解不精彩，讲解内容不够丰富，不能吸引本团游客的注意力，导致游客脱离自己的团队而跟其他团队游览，造成走失。

（4）在自由活动、外出购物时游客没有记清楚返回的地址和路线而走失。

无论哪种情况，都会使游客感到焦虑和恐慌，严重时会影响整个旅游计划会危及游客的生命财产安全。一旦有游客走失，导游人员应立即采取有效措施。

二、自由活动时游客走失的预防

自由活动时，导游员应根据游客需要帮助其设计活动线路，并告知乘坐合理的交通工具。提醒游客带好饭店的宣传卡或提醒游客出发前带上客房的门匙、信封、留言纸等印有饭店名称、地址的物品备用，特别是游客不懂本地语言时可向出租车司机出示，司机便可把游客送回饭店。提醒游客记住导游员和团友的联系方式，不要走得太远，不要回饭店太晚，不要去热闹、拥挤、秩序混乱的地方。

三、游览中游客走失的预防

游客走失虽然不一定是导游员的责任，但与导游员责任心不强、工作不细致有很大关系。为防止游客在参观游览时走失，导游员要做好各项工作。

（1）做好提醒工作。提醒游客记住接待社的名称、旅游车的车号和标志、下榻饭店的名称和电话号码，带上饭店的店徽等。

（2）做好预报工作。在出发前或旅游车离开饭店后，地陪要向游客报告一天的行程，上午、下午游览点和用午餐、晚餐的餐厅的名称和地址。到达游览点后，在景点示意图前，地陪要向游客介绍游览线路，告知旅游车的停车地点，强调集合时间和地点，再次提醒旅游车的特征和车号。

（3）随时清点人数。团队参观游览途中以及每次向下一地点转移之前，全陪和地陪、领队都要注意清点人数，如果发现人数不够，要及时寻找。

（4）地陪、全陪和领队密切配合。参观游览时，地陪应高举导游旗走在队伍的最前面，引导游客欣赏美景，并以高超的导游技巧和丰富的讲解内容吸引游客；全陪和领队则应殿后，注意游客动向，随时提醒游客跟上队伍，防止走失。

【任务实施】

一、游览中游客走失

（1）了解情况，迅速寻找。导游员应立即向其他游客、景点工作人员了解情况并迅速寻找。为不影响游览的顺利进行，地陪、全陪和领队要密切配合，一般情况下是全陪、领队分头去找，地陪带领其他游客放慢速度、继续游览。

（2）向有关部门报告，寻求帮助。在经过认真寻找后仍然找不到走失者，应立即向游览地的派出所和管理部门求助，特别是在面积大、范围广、进出口多的游览点，因寻找工作难度较大，争取当地有关部门的帮助尤其必要。遇到急难情况，导游员应立即向游览地派出所或管理部门报告，请求他们帮助寻找。

（3）打电话与饭店联系。在寻找过程中，导游员可与饭店前台、楼层服务台联系，请他们注意游客是否已经回到饭店。

（4）向旅行社报告。如果采取了以上措施仍找不到走失的游客，地陪应向旅行社及时报告并请求帮助。必要时请示领导，向公安部门报案。

（5）做好善后工作。找到走失的游客后，导游员要做好善后工作，分析走失的原因。如果属导游员的责任，导游员应向游客赔礼道歉；如果责任在走失者，导游员也不应指责或训斥对方，而应对其进行安慰，讲清利害关系，提醒以后注意。

（6）写出事故报告。若发生严重的走失事故，导游员要写出书面报告，详细记述游客走失的经过、走失的原因、善后处理情况及游客的反映等。

二、自由活动时游客走失

（1）立即报告旅行社。游客若在自己外出时走失，导游员得知后应立即报告旅行社，请求指示和协助，通过有关部门通报管区的公安局、派出所和交通部门，提供走失者可辨认特征，请求帮助寻找。

（2）做好善后工作。走失者回到饭店后，导游员应表示高兴，问清情况，必要时提出善意的批评，提醒其他游客引以为戒，避免走失事故再次出现。

（3）游客走失后出现其他情况，应视具体情况作为治安事故或其他事故处理。

【任务拓展】

旅行社接待某小学学生参观一农业观光园。入园后，参观了热带植物大棚。由于大棚数量众多，导游员在每出一个大棚时都清点人数，在其中一次清点时发现少了一个学生。

请问你作为导游员，此时应该怎么办？请分析、探讨其优点和不足，以提升服务水平和应变处理技巧。

任务二　遗失财物的预防与处理

【任务目标】

通过本次任务的学习，学生应掌握财物遗失的处理方法，熟悉财物遗失预防措施，培养学生的服务意识。

【任务描述】

“十一”黄金周期间，导游员小宋带团到市中心商场购物时，商场客流量较大，人多拥挤。突然，一位游客发现自己身上的钱包不见了，而他随身携带的包包也已经被割破，里面不仅有游客3000元现金、各种银行卡还有身份证。游客非常着急。

问题：导游员小宋遇到这种情况，应当如何处理？小宋在今后的工作中怎样做才能防止这类事件的再次发生？请带着问题继续学习。

【任务分析】

旅游期间，游客丢失证件、行李、钱物的现象时有发生，不仅给游客造成诸多不便和一定的经济损失，也给导游员的工作带来不少麻烦和困难。导游员应经常关注游客在这些方面的安全性，采取各种措施预防此类问题的发生。

参观游览时，导游员要提醒游客带好随身物品和提包；在热闹、拥挤的场所和购物时，导游员要提醒游客保管好自己的钱包、提包和贵重物品；离开饭店时，导游员要提醒游客带好随身行李物品，检查旅行证件是否带齐。

导游员在工作中需要游客的身份证件时，要经由领队收取，用毕立即如数归还，不要代为保管，还要提醒游客保管好自己的证件。另外，切实做好每次行李的清点、交接工作。游客下车后，导游员都要提醒司机清车、关窗，并锁好车门。

【任务实施】

一、游客丢失行李的处理

游客行李的丢失，一般都是运输过程中或搬运途中发生的。无论是国外游客还是本国游客，行李的丢失都会给他们的旅游生活带来极大的不便，并严重影响旅游情绪。因此导游员应急游客之所急，尽快设法解决。

（一）来华途中丢失行李

海外游客的行李在来华途中丢失，不是导游员的责任，但应帮助游客追回行李。应尽快带失主到机场失物登记处办理行李丢失和认领手续，失主须出示机票及行李牌，详细说明始发站、转运站，说清楚行李件数以及丢失行李的大小、形状、颜色、标记、特征等，并一一填写失物登记表；将失主将下榻饭店的名称、房间号和电话号码（如果已经知道的话）告诉登记处，并记下登记处的电话和联系人，记下有关航空公司办事处的地址、电话，以便联系。

游客在当地游览期间，导游员要不时打电话询问寻找行李的情况，在没有找回行李之前，要协助失主购置必要的生活用品。离开本地前行李还没有找到，导游员应帮助失主将接待旅行社的名称、全程旅游线路以及各地可能下榻的饭店名称转告有关航空公司，以便行李找到后及时运往最相宜的地点交还失主。如行李确系丢失，可提醒失主向有关航空公司索赔。

（二）在中国境内丢失行李

游客在中国境内旅游期间丢失行李，一般是交通部门或行李员的责任，导游员应高度重视，负责查找。

1. 冷静分析情况，找出差错的环节

（1）如果游客在出站前领取行李时找不到托运的行李，则有可能上一站行李交接或行李托运过程中出现了差错，此时，导游员可带失主到失物登记处办理行李丢失和认领手续。由失主出示机票和行李牌，填写丢失行李登记表。同时应立即向旅行社领导汇报，请其安排有关部门和人员与机场、上一站旅行社、民航等单位联系，积极寻找。

（2）如果抵达饭店后，发现游客没有拿到行李，则问题可能出在饭店内或本地交接或运送行李过程中。地陪应和全陪、领队一起先在本团成员所住房间寻找，查看是否是饭店行李员送错了房间，还是本团游客误拿了行李。如找不到，就应与饭店行李科迅速取得联系，请设法查寻。如饭店行李科工作人员仍找不到，应向旅行社汇报。

2. 主动做好失主的工作

对丢失行李事故向失主表示歉意，并帮助其解决因行李丢失而带来的生方面的困难。

3. 经常询问进度

经常与有关方面联系，询问查找进展情况。

4. 后续处理

将找回的行李及时归还。如果确定行李已经遗失，则应由旅行社领导出面向失主说明情况，表示歉意，同时根据惯例帮助失主向有关部门索赔。

5. 事后写出书面报告

书面报告清楚行李丢失的经过和原因、查找过程及失主和其他团员的反映等情况。

二、游客丢失证件的处理

当游客丢失证件时，导游员应先请游客冷静地回忆，详细了解丢失情况，尽量协助寻找。如确已丢失，应马上报告组团社或接待社，根据组团社或接待社的安排，协助游客向有关部门报失，补办必要的手续。所需费用由游客自理。

1. 外国护照和签证重新申领手续

（1）由旅行社出具证明，并请失主准备照片。

（2）由失主本人持证明去当地公安局报失，由公安局出具证明。

（3）请失主持公安局的证明及准备好的照片去所在国驻华使、领馆申请补办新护照。

（4）领到新护照后，再去公安局办理签证手续。

2. 团队签证的补办手续

（1）请境外领队准备签证副本和团队成员护照，并重新打印全体成员名单，填写有关申请表（可由一名游客填写，其他成员附名单）。

（2）到公安局出入境管理处进行补办手续。

3. 中国护照和签证的重新申领手续

（1）若华侨丢失护照、签证：①导游员帮助失主去当地接待社开具丢失证明，同时请失主准备照片。②失主持遗失证明到省、市、自治区公安局(厅)或授权的公安机关报失并申请办理新护照。③领到新护照后去其侨居国驻华使、领馆办理入境签证手续。

（2）若中国公民在境外丢失护照、签证：①请当地陪同协助在接待社开具遗失证明，同时请失主准备照片。②失主持当地接待社遗失证明到当地警察机构报案，取得警察机构开具的报案证明。③失主持当地警察机构的报案证明和本人照片及有关护照资料到我国驻该国使、领馆办理新护照。④新护照领到后，携带必备的材料和证明到所在国移民局办理新签证。

如果护照一时无法办妥，又必须回国，可持遗失报案证明及领队备用的护照资料，向外国移民局和海关请求放行（也可请我国驻外机构协助办理）。入境时，可请其家人持失主个人的身份证明，到机场交给失主，办理入关手续。

4. 丢失“港澳居民来往内地通行证”后，出境手续的办理

（1）失主到当地接待社开具遗失证明。

（2）持当地地接社的证明向遗失地的市、县公安部门报失。

（3）经查实后由公安机关的出入境管理部门签发一次性有效的“中华人民共和国出境通行证”。

5. 丢失“台湾同胞旅行证明”后，出境手续的办理

中国台湾同胞来内地后如果遗失“台湾同胞旅行证明”，向中国旅行社或者出入境管理部门报失，经核实后，可发给一次性有效的出入境通行证。

6. 丢失“中华人民共和国居民身份证”后的补办手续

由当地旅行社核实后开具证明。失主持证明到公安局报失，经核实后开具

身份证明。

若在北京旅游期间丢失身份证，也可持有关证明到首都机场公安部门当场办理临时身份证明。

三、旅客遗失钱物的处理

在接待游客旅游的过程中，经常会遇到游客告知其钱物丢失或被盗，导游应尽可能帮助游客寻找，并采取最正确的方式处理。

导游员要稳定失主的情绪，详细了解物品丢失的经过，失物的形状、特征、价值，分析物品丢失的原因、时间和地点，并迅速判断物品是丢失还是被盗。

要及时向接待社领导汇报，听取领导指示。立即向公安局或保安部门以及保险公司报案（特别是贵重物品），由地接社开具物品丢失证明。

若找不回被盗物品，导游员要协助失主持旅行社的证明到当地公安局开具失窃证明书，以便出关时查验或向保险公司索赔。同时，要提供热情周到的服务，安慰失主，缓解其不快情绪。

证件、财物特别是贵重物品被盗是治安事故，导游员须立即向公安部门和保险公司报案或通过旅行社报案，协助有关人员查清线索，力争破案，找回被窃证件、物品，挽回不良影响。

【任务拓展】

导游员在机场迎接来自英国的旅游团，一名游客突然告知导游员他没有找到自己的行李。请问：这名游客行李可能是在哪里丢失的？作为导游人员应该怎么帮助游客寻找行李？

【任务评价】

游客患病、死亡、财物丢失事故的预防和处理评价表

第 ______ 组　组长：______			
内容	分值 / 分	自我评价	小组评价
游客患病事故的预防	20		
游客死亡事故的预防	15		
财物丢失事故的预防	15		

（续表）

游客患病事故的处理	20		
游客死亡事故的处理	20		
财物丢失事故的处理	10		
总评（星级）			
建议			

游客患病等事故预防和处理的基本要求：
1. 认真细致地核实团队抵达和离开的相关信息。
2. 预防在先，做好各种接送故障的预防工作。
3. 各种接送故障的处理措施切实可行。
4. 做好上下站的衔接工作。
星级评价：
★（59 分及以下） ★★（60～69 分） ★★★（70～79 分）
★★★★（80～89 分） ★★★★★（90 分及以上）

项目 24 特殊游客的接待技能

【项目导读】

保持优良的服务质量不能没有规范化服务，但有了规范和标准化的操作并不等于有了优质服务。面对多样化个性化的旅游市场，导游服务需要提高到一个更高的层次，即推行个性化服务，这样才能提高导游服务质量。

当今社会，特殊旅游团队的数量越来越多。对特殊旅游团队的接待，除按普通旅游团队服务程序操作外，还应根据每个团队的不同特点采取个性化的接待方式，从而获得最佳效果。

作为一名合格的导游人员，学习特殊旅游团队的接待技巧必不可少。带好这样的团队，不仅需要过硬的专业知识，还需要高度的责任心。

【案例导入】

旅游要做到个性化服务、精细化服务，不但要设计出丰富多彩的旅游产品，在服务上也要充分考虑游客的需求。例如：近年来夕阳红旅游团、夏令营团等游客市场潜力很大，在导游服务中只有了解特殊游客的特点，考虑客人的特殊要求，才能够提供精细服务、贴心服务。

任务一　接待高龄游客的服务技能

【任务目标】

通过本次任务的学习，学生应能够针对高龄游客的特点，做好相应接待服务。

【任务描述】

某旅行社导游小李接待一个夕阳红旅游团，在行程即将结束时，有半天的空余时间。老人们提出要加一个景点，自费游览。因为当地新增了一个竹筏漂流的项目，娱乐性很高，游客的评价也很好。小李便向老人们推荐了这个项目，可是老人们一点都不感兴趣，小李应该怎么办？

【任务分析】

导游在接待高龄游客时，要充分考虑到他们的生理特点及身体状况，做好安全预防，在旅游中要放慢速度，多做细致工作，多提供个性化服务。

【任务实施】

近年来，我国老龄化进程加快，老年人已成为潜力巨大的旅游客源。目前我国的老年人旅游团消费水平虽然偏低，但出游人数多，全年客源稳定，没有“五一”“十一”“春节”那种明显的大起大落现象。旅行社开发的旅游线路只要符合老年人的特点，老年人的旅游市场是可以大有所为的。

一般来说，老年人怀旧观念较重，喜欢历史文化厚重的旅游景点；由于生理上的变化，他们反应迟缓以及比较固执；出于身体方面的考虑，他们倾向于选择安全系数较高的旅游线路；他们具有丰富的社会阅历和社会经验，对讲解要求也较高。因此，为老年旅游团服务时要具备丰富的历史知识，尊重、体贴老人，乐意虚心向老人请教，同时掌握一定的医学知识和护理知识，善于察言观色，以便于及早发现他们可能出现的重大病情，防患于未然。

面对老年旅游团，导游员要针对他们身体和心理特点，妥善安排行程内容，并时刻注意他们的身体状况。同时，发扬中华民族尊敬老人的优良传统和美德，持谦恭的态度，给他们体贴入微的关怀，提供不辞辛苦的服务。

一、合理安排行程

首先，安排行程时要具有较强的弹性，每次游览的景点和活动的内容不要太多，注意节奏宜慢，可根据老年人身体情况选择游览景点最精彩的部分，不必面面俱到。其次，要充分考虑安全因素，避免安排那些体力消耗大、冒险刺激的活动，以静态观赏为主，动态观赏为辅。

二、提供耐心细致的服务

1. 生活上关心

在旅游过程中要随时关心老人的身体状况，每天向他们报告天气信息，要提醒他们增减衣服，备好常用药品。要主动与他们沟通，使他们心情舒畅。安排餐食时要注意照顾他们的习惯和生理特点，以清淡软烂为主，咸淡适中，同时注意营养结构，建议餐厅合理搭配，保证一日三餐营养均衡。安排住宿时，要确保环境幽雅，房间干净、安全。安排旅游车时尽量做到宽松、舒适；乘坐火车时尽量安排中下铺位；乘坐飞机时，协助他们办理行李托运手续。晚间活动时，还要提醒司机将旅游车停在有灯光、平坦、没台阶的地点，以防他们上下车时摔伤。

2. 旅游中留心

针对老年人行动迟缓、手脚不灵活、记忆力和反应力下降的特点，在游览过程中要处处留心，多做提醒工作。到达景点下车前，要重复强调集合时间、地点、旅游车的特征、车号等，提醒他们携带好有关的优惠证件、贵重物品及旅游用品。

在游览时，要提醒他们“一看二慢三通过”，在登山、爬坡、上台阶时尤其要多注意，必要时对个别老年人给予搀扶帮助。游览中要时刻留意他们的行动方向，以防掉队走失，并根据他们生理特点增加安排去洗手间的次数。

在景点讲解时，语速要适当放慢一些，声音要大一些，多讲一些文化含量高的内容；在离开景点时，要仔细清点人数。

3. 服务上耐心

一是对老人提出的各种问题即使是一些显得幼稚的问题都要给予耐心的解答。二是对他们提出的各种要求要耐心，合理而可能的要求尽量给予满足，即使对有困难、不易办到的也要耐心解释、说明情况。三是交代某些事情的时候要耐心，甚至有时候需要不厌其烦地反复提醒、反复说明。如入住饭店时，要反复强调饭店的名称和所在的位置，为防止他们走失，要每人发放一张饭店名片，注明所住饭店名称、电话及导游员的联系方式等。

4. 安全上挂心

要树立“安全第一”的意识，把安全服务贯穿于整个旅游活动过程中。若老年旅游团中没有配备随行医护人员，就必须在食、住、行、游、购、娱方面更加周密、细致地服务，善于察言观色，及早发现可能出现的病情，同时具备老年保健知识和初步的医护知识。

【任务拓展】

导游员小王带一批老年团游客去哈尔滨看冰雕，他带团时应该注意哪些方面以便为老年游客提供更好的服务？

任务二　接待儿童游客的服务技能

【任务目标】

通过本次任务的学习，学生应能够针对儿童游客的特点，做好相应接待服务。

【任务描述】

导游小李带了一个旅游团，整个行程非常顺利。但是团里有两个十来岁的男孩，非常调皮，对景点文物乱摸乱动，对导游的讲解乱加评论，甚至对长辈也不尊重，家长也很难管教他们，导游小李对两个孩子也是尽量回避忍让。接待儿童游客，导游应注意什么？

【任务分析】

导游在接待儿童游客时，要注意孩子的安全，适度关照孩子的生活起居，掌握儿童的收费标准，以最大的耐心做好接待工作。

【任务实施】

一、对青少年团队的接待

青少年夏令营在暑期团队中占据着很大的比例，团员一般为 7~17 岁。这个年龄段的孩子活泼好动，求知欲旺盛，喜欢逆向思维，提出的问题特别多而且刁钻古怪。加上青少年自我约束能力和组织纪律性较差，稍有疏忽就可能造成旅游安全事故。因此，接待青少年团要具备渊博的知识，见多识广，同时还要具有高度负责的精神，工作细心。

1. 根据特点安排行程

青少年旅游团的行程安排要符合他们的特点，多安排一些青少年喜闻乐见的项目，否则他们会毫无顾忌地睡觉或嘻哈打闹；游览重要景点时应留足时间，让他们细细观赏；每天的行程不宜安排过于紧张，过密的行程容易造成他们走失，而且过度劳累还会使他们身体不适，导致呕吐甚至感冒、发烧。

2. 建立感情，利用“家长自我”意识进行有效的管理和引导

为青少年旅游团进行导游服务时，首先要让他们接受你、喜欢你，否则他们对你畏而厌之，旅游活动就会变得毫无乐趣且困难重重；然后以“家长自我”的方式对他们进行有效引导和管理，因为在他们的心目中已经有了教师和家长的意识，他们习惯听从于教师和家长的话语。如在参观博物馆或寺庙之前，要召集所有团员，向他们讲清楚相关的规定。如有些展品或景区物品是不允许触摸的，在室内不能嬉戏玩耍、大声喧哗等，如果谁遵守了这些规定就给予表扬和鼓励，这样不仅使带队教师认为你具有责任感，也会使青少年游客产生信任感。

3. 注意安全问题

青少年自控能力、自我保护意识都较差，他们对旅游中的各种事物充满好

奇心和浓厚的兴趣，因此导游员要清醒地认识到这一点，主动和老师及其他合作者做好安全防范工作，避免他们走失、溺水或受到意外伤害。一定要注意教育他们有组织、有纪律、听指挥。尤其在山区、水域等危险区旅游时，要禁止他们嘻哈打闹，原则上不安排自由活动。

4. 照顾好旅游生活

由于青少年正处于生长发育期，每日食量较大，因此要注意让餐厅提供充足的饭菜，上菜速度也应比普通团队快，让他们尽量吃饱、吃好。尽可能做到饮食有规律，建议他们多吃清淡食品和蔬菜水果。根据气候变化情况随时提醒增减衣物或带好雨具，预防感冒。掌握好回饭店的时间，以保证他们有充足的睡眠时间以便及时恢复体力。旅途中尽量安排他们在一些空旷的地方活动，以舒展筋骨。如发现他们活动少了，饭少吃或不吃，表现出烦躁或想睡觉时，注意他们是否生病，不要鼓励他们带病出游，必要时可配备随团医生并携带各种应急药物。

5. 讲解要生动形象

导游讲解时语言要生动形象，语调要亲切、富有激情而又通俗易懂，能让他们听得懂而又有趣。具体讲解时可多使用启发式、诱导式的方法，穿插一些与景点有关的传说故事，也可以多提些问题以加强与他们的交流或吸引他们开动脑筋，使他们对景物产生浓厚的兴趣。由于青少年想象力丰富、求知欲强，常常会提出各种各样奇怪问题，因此要积极回答他们的问题，同时善于从答问中纠正孩子的偏激情绪，鼓励他们创造性思维。

二、对普通团队中儿童的接待

在游客中，经常有携带未成年子女旅游的情况，尤其是国内游客出游的目的很大程度上是为了让孩子增长见识。导游人员应注意儿童的生理、心理特点，做好接待。

1. 重视儿童的安全问题

对儿童的安全要予以足够的重视，他们天生好动，因此要特别注意安全。地陪可酌情讲些有趣的童话和小故事吸引他们，既活跃了气氛，又能使他们不到处乱跑。

2. 掌握“四不宜”的原则

（1）不宜突出了儿童，冷落了其他游客。

（2）不宜给儿童买食物，买玩具。

（3）即使家长同意也不宜单独把游客的孩子带出活动。

（4）儿童生病，应及时建议家长请医生诊治，而不宜自行给孩子服药，绝不能将自己随身携带的药品给儿童服用。

3. 给予儿童格外的关心

（1）由于儿童的个子小，地陪要根据具体情况，事先给餐厅打电话，要求准备儿童用椅、刀、叉、勺等一些儿童必备用具，以减少用餐时的不便。

（2）导游人员在儿童的饮食起居方面要特别关心。如天气变化时要及时提醒家长给孩子增减衣服；北方天气干燥，提醒家长多给孩子喝水等等。

【任务拓展】

导游小李在北京接待了一个来自中国香港的亲子旅游团，团内一半以上成员是小学生和儿童。到达北京的第二天，旅游团要到天安门广场观看升旗仪式。由于该团所下榻的饭店离天安门较远，加上途中由于旅游车故障，又耽误了一些时间，所以没能赶上升旗仪式。团内的小游客都非常失望，情绪低落。请分析：

（1）造成儿童游客情绪低落的原因？

（2）导游小李该如何调节儿童游客的情绪？

任务三　接待残疾游客的服务技能

【任务目标】

通过本次任务的学习，学生应能够针对残疾游客的特点，做好相应接待服务。

【任务描述】

导游小李带领一个旅游团游览长城，团中有一位脚有残疾的游客。在登长城途中，小李见这位残疾游客累得气喘吁吁，有些吃力，就走过出亲切地说："这儿景致真美，我也有些累了，咱坐下休息一会儿，好好观赏周围景色，您看怎么样？"这位游客会心地笑了笑，欣然同意。小李的服务好吗？为什么？

【任务分析】

导游在接待残疾游客时，要特别注意残疾人的生理和心理需要，适度赞美，保持等距离的接触，避免谈及隐私，以诚心换取游客的信任。

【任务实施】

旅游团多在残疾人运动会期间出现，平时这类团队并不多，但旅游团中会有截瘫、聋哑、盲人或视力障碍的残疾游客。为残疾游客服务的难度很大，需要的人力、物力比正常团队多得多。

一、安排适宜的旅游路线

旅游线路的安排要考虑残疾人的身体情况，行程不能过于劳累，原则上只安排游览道路平坦、通达性较好的核心景区，并事先设计好适合残疾人的游览路线，妥善选择中途休息地点。注意，选择的路线不能有任何安全隐患。

二、注意尊重

首先，要端正服务态度，任何时候和场合都不能歧视他们，并对他们表示充分的友好和尊重；其次，要注意保护他们的自尊心，他们虽身有残疾，但自尊心很强，内心十分敏感，许多时候不愿依靠别人帮助，因此导游服务时要特别注意方式方法，既要满腔热情、细心周到，尽可能为他们提供方便，又要不给他们带来压力或伤害到他们的自尊心。如游客不主动提起，不打听其残疾的原因，以防引起其不快；在讲解服务时要注意残疾游客的一些避讳词语，特别是他们认为有伤其自尊心的词语，用语要迎合残疾游客的习惯。

三、适时关心

1. 提供周到的服务

对于行动不便的残疾人团队，要事先与接待部门或旅游景区联系，请求给予个性化服务，如提供志愿者、特许团队旅游车开到核心景区、送餐到客房、抬上抬下旅游车等，让残疾人体会到社会广泛的关爱。对于聋哑游客要安排他们在车上前排就座，因为他们需要通过读口型来获取信息，讲解时应有意放慢速度。对于视力障碍的游客，要尽最大努力将讲解的内容细致化形象化，上车时安排前排就座，能用手触摸到的地方、物品要尽量让他们触摸；还要向他们介绍当地有盲道和特殊设施的地方。

2. 树立安全第一的观念

及时提醒游客量力而行，引导他们追求旅游过程的质量而不追求游览景点的数量，只要能较好的亲近自然、融入社会就算基本达到目的。

3. 时刻关注

要善于察言观色，发现游客微小的心理变化，鼓励他们大胆的讲出自己的要求，以便提供相应的服务；对于他们的性格、脾气上的不合理表现，要大度地予以容忍，千万不可斤斤计较。

【任务拓展】

请查阅相关资料，了解我国残疾人旅游开发现状，分析存在的问题。

任务四　接待特殊身份（地位）游客的服务技能

【任务目标】

通过本次任务的学习，学生应能够针对特殊身份（地位）游客的特点，做好相应接待服务。

【任务描述】

导游小李接待了一个到青岛进行城市建设考察的旅行团，团队成员都是各地分管城市建设的领导。当小李接到计划后，做了充分的准备，认真了解了近年来青岛城市建设的发展过程、突出成就等。上团后，小李非常自信地站在领导面前，口若悬河的讲解赢得领导们的交口称赞。小李在接团时注意了什么问题？

【任务分析】

导游在接待特殊身份（地位）游客时，要树立信心，提前做好相关的知识准备，在服务上要更加热情周到，在生活上也要给予更多的关心和照顾，多请示、汇报，注意礼貌礼节，按照有关规定接待，圆满完成接待任务。

【任务实施】

特殊身份和地位的游客，是指外国在职或曾经任职的政府高级官员，对华友好的官方或民间组织团体的负责人、社会名流，和在国际、国内有一定影响的各界知名人士，某些国家的皇室或贵族成员，国际或某国著名的政治家、社会活动家、大企业家等。这些游客除游览外，往往还有其他任务和使命。他们以普通游客的身份出现，但日程又与普通游客不同，比如经常有中央领导人或有关负责人的接见等活动。做好这些人的接待工作，对扩大我国对国外影响，加强中国人民与世界各国人民之间的友好往来，具有十分重要的意义。

一、做好充分的知识准备

这些身份较高的游客素质高，知识面也很广。因此，导游人员要提前做好相关的知识准备，以便能选择交流的话题，并能流利地回答他们提出的问题。

二、要有充分的信心

导游人员不要因为对方地位较高而胆怯。往往越是身份高的人，越懂得尊重别人。他们待人接物非常友好、客气，十分尊重他人的人格和劳动。如果导游心理压力大，会影响本人能力的发挥，反而效果不好。

三、多做请示汇报工作

按照有关规定接待。在接待此种旅游团（者）时，由于有时中央领导人或有关负责人要接见、会谈，因此游览日程、时间变化较大，地陪一定要灵活掌握，随时向有关领导请示、汇报，协助安排接见、会见的时间。

【任务拓展】

导游小刘接待一名知名企业家参观海尔工业园，接待过程中需要做好哪些工作?

【任务评价】

特殊游客接待技能评价表

第 ______ 组　组长：______			
内容	分值 / 分	自我评价	小组评价
高龄游客	25		

（续表）

儿童游客	25		
特殊身份游客	25		
伤残游客	25		
总评（星级）			
建议			

特殊游客接待技能的基本要求：
1. 针对不同游客的特点做好服务工作。
2. 做好物质准备和心理准备。
3. 关注特殊需求，细致服务。
星级评价：
★（59 分及以下） ★★（60～69 分） ★★★（70～79 分）
★★★★（80～89 分） ★★★★★（90 分及以上）

参考文献

1. 王雁 . 导游实务 [M]. 北京：高等教育出版社，2015.
2. 浙江省教育厅职成教教研室 . 服务礼仪 [M]. 北京：高等教育出版社，2009.
3. 浙江省教育厅职成教教研室 . 导游服务 [M]. 北京：高等教育出版社，2010.
4. 张明清，窦志萍 . 导游服务案例选：技巧与提高 [M]. 昆明：云南大学出版社，2007.
5. 梁文生 . 导游实务 [M]. 济南：山东科学技术出版社，2011.

图书在版编目（CIP）数据

模拟导游 / 王雁主编 .-- 青岛：中国海洋大学出版社，2019.7
ISBN 978-7-5670-2374-1

Ⅰ. ①模… Ⅱ. ①王… Ⅲ. ①导游—中等专业学校—教材
Ⅳ. ① F590.633

中国版本图书馆 CIP 数据核字（2019）第 187618 号

出版发行 中国海洋大学出版社
社　　址 青岛市香港东路 23 号　**邮政编码** 266071
出 版 人 杨立敏
网　　址 http://pub.ouc.edu.cn
电子信箱 1079285664@qq.com
订购电话 0532-82032573（传真）
责任编辑 由元春　**电　　话** 0532-85902495
印　　制 北京虎彩文化传播有限公司
版　　次 2019 年 9 月第 1 版
印　　次 2019 年 9 月第 1 次印刷
成品尺寸 170mm × 230mm
印　　张 18.75
字　　数 324 千
印　　数 1—1000
定　　价 45.00 元